Wiesner-Bangard · Welsch | Lou Andreas-Salomé

Michaela Wiesner-Bangard
Ursula Welsch

Lou Andreas-Salomé

»... wie ich Dich liebe, Rätselleben«

Eine Biographie

jun. Stuttgart

RECLAM TASCHENBUCH Nr. 20039
Alle Rechte vorbehalten
© 2002, 2008 Philipp Reclam jun. GmbH & Co., Stuttgart
Reihengestaltung: büroecco!, Augsburg
Umschlaggestaltung: Eva Knoll, Stuttgart unter Verwendung
Fotos aus dem Lou-Andreas-Salomé-Archiv, Göttingen
Autorenfoto: © Gabriele Kircher, Marburg
Gesamtherstellung: Reclam, Ditzingen
Printed in Germany 2008
RECLAM ist eine eingetragene Marke
der Philipp Reclam jun. GmbH & Co., Stuttgart
ISBN 978-3-15-020039-1

www.reclam.de

Inhalt

KINDHEIT 7

Gott 7
Familie 12
Gillot 22

JUGEND 32

Die »Dreieinigkeit« 32
Die »innere Abkehr« 61
Die »herrliche Jugendzeit« 70

REIFE 85

Die ersten Ehejahre 85
Die Frauen 100
Die Metropolen Europas 119

LEBENSMITTE 130

Rainer Maria Rilke 130
Russische Reisen 138
Reisen und Rasten 151

IN DER SCHULE BEI FREUD 165

Vaterfigur und Brüdergemeinschaft 180
  Sigmund Freund 180
  Die Psychoanalytische Mittwoch-Gesellschaft 184
Brüder 187
  Viktor Tausk 187

Sandor Ferenczi 194
Zeit des Übergangs 196
　Der Münchner Kongreß 198
　Der Erste Weltkrieg 205

ALTER 210

Wiederkehr der Jugend 210
　Anna Freud 212
　Späte Literatur 225
Abschiede 236
　Rainer Maria Rilke 237
　Friedrich Carl Andreas 243
　»Mein Dank an Freud« 249
Letzte Freundschaften 254

ANHANG

Anmerkungen 263
Abkürzungen 280
Literaturverzeichnis 281
Drei Kurzbiographien 288
Register 292

KINDHEIT

»Das war eine sonderbare Angelegenheit mit unseren Spiegeln. Wenn ich da hineinzuschauen hatte, dann verdutzte mich gewissermaßen, so deutlich zu erschauen, daß ich nur das war, was ich da sah: so abgegrenzt, eingeklaftert: so gezwungen, beim Übrigen, sogar Nächstliegenden einfach aufzuhören.« (LRB S. 12)

Gott

»Meine früheste Kindheitserinnerung ist mein Umgang mit Gott. Es klingt wunderlich, wenn man es ausspricht. Aber offenbar verblaßten dieser Erinnerung gegenüber in meinem Bewußtsein allmählich die ersten Eindrücke des häuslichen Lebens, der Familienbeziehungen, des Spiels mit den Altersgenossen. Von den formlos ineinander rinnenden Bildern und Szenen dieser frühen Lebensjahre hob sich später, wie von buntgewirktem Hintergrund, in großen, einfachen Umrissen nur das Eine Bild ab, das in seiner eigentümlichen Monotonie sich gleich blieb die ganze Kindheit hindurch – der Umgang mit Gott.« (*Gottesschöpfung* S. 169). Mit einunddreißig Jahren zog Lou Andreas-Salomé dieses aufschlußreiche Resümee ihrer Kindheit. Nicht die Familie war das Einprägsamste, sondern die innige Verbundenheit mit dem »lieben Gott«. Ihre Beziehung zu ihrem Kindergott erschöpfte sich nicht im allabendlichen Vortragen von einstudierten Kindergebeten oder der Furcht vor der wachsamen Instanz, der auch das kleinste Vergehen nicht verborgen bleibt: Ihr Verhältnis zu Gott war ein ganz anderes, es war allumfassend und vereinnahmend, denn sie betrachtete Gott als ihr »Eigentum«, in dem sich elterliche Autorität und großväterliche Nachsicht vereinten. Diesem Kindergott wurde denn auch ein ganzes kleines Universum angetragen, ihm erzählte sie eigenständige Geschichten, in denen die Grenzen von Wirklichkeit und Phantasie vollkommen verschwammen. Grundlage und Ausgangspunkt dieser Erzählungen waren die realen Menschen, denen das Kind bei Spaziergängen in der Stadt begegnete und die zu Protagonisten wurden, deren Schicksale die kleine Louise im Geiste miteinander verwob. »So entstanden lebende und doch erträumte Gebilde, die ich mit Namen und Schicksal versah und, je nach Aussehen und Bedarf, mit allem, was ich in den schönsten Schaufenstern, ohne zu sparen, für sie aussuchte. Jeder Zug an diesen Menschen – Blick, Haltung, Miene – prägte sich mir unauslöschlich ein wie Offenbarung. Jedem neuen, mir begegnenden und geeignet erscheinenden Exemplar ging ich innerlich (soweit es anging, auch äußerlich) so lange nach, bis es in den Kreis der schon vorhandenen Zusammenhänge ordentlich eingereiht war, und während sie ahnungslos an mir vorüberschritten, Männer, Frauen, Kinder, Greise, war schon über sie und über ihr Leben beschlossen, besaßen sie schon zur gleichen Stunde ihre vergangene Jugend oder ihr zukünftiges Alter, ihre Vorfahren oder ihr Kindeskind in irgendeinem andern.« (*Im Spiegel* S. 86). Das Mädchen beschäftigte sich also nicht mit den realen Personen seiner Umgebung – seinen Eltern, seinen Brüdern, seinen Spielkameraden (so es denn welche hatte) –, sondern mit phantasierten Gestalten und Schicksalen. Mit dieser selbstgeschaffenen innerweltlichen Wirklichkeit füllte die kleine Louise den Raum aus, den die Beziehung zu ihrer Familie nicht füllen konnte: Sie kompensierte damit das Gefühl von großer Einsamkeit. Die Distanz zum Elternhaus ist sicherlich eine der Ursachen dafür, daß sie schon als Kind bei aller Sensibilität und Aufnahmefähigkeit in so hohem Maße unabhängig und autonom sein konnte. Erst im nachhinein – als Erwachsene – hat Lou ihre Familie und ihre russische Heimat bewußt wahrgenommen, erlebt und geliebt. In ihren Briefen und Tagebüchern finden sich immer wieder Stellen, wo sie die Erfahrung dieses nachträglichen Erlebens schildert – und in dem Einsamkeitsgefühl ihrer

Kindheit positive Akzente für ihre Entwicklung sucht. So schreibt sie etwa in einer Tagebuchaufzeichnung vom 9. Oktober 1904: »Ich denke jetzt oft: wenn ich sie [die Mutter] und die Meinen und ihr Land von klein auf geliebt hätte wie nun, dann müßte das die ganze eigene Entwicklung gehemmt haben. Aber ich ahnte in Petersburg nur kaum Rußland, in den Meinen nur die Menschen, die ich später liebte: und das macht frei. Vielleicht zu frei? Jedenfalls ermöglicht es eine Fülle individuellen Lebensglücks. Tritt es dann später noch hinzu, bedeutete es allerdings dennoch eine Bereicherung, ohne die auch solches Glück arm, einseitig bliebe.«

Als Kind suchte sie ihr »individuelles Lebensglück« in der phantastischen Welt ihrer Geschichten und imaginierten Erlebnisse, die, wurden sie in die Wirklichkeit hinein verlängert, von den Erwachsenen meist lächelnd und kopfschüttelnd übergangen wurden. Als sie jedoch eines Tages mit einer kleinen Verwandten von einem Spaziergang zurückkehrte und – gefragt nach dem Erlebten – »ungekürzt ein ganzes Drama« (LRB S. 13) von sich gab, wurde sie von ihrer Begleiterin der Lüge bezichtigt. Seit diesem Vorfall, der ihr die Diskrepanz zwischen Realität und Phantasie wohl zum ersten Mal bewußt machte, behielt sie ihre überschießenden Ideen und Tagträume möglichst für sich. Nur ihrem größten Vertrauten, ihrem lieben Gott, berichtete sie nach wie vor rückhaltlos alles, was sie beschäftigte und was sie sich ausdachte. Er kannte ja Außen- und Innenwelt gleichermaßen, ihm gegenüber gab es diese zwei Ebenen nicht. Die der Realität hinzugedichtete Welt erhielt durch ein einleitendes »wie du weißt« die Beglaubigung ihrer Tatsächlichkeit. Dieses plaudernde Phantasieren war »ein langes, stets von neuem begonnenes kindliches Zwiegespräch, welches den Tag begleitete und in welchem der Tag ausklang, wie mit einem letzten Gespräch bei Einbruch der Nacht – wie mit einem letzten zuversichtlich warmen Anschmiegen an den Unsichtbaren, immer Gegenwärtigen.« (*Gottesschöpfung* S. 170).

So innig diese Beziehung zu ihrem Gott war, so erschütternd

war für sie der Verlust dieses »immer Gegenwärtigen«, dieses sanktionierenden Pols ihres Lebens – nicht nur als Kind, sondern lebenslang. Der Anlaß für diesen Gottverlust war ein denkbar banaler: Gegen Ende des Winters erfuhr die kleine Louise von einem Knecht, daß vor dem Häuschen, das man ihr im Garten des elterlichen Landhauses gebaut hatte, ein wunderliches Paar aufgetaucht sei. Es seien aber Gestalten, die man besser nicht ins Haus einließe. Als der Knecht nach einer Woche wieder in die Stadt kam, fragte das Mädchen besorgt, wie es den beiden Leuten denn ginge, und es erfuhr zu seinem Entsetzen, daß das wartende Paar immer mehr heruntergekommen, immer dünner und kleiner geworden sei – bis der Knecht eines Tages vor dem Gartenhäuschen nur noch die schwarzen Knöpfe vom Mantel der Frau, den alten Hut des Mannes und die zu Eis gewordenen Tränen der beiden vorgefunden habe. In ihrer kindlichen Arglosigkeit durchschaute Louise nicht, daß der Knecht von einem Schneemann und seiner Frau gesprochen hatte. Mit ihrer Frage, weshalb etwas so »fraglos Vorhandenes« (LRB S. 15) einfach verschwinden kann, wandte sie sich jedoch weder an den Knecht noch an ihre Eltern, sondern an die Instanz, die ihr größtes Vertrauen genoß: an ihren Kindergott. Hatte es ihr vorher nie Bedenken verursacht, daß ihr allwissender Freund immer nur wohlwollend gelauscht hatte, so wurde ihr sein unerwartetes Stummbleiben in dieser für sie so entscheidenden Situation um so schmerzlicher bewußt. Daß er ihr keine Antwort auf ihre bange Frage gab, bedeutete für sie »eine Katastrophe. Aber es war nicht nur eine persönliche Katastrophe: Sie riß den Vorhang auseinander vor einer unaussprechlichen Unheimlichkeit, die dahinter gelauert hatte. Denn nicht nur von mir hinweg entschwand ja der Gott, der auf dem Vorhang draufgemalt gewesen war, sondern überhaupt – dem ganzen Universum – entschwand er damit.« (LRB S. 16).

Dieser Gottverlust prägte ihr Weltbild und beschäftigte sie ein Leben lang. Erst nach und nach erkannte sie die volle Bedeutung dieser Erfahrung. So erzeugte dieser für sie universelle

Verlust und das dadurch entstandene Bewußtsein der metaphysischen Einsamkeit alles Seienden neben dem Schock der Erkenntnis zugleich ein Gefühl, von dem sie selbst sagt, daß es »das Positivste [ist], davon mein Leben weiß: eine damals dunkel erwachende, nie mehr ablassende durchschlagende Grundempfindung unermeßlicher Schicksalsgenossenschaft mit allem, was ist« (LRB S. 24), ein Grundempfinden, das ihre Persönlichkeit, ihre Menschlichkeit und ihre Ausstrahlung wesentlich mitbestimmte.

Das Verhalten der kleinen Louise änderte sich spürbar: Sie wurde ruhiger, braver, weniger aufmüpfig; denn sie hatte Mitleid mit ihren religiösen Eltern, die ja nicht ahnten, daß Gott nicht mehr existierte. An den Hausandachten, die ihr schon vorher keinen Zugang zu ihrem Gott ermöglicht hatten, nahm sie weiterhin teil; aber auch die fromme Geste des Händefaltens brachte ihr den entschwundenen Gott nicht zurück.

Besonders schmerzlich war, daß ihre Geschichten – die phantasierten Lebensläufe – nun nicht mehr von einer höheren Instanz sanktioniert wurden, daß sie diese Menschenschicksale nicht mehr in Gottes Obhut wußte. So wurde ihr Geschichtenerzählen, das weiterhin großen Raum einnahm, immer stärker »eine uneingestanden sorgenvolle Angelegenheit« (LRB S. 18); denn nun war sie ja ganz allein verantwortlich für das Wohlergehen ihrer ausgedachten Gestalten. Da aber die Figuren immer zahlreicher wurden und die Schicksale der Phantasiemenschen mit wachsendem Bewußtsein ihrer Schöpferin immer komplizierter verliefen, wurden bald Notizen als Gedächtnisstützen notwendig. Zuerst waren es nur Striche und Symbole, später – als sie schreiben konnte – auch Stichworte, Daten, Namen und Zahlen, schließlich auch Skizzen wichtiger Zusammenhänge. Diese Notizen waren »halb Schriftwerk, halb Netzwerk: für mich jedoch Geheimzeichen, an deren richtiger Entzifferung mir alles zu hängen schien, so daß, wenn ich an den Kindermasern gestorben wäre, ich es vermutlich getan hätte mit den sorgenvollen Gefühlen einer für ungezählte Schicksale verantwortlichen Menschenmutter.« (*Im Spiegel* S. 86). Das kindliche Phantasieren und das Gefühl der Verantwortlichkeit für das Schicksal ihrer Geschöpfe bildete – auch nach Lou Andreas-Salomés eigener Einschätzung – die Grundlage ihrer späteren schriftstellerischen Tätigkeit: »Möglicherweise hat im späteren Leben noch, als ein Niederschreiben von Erzählbüchern, etwas von solcher Gewöhnung sich nur wiederholt.« (*Gottesschöpfung* S. 19).

Der Verlust ihres Kindergottes und die große Verantwortung für die Gestalten ihres kindlichen Kosmos, die sie von diesem Gott übernahm und sich selbst aufbürdete, mögen wohl Lou Andreas-Salomés negative retrospektive Beurteilung ihrer eigenen Kindheit mitbegründet haben: »Ich glaube doch«, schrieb sie im Dezember 1908 in einem Brief an Frieda von Bülow, »für die meisten Menschen ist die Kindheit die beste Zeit, wenn sie später daran zurückdenken, nur war es für mich die am wenigsten gute.« (LRB *S. 269*).

Aber schienen die Familie und die Lebensumstände, in die sie hineingeboren wurde, nicht die besten Voraussetzungen für eine schöne und glückliche Kindheit zu bieten?

Familie

Nachdem das Ehepaar Louise und Gustav von Salomé bereits fünf Söhne hatte, kam in St. Petersburg am 12. Februar 1861 als jüngstes Kind ein Mädchen zur Welt. Es erhielt den Namen der Mutter. Besonders der Vater war überglücklich über die Geburt der Tochter. Die Mutter hätte wohl, wie Lou berichtet, lieber noch einen Sohn bekommen. Wahrscheinlich hatte sie – nicht ganz zu Unrecht – befürchtet, daß ihr die Erziehung einer Tochter in einer reinen »Männer-Familie« nicht leicht fallen würde.

Louise von Salomé, geborene Wilm, stammte aus einer Hamburger Kaufmannsfamilie. Ihr Vater, Martin Siegfried Wilm, war

Zuckerfabrikant; die Mutter, Anna Sophie Luise Duve, vererbte der Tochter, die am 7.2.1823 geboren wurde, dänisches Blut. Nach dem Tod ihrer Großmutter übernahm Louise Wilm bereits in sehr jungen Jahren die Leitung des großen Haushalts, um der Bevormundung durch eine Stieftante zu entgehen. Charakteristisch für ihr Wesen dürfte sein, daß sich die 21jährige vor ihrer Hochzeit mit dem um neunzehn Jahre älteren Gustav von Salomé einer gründlichen religiösen Selbstprüfung unterzog und das Gelöbnis ablegte, »die eigenen Schwächen in der Hingabe zu überwinden« (LRB S. 226).

Allem Anschein nach hat sie mit Gustav von Salomé eine harmonische und glückliche Ehe geführt. Sie hat die eigene starke Persönlichkeit ihren Pflichten als Ehefrau und Mutter vorbehaltlos untergeordnet. Louise von Salomé war eine strenge Frau – streng gegen sich selbst und gegen ihre Kinder. Hinter dieser Disziplin verbarg sich aber ein äußerst temperamentvolles Wesen, das sie manchmal nur mühsam in Zaum hielt.

Von diesem aufrührerischen Geist sollte sich bei der Tochter ein Gutteil wiederfinden. Ansonsten aber waren die beiden Frauen keineswegs wesensgleich, und eine emotionale Bindung der Tochter an die Mutter war in Louises Kindheit und Jugend kaum vorhanden. Ihre Beziehung war – ausgehend von der Mutter, die Gefühlsäußerungen ablehnte und auch die »Grundversorgung« ihres jüngsten Kindes einer Amme und einer Kinderfrau überließ – ausgesprochen kühl und distanziert. Eine Episode, die besonders ihr unbekümmertes kindliches Verhalten schildert, ist in diesem Zusammenhang insofern aufschlußreich, als sie die erwachsene Lou für überliefernswert hielt: Als kleines Mädchen war sie einmal mit ihrer Mutter am Meer. Das Kind rief seiner »Muschka«, die gerade schwamm, neugierig und unbedarft zu, doch einfach einmal zu ertrinken. Auf den Einwand der Mutter, daß sie dann ja tot wäre, rief die Tochter unbekümmert zurück: »Macht nichts.« (LRB S. 50).

Erst nach den Auseinandersetzungen in der Pubertät und den Kämpfen zu Anfang ihres dritten Lebensjahrzehnts entwickelte

Lou ein innigeres Verhältnis zu ihrer Mutter; erst dann konnte sie aus der Distanz der Erwachsenen deren Charakter wahrnehmen. Später sah sie eine Ursache für das gespaltene Verhältnis zu ihrer Mutter auch darin, daß »ich nicht in Mama die wahlverwandte Freundin meiner Jugend besessen habe, sondern auf Kampffuß mit ihr stand, durch Kampf alles ertrotzte, was vielleicht eine ganz anders geartete Mutter lieber mir bewilligt hätte. Erst hinterher sah ich sie klar und unvoreingenommen, und da liebte ich sie um ihrer Kraft, Treue und großen Vornehmheit willen.« (LRB *S. 226*). Lou stellte rückblickend fest, daß ihre Mutter nie ein weicher Mensch gewesen sei; erst im Alter sei sie – wie Früchte, die erst im Herbst reifen und ihre Süße entfalten – sanft und warm geworden. Dennoch dauerte es bis zum letzten Besuch, den die Tochter bei der hochbetagten Mutter vor deren Tod machte, bis es auch zu einer körperlichen Zärtlichkeit zwischen den beiden Frauen kam: Beim Abschied im Morgengrauen schmiegte und kuschelte sich die Greisin mit ihrem schmalen und zarten Körper an die über vierzigjährige Tochter. Und diese durchfuhr bei der ersten und letzten Zärtlichkeit der Mutter der schmerzhafte Gedanke: »– Oh warum, warum – erst jetzt –!« (LRB S. 58).

Wesentlich gefühlsbetonter von Anfang an war ihre Beziehung zum Vater, der altersmäßig ihr Großvater hätte sein können. Gustav von Salomé wurde am 4. Juli 1804 im Baltikum geboren. Seine Vorfahren väterlicherseits waren Hugenotten aus Avignon, die nach der Französischen Revolution über Straßburg und Deutschland ins Baltikum gelangt waren. Mütterlicherseits entstammte er einer deutschbaltischen Familie. Sein Vater war früh gestorben und hatte eine große Familie von neun Söhnen und einer Tochter zurückgelassen. Gustav von Salomé wurde bereits in früher Jugend nach St. Petersburg geschickt und dort militärisch erzogen. Als Soldat zeichnete er sich – schon zum Oberst befördert – besonders beim polnischen Aufstand 1830 aus; er wurde für die »Erstürmung Warschaus« geehrt und erhielt zum französischen auch den erblichen russischen Adel.

Seine militärische Karriere beendete er als General; später im Zivilleben wurde er zum Geheimen Staatsrat ernannt und unternahm auch dann noch militärische Inspektionsreisen. Puschkin und Lermontow, die beiden Erneuerer der russischen Literatur, zählte er zu seinen Freunden; Zar Nikolaus I. stand er persönlich nahe.

Lou beschreibt ihren Vater als lebensbejahenden, tatkräftigen Mann von großer Autorität, dabei offen, gütig und ohne Falschheit und Argwohn. Sein warmherziges Wesen nahm der strengen Familienstruktur viel von ihrer Härte; dennoch wurden die Kinder im Hause Salomé autoritär erzogen. Seine Frau behandelte er als gleichberechtigte oder besser: respektierte Partnerin. In seine kleine Tochter aber, »Ljola« genannt, war er vernarrt, und ihm selbst tat es wohl am meisten weh, wenn er sich gezwungen sah, sie zu strafen: Lou berichtet, daß sie im Alter von drei bis vier Jahren gelegentlich unter sogenannten Wachstumsschmerzen litt. Der Vater nahm sie dann oft zärtlich auf den Arm und trug sie umher, um die Schmerzen zu lindern, die ihr das Gehen erschwerten: höchstes Glück für die kleine Ljola, deren Mutter ja alle Zärtlichkeiten ablehnte – und in deren Gegenwart Vater und Tochter ihre Liebkosungen auch unterließen! Kein Wunder also, daß Ljola nicht immer – wie befohlen – sofort damit herausrückte, wenn die Schmerzen abgeklungen waren, sondern noch ein wenig simulierte. Wenn der Vater diesen »Betrug« durchschaute, blieb er unerbittlich seinen strengen Grundsätzen treu und ließ den Körperteil der Tochter, der eben noch auf seinem Arm saß, Bekanntschaft mit dem Birkenreisig machen. Wenn die kleine Louise also einmal körperliche Nähe, Zärtlichkeit und Liebkosung zu spüren bekam, so gingen diese für sie häufig unvermittelt und unmittelbar in Strafe, Schläge, Schmerzen über – Liebe und Leid, Zuneigung und Abweisung erfuhr sie von ein und derselben Hand. Dieses gebrochene Verhältnis zu physischer Zuwendung hat sicher mit eine Rolle gespielt, daß sie bis in ihr viertes Lebensjahrzehnt hinein kein Bedürfnis nach körperlichen Kontakten hatte und Sexualität in ihren Beziehungen nicht zulassen konnte. Mit Männern, die in ihrem Alter oder älter waren, suchte sie den regen geistigen Austausch, die engen Beziehungen waren rein intellektueller Natur. Erst der deutlich jüngere Rilke, der keine Assoziation mit »Vater« oder »Bruder« aufkommen ließ, konnte den Bann brechen und diese Störung aufheben.

Vorerst aber war der Vater, der in ihren biographisch geprägten Erzählungen übrigens in der Rolle des Großvaters auftritt, die dominante Figur in ihrem Leben. Aber obwohl Louise eine starke emotionale Bindung an den Vater hatte, fehlte ihrer Einschätzung nach beiden Eltern gegenüber »das Überhitzte der Gefühlseinstellung, sei es in Trotz oder Liebe« (LRB S. 48). Diese grundsätzliche Distanz, in der sie zu den ihr am nächsten stehenden Menschen lebte, öffnete ihr den Freiraum für ihre intensive kindliche Gottesbindung und ihre Phantasien und Tagträume. Andererseits war dieser Freiraum auch ein schmerzlich erfahrenes Vakuum und der Hintergrund für die übergroße Einsamkeit, auf die sie später so oft zu sprechen kam, wenn sie sich an ihre Kindheit erinnerte.

Die Einsamkeit haben ihre fünf Brüder, die Lous Männerbild grundlegend prägten, allenfalls mildern können. Nicht zuletzt wegen des großen Altersunterschieds kam es zwischen Ljola und ihren Geschwistern kaum zu den typischen Spannungen. Die Brüder, von denen zwei – der erst- und der viertgeborene – schon sehr früh starben, behandelten die kleine Schwester immer mit großer Zuvorkommenheit und umsorgten und beschützten sie lebenslang. Lediglich im jüngsten, dem um drei Jahre älteren Eugène, fand Ljola manchmal einen Spiel- und Raufpartner: Die kleine Schwester konnte nämlich schnell zornig und dann handgreiflich werden. Einmal brachte sie Eugènes Vorwurf, sie handle oft zu heftig und unüberlegt, derart in Rage, daß sie ihm eine Tasse heißer Milch ins Gesicht schütten wollte. In ihrer Wut machte sie aber eine ungeschickte Bewegung, und die brennend heiße Milch ergoß sich nicht in sein Gesicht, sondern über ihren eigenen Rücken – und Eugène hatte den Beweis für seinen Tadel.

Eugène, »Genja« genannt, war aber alles andere als ein trockener Moralist, er konnte im Gegenteil sehr humorvoll und ausgelassen sein. Als die kleine Schwester wieder einmal keine Lust hatte, einen der winterlichen Hausbälle zu besuchen, beschloß er, sie angemessen zu vertreten, und verdrehte tatsächlich – in Korsett und Damenkleidung – einigen der anwesenden jungen Offiziere den Kopf. Aber auch »unverkleidet« wirkte sein Charme, so daß er, der laut Beschreibung seiner Schwester »langaufgeschossen, schmal und durchaus unschön – bei Frauen trotzdem die tollsten Leidenschaften« erregen konnte (LRB S. 45). Dennoch hat Genja nie geheiratet. Auf Wunsch des Vaters studierte er Medizin, obwohl er lieber Diplomat geworden wäre. Nach dem Studium ließ er sich in St. Petersburg als Kinderarzt nieder, wo er 1898, erst vierzigjährig, an Tuberkulose starb.

Nach dem Tod Gustav von Salomés 1879 übernahm der älteste Sohn Alexander die Rolle des Familienoberhaupts. Wie sein Vater war er ein gütiger, hilfsbereiter und kluger Mensch, voller Energie und Humor und mit einem nüchternen, klaren Verstand. Sein Lachen war das ansteckendste, berichtet Lou, das sie kannte. »Sascha« stand seiner Schwester immer fürsorglich und schützend zur Seite; auch wenn sie gegen seine eigene Überzeugung oder die Ansichten der Mutter wieder einmal ihren Kopf durchsetzte, blieb er loyal. Er unterstützte sie auch finanziell und schickte ihr Geld ins Ausland – selbst als sie bereits eine etablierte Schriftstellerin war. Er stellte ihr »von jeher einen zweiten Vater vor« (LRB S. 44), und zeit ihres Lebens vermittelte er ihr die Gewißheit, daß sie sich auf ihn verlassen könne und er ihr in Not immer helfen würde. Als Lou 1915 die Nachricht von seinem Tod erhielt, hatte sie, wie sie notiert, als allererstes das Gefühl, daß sie jetzt – mit vierundfünfzig Jahren – schutzlos sei.

Robert von Salomé, der mittlere der drei Brüder, hatte eine ausgeprägte künstlerische Begabung und war sensibler als die anderen beiden. Dennoch hatte »Roba« den Wunsch, in die Fußstapfen des Vaters zu treten und zum Militär zu gehen. Doch Gustav von Salomés väterlicher Wille bestimmte es anders: Robert wurde Ingenieur – und zwar ein sehr erfolgreicher. Die Berufswahl, die der Vater für die Söhne getroffen hatte, bewies große Weitsicht und politisches Gespür: Im diplomatischen oder militärischen Dienst wären sie den sich abzeichnenden politischen Umbrüchen direkt ausgeliefert gewesen. Als Arzt und Ingenieur hingegen war ihre berufliche Zukunft bei weitem aussichtsreicher und wesentlich unabhängiger von den politischen Verhältnissen.

Während der Revolution der Bolschewisten verlor Robert von Salomé, der letzte überlebende Bruder, allen Besitz. Sein Landhaus ging an einen ehemaligen Knecht über, der Roberts Familie in wenigen Zimmern bei sich aufnahm. Die Not war so groß, daß er mit seinen Enkeln im Wald Beeren und Pilze suchen gehen mußte, um den Hunger zu stillen. Lou unterstützte damals ihren Bruder und seine Familie so gut sie konnte von Deutschland aus und schickte Pakete mit Lebensmitteln und dergleichen, obwohl es ihr in dieser Zeit finanziell ebenfalls nicht gut ging. Sie litt sehr unter der Situation in Rußland, und als ihr durch Sigmund Freud einmal die fehlenden fünf Dollar zukamen, die sie für eine Paketsendung nach Rußland benötigte, weinte sie vor Freude.

Auf der positiven Erfahrung mit ihren Brüdern basierte Lou Andreas-Salomés Grundempfinden, daß in jedem Mann ein Bruder stecke: »Dies bestimmte stark und lebenslang meine Unbefangenheit und Zutraulichkeit allen Männern gegenüber und wurde nie Lügen gestraft.« (Schule S. 93). Deshalb hat sie sich dort, wo sie die einzige Frau unter Männern war – in ihren frühen Berliner Jahren oder auch später im Kreis der Freudschen Mittwoch-Gesellschaft –, immer wohl und geborgen, akzeptiert und gleichberechtigt gefühlt.

Trotz der positiven Beziehung zu ihren Geschwistern zeichnete Lou Andreas-Salomé immer ein negatives Bild ihrer Kindheit – auch oder erst recht, nachdem sie durch die Schule der

Psychoanalyse gegangen war: »Am auffallendsten ist ja, daß trotz solchen Brüdern, mit denen bluteins zu sein mich heute noch stolz und froh macht, und trotz meinen Eltern in ihrer harmonischen Ehe und frommen Treue auch zu ihren Kindern ich doch so bitter einsam gewesen bin unter ihnen allen und als einzigem Glück einer absoluten Phantastik hingegeben – wie auch meine spätere Lebensgestaltung und mein herrliches Jugendleben [die Zeit der Freundschaft mit Paul Rée] im schroffsten Widerspruch blieb zu allem daheim.« (Schule S. 93). Ein erschütterndes Resümee einer Kindheit, welches die äußeren Umstände, unter denen Lou aufgewachsen ist, nicht hätten vermuten lassen.

Die Salomés zählten als großbürgerlich-aristokratische Generalsfamilie zur glanzvollen Oberschicht der Hauptstadt. St. Petersburg war damals eine Stadt des Reichtums und der Schönheit auf der einen, der Armut und des Schmutzes auf der anderen Seite. Die Salomés bekamen sie von der schönen, vornehmen, internationalen Seite zu sehen. Rußlands »Fenster zum Westen« beschrieb Lou als eine »anziehende Vereinigung von Paris und Stockholm«, und ihr blieben vor allem die »kaiserliche Pracht«, die Rentierschlitten, die im Winter durch die im Schnee versinkende Stadt glitten, und die »illuminierten Eishäuser auf der Newa« (LRB S. 61) im Gedächtnis. An die Bettler, die die Straßenränder säumten, erinnerte sie sich später lediglich in dem Zusammenhang, daß ihr beim Almosengeben von ihrem Vater der Umgang mit Geld beigebracht worden war: Als sie ein Zehnkopekenstück, das sie vom Vater bekommen hatte, einem Bettler zustecken wollte, wurde ihr klar gemacht, daß es genüge, die Hälfte seines Besitzes abzugeben.

Die Familie von Salomé wohnte im vornehmen Herzen der Stadt, zwischen dem eleganten Newski-Prospekt, dem Mojka-Kanal und dem Schloßplatz, wo sich auch der Winterpalast und die Eremitage befinden. Die Dienstwohnung Gustav von Salomés, in der hohe Offiziere, Adelige und Angehörige des Hofes ein- und ausgingen, lag in einem Seitenflügel des Generalitätsgebäudes. In der großen Stadtwohnung fanden Hausbälle statt, es wurden Gesellschaften gegeben und Gäste empfangen. Eine Schulkameradin von Lou Andreas-Salomé berichtete später, das Haus der Salomés sei »im Gegensatz zu der ziemlich engherzigen konventionellen St. Petersburger Gesellschaft eine hervorragende Stätte hochkultivierter geistiger Bewegtheit gewesen« (Dok. S. 431). Dieses geistige Klima prägte Lou entscheidend – den regen intellektuellen Austausch hat sie immer wieder gesucht. Von den großen gesellschaftlichen Ereignissen im Hause Salomé, den Bällen und Empfängen, hielt sie sich aber als junges Mädchen fern, so gut es ging. Statt zum Tanzen zu gehen, lief sie in ihren Ballschuhen lieber wie mit Schlittschuhen über das spiegelglatte Parkett der großen Generalswohnung.

In den Sommermonaten verließ man die heiße Stadt und zog ans Meer: In Peterhof, wo auch der Zar seine Sommerresidenz hatte, lag das Landhaus der Familie. Manchmal verbrachten die Salomés auch einen Teil des Sommers in der Schweiz – Lou liebte die Berge ihr ganzes Leben; und Zürich sollte für sie später der Ausgangspunkt ihres Lebens in Westeuropa werden.

Ein vielsprachiges Heer von Dienstboten unterstützte die »Generalscha« bei der Führung des großen Haushalts und verstärkte die internationale Atmosphäre, in der Ljola aufwuchs. Tataren und Esten waren Kutscher und Diener, schwäbische Kolonisten verwalteten das Sommerhaus, und auch die verschiedensten Konfessionen waren in der Schar der Hausangestellten vertreten. Die kleine Ljola hatte eine russische Kinderfrau und eine russische Amme, die in hingebungsvoller Mütterlichkeit an dem kleinen Mädchen hing. Im Grunde stellte diese Amme damals für sie die einzige Verbindung zu Rußland, zur russischen Mentalität dar; denn obwohl sie und ihre Familie sich »nicht nur in russischem ›Dienst‹, sondern als Russen« (LRB S. 60) fühlten, hatte Ljola keinerlei Kontakt zum russischen Volk und wußte wenig von ihrem Land. Auch als sie mit acht Jahren schulpflichtig wurde, änderte sich daran kaum etwas. Denn unter den Mädchen, die wie sie die kleine englische

Privatschule besuchten, waren Angehörige unterschiedlichster Nationen, aber nur wenige Russinnen. Zu ihren Mitschülerinnen hatte Louise von Salomé ohnehin wenig Kontakt. »Vielleicht ist es meine ganze Denkungsweise, die mich von den meisten Altersgenossinnen und von unserem Kreise isoliert«, überlegte das 17jährige Mädchen, das das Gefühl hatte, »in seinen Neigungen und Abneigungen, in seinem Wesen und in seinen Ansichten von der Regel abzuweichen« (LRB *S. 318*). Da sie vom Umgang mit ihren Brüdern geprägt und von ihrem Innenleben, ihrer Phantasiewelt beansprucht war, fühlte sie sich andersgeartet und hatte für die Mädchenattitüden, pubertäre Albernheiten und Liebeleien ihrer Mitschülerinnen wenig Interesse und Verständnis.

Da in der Generalsfamilie vorwiegend deutsch gesprochen wurde – durchsetzt mit Französisch, das Ljola von ihrer Gouvernante gelernt hatte –, bekam sie Schwierigkeiten mit der russischen Sprache, als sie später ein Gymnasium, die protestantisch-reformierte Petrischule, besuchte. Als sie ihrem Vater davon erzählte, ließ er sie mit dem Argument »Schulzwang braucht die nicht« (LRB S. 48) die Schule nur noch hospitierend besuchen – wohl erkennend, daß die Intelligenz seiner Tochter sie zur Autodidaktin befähigte und aufoktroyierter Lernstoff ihrem natürlichen und unabhängigen Wissensdurst nur hinderlich wäre. In späteren Jahren hat Lou dann »freiwillig« und um so freudiger sich mit der ihr eigenen Intensität russischen Sprachstudien gewidmet.

Auch die politische Entwicklung in Rußland blieb außerhalb des Gesichtskreises der Heranwachsenden. Der Vater brachte zwar seine Besorgnis über die reaktionäre Wandlung des »Zarenbefreiers« Alexander II., der in Lous Geburtsjahr die Leibeigenschaft aufgehoben hatte, im Familienkreis zum Ausdruck, und auch in der Schule muß sie etwas von dem revolutionären Geist gespürt haben, der in der Jugend gärte – ihre eigene Begeisterung für umstürzlerische Tendenzen aber erschöpfte sich in einer schwärmerischen Bewunderung der russischen Terroristin Wera Sassúlitsch[1], deren Foto sie in ihrer Schreibtischschublade aufbewahrte.

Da sie als junger Mensch Rußland nicht als ihr Heimatland empfunden hatte und auch die emotionale Beziehung zu ihrer Familie eher distanziert war, blieb sie in ihrem weiteren Leben »von Heimweh total verschont« (LRB S. 56) und war offen für ein kosmopolitisch zu nennendes Leben. Erst viel später – als sie sich längst in Deutschland niedergelassen hatte – erkannte sie in Rußland ihre Heimat.

Gillot

»In jedem Leben geschieht es noch einmal, daß es sich müht, wiederzubeginnen wie mit Neugeburt: mit Recht nennt das vielzitierte Wort die Pubertät eine zweite Geburt.« Diese Entwicklungsphase, die inzwischen »vorgefallene Verwicklungen und Hemmungen erneut auszugleichen« (LRB S. 27) vermag, brachte für Louise von Salomé eine entscheidende Erfahrung. Als sie siebzehn Jahre alt war, zeichnete sich ein Wendepunkt in ihrem Leben ab: Sie befreite sich aus der Einsamkeit der Welt ihrer Phantasien mit Hilfe eines Menschen, der ihre Entwicklung entscheidend beeinflußte und ihr eine neue Welt eröffnete.

Zu dieser Zeit besuchte sie den Konfirmationsunterricht bei Hermann Dalton, dem Pastor der evangelisch-reformierten Gemeinde in St. Petersburg. Mit dieser (deutschen) Gemeinde waren die Salomés besonders eng verbunden, denn Gustav von Salomé hatte die Erlaubnis zu ihrer Gründung beim Zaren erwirkt. Überhaupt besaß das kirchliche Gemeindeleben für die nichtrussischen Familien einen hohen gesellschaftlichen Stellenwert. Insofern kam es einer Rebellion gleich, als sich die Tochter des Generals gegen den trockenen Unterricht des Pastors auflehnte, zu dessen Lehrmeinung sich doch der Rest der Familie bekannte. Ljola aber setzte sich gegen die ihr unverständliche Dogmatik vehement zur Wehr. Das führte häufig zu heftigen Wortgefechten und offenen Auseinandersetzungen zwischen ihr und dem Pastor. Seiner Feststellung z. B., man könne sich keinen Ort denken, an dem Gott nicht gegenwärtig sei, hatte sie entgegengehalten: »Doch, die Hölle.« (LRB S. 221). Daltons theoretische Beweisführung der Existenz Gottes erschien ihr geradezu blasphemisch, und sie fühlte sich gleichermaßen »abgestoßen von der finstern Orthodoxie, wie vom nüchternen Rationalismus unserer Tage« (LRB S. 318). Für ihre natürliche Frömmigkeit, die sie als Schicksalsglauben auch im Bewußtsein der Nichtexistenz Gottes – lebenslang – beibehielt, war dieses verstandesmäßige Element als Glaubensbasis widersinnig. Hier wurzelt ihre grundsätzliche Überzeugung, daß der naiv-ungebrochene Glaube, der sich den »Gott in der Tarnkappe« (*Gottesschöpfung* S. 170) im schöpferischen Prozeß selbst gestaltet, dem kirchlich-sanktionierten vorzuziehen sei. Viele Jahre später sah sie auf ihren Rußland-Reisen mit Rilke diese Überzeugung in der originären Frömmigkeit des russischen Volkes bestätigt.

Nun aber stand schon sehr bald ihr Entschluß fest, sich nicht konfirmieren zu lassen. Er war jedoch nicht das Ergebnis purer Rebellion oder gründlicher Überlegungen, sondern vor allem ein inneres »Muß«. Ein Traum, in dem sie sich »während des Konfirmationsaktes laut ›Nein!‹ rufen hörte«, verdeutlichte ihr dann »vollständig, wie unmöglich es mir sei, mir das Verlangte auch nur pro forma abzuzwingen« (LRB S. 202). Von der richtungweisenden Bedeutung ihrer Träume als Ausdruck einer inneren Stimme war sie auch später überzeugt und ließ sich oftmals davon leiten. Da Gustav von Salomé zu dieser Zeit jedoch bereits schwerkrank war, verschwieg Ljola der Familie erst einmal ihren geplanten Kirchenaustritt und folgte dem Rat Daltons, der an ihrem Schicksal besonderen persönlichen Anteil nahm: Er hatte – um Zeit zu gewinnen – seiner widerspenstigen Schülerin vorgeschlagen, den Konfirmationsunterricht noch ein weiteres Jahr zu verlängern.

In dieser schwierigen Phase hörte sie von einem Prediger, der in den intellektuellen Kreisen der St. Petersburger Protestanten für seine glänzenden Reden berühmt war: Hendrik Gillot (1836 bis 1916). Er war Angehöriger der holländischen Gesandtschaft und theologischer Gegner Daltons. Zu dem Zeitpunkt war er zweiundvierzig Jahre alt, gutaussehend und offenbar von charismatischer Ausstrahlung. Er war vor allem zur Betreuung der holländischen Matrosen bei amtlichen und kirchlichen Handlungen nach St. Petersburg geschickt worden. Weil er aber keiner der protestantisch-reformierten Kirchenleitungen von St. Petersburg unterstand, konnte er seine Predigten relativ frei gestalten, meist predigte er auf deutsch. Aber die Stellung als Prediger in einer holländischen Kolonie hat ihn – intelligent, hochgebildet und redegewandt, wie er war – wohl kaum befriedigt: Sehr zu »seinem Verdruß« war er »durch russische Verhältnisse zum Brachliegen seiner wertvollsten Kräfte verurteilt« (LRB S. 68).

Von einer Verwandten überredet, suchte Ljola eines Sonntags, Anfang Mai 1878, die Kirche auf dem Newski-Prospekt auf, in der Gillot predigte. Und als er die Kanzel betrat, erkannte sie augenblicklich seine Bedeutung für sie. Sie wußte sofort: »Das ist es ja, was ich gesucht« und: »nun hat alle Einsamkeit ein Ende« (LRB S. 222). Dem Inhalt der Predigt schenkte sie kaum Beachtung, nur Gillot als Mensch zählte. Sie war so von ihm fasziniert, daß sie seine Adresse auskundschaftete und sich schriftlich mit der Bitte an ihn wandte, mit ihren Zweifeln und Fragen zu ihm kommen zu dürfen. Dieser Brief der Siebzehnjährigen ist erhalten geblieben:[2] Etwas altklug zwar, doch formvollendet schreibt sie von »ihrem Drang nach umfassender Erkenntnis«, den in ihrer Umgebung niemand teile und der sie einsam mache, zumal ihr »jene leichte, gefällige Art« fehle, »welche sich das Vertrauen und die Liebe der Menschen erwirbt und erbittet«. Gillot muß von diesem Brief, der durch seinen schwermütigen Ernst berührt, sehr beeindruckt gewesen sein, denn er bat diese Louise Gustavovna (so hatte sie unterschrieben), ihn zu besuchen. »Die Hand aufs Herz gedrückt«, stand sie wartend vor der Tür zu seinem Arbeitszimmer. Und als er die Tür öffnete, war auch Gillot von dem hochgewachsenen, schlanken Mädchen mit den ernsten Augen sofort eingenommen. »Kommst du zu mir?« (LRB S. 222) fragte er und breitete zum Willkommen die Arme aus.

Die Beziehung zu Hendrik Gillot hat Lou Andreas-Salomé in ihrem 1895 erschienen Roman *Ruth* verarbeitet. Diesen Roman widmete sie ihrer »Muschka«, und man mag darin eine Wiedergutmachungsgeste für die Sorgen und Nöte sehen, die sie ihrer Mutter in dieser Zeit bereitet hat. Mit *Ruth* hatte Lou Andreas-Salomé großen schriftstellerischen Erfolg, besonders bei jungen Leserinnen. Zwar ist die Sprache für unser heutiges Empfinden schwülstig und die Atmosphäre gefühlsüberladen, aber die Stärke des Buches liegt in seinen psychologischen Beobachtungen, die nicht ohne Tiefe sind. Besonders die Darstellung Eriks – Gillots literarischer Entsprechung –, der Versuch, sich in die männliche Psyche hineinzudenken, atmet Leben. Die ganze Erzählung hat ausgeprägt autobiographischen Charakter: Zwar sind auch in ihren anderen Romanen und Novellen überall kaum chiffrierte autobiographische Elemente vorhanden – in *Ruth* ist die Verarbeitung des Selbsterlebten am ausgeprägtesten. Der Hintergrund ist jedoch ganz anders gestaltet: So thematisiert Lou hier nicht ihr eigenes Erlebnis des frühen Gottesverlustes, sondern motiviert Ruths Verhältnis zu Erik damit, daß sie Vollwaise ist. Aber auch dies ist eine psychologisch deutbare autobiographische Anspielung, denn trotz aller familiären Geborgenheit war ja auch die kleine Ljola ein einsames Kind. »Die fromme Vorgeschichte«, die ihre Beziehung zu Gillot entscheidend beeinflußte und ihr diese tiefe und intensive Dimension verlieh, spielt in der Erzählung auch deswegen keine Rolle, weil ihr in der Entstehungszeit von *Ruth* (1894/95) der Zusammenhang noch nicht bewußt gewesen ist und sie »die geheimen Reste der Identität von Gottverhältnis und Liebesverhalten« (LRB S. 31) noch nicht erkannt hatte. Viel später wurde ihr klar – und erst im Alter hat sie dies schriftlich fixiert –, daß Gillot für sie die »nämliche Allesenthaltenheit und nämliche Allüberlegenheit« (LRB S. 28) verkörperte, wie sie vormals ihr Kindergott besessen hatte. Deshalb wurde er für sie zum »Revenant des lieben Gottes«, zu seinem »Duplikat« bzw. seinem »Doppelgänger« (LRB S. 28). Hatte sie sich als Kind in ihrem lieben Gott die ideale Eltern- und Großelterninstanz geschaffen, den Gott also vermenschlicht, so hatte sie sich nun umgekehrt einen Menschen »vergöttlicht«, bei dem sie das gleiche Gefühl der Geborgenheit und All-Einheit suchte, das sie bei ihrem Kindergott empfunden hatte. Ihre Verehrung Gillots – Lou Andreas-Salomé spricht in ihrer Erinnerung von ihm als dem »Gottmenschen« – verlieh dieser Beziehung ein Gewicht, das weit über ein Schüler-Lehrer-Verhältnis hinausging und Lou weitaus mehr prägte als eine romantische Jungmädchenliebe.

Die Person Gillots gewinnt schärfere Konturen, wenn man die Briefe der Verwandten hinzuzieht, mit der Lou zum ersten Mal eine seiner Predigten hörte. Sie schreibt, er habe die Fähigkeit, »einen zu durchschauen, so daß man ›wie splitternackt entkleidet‹ vor ihm stehe«; und hinter seiner »furchtbaren Gründlichkeit« stehe eine enorme Willenskraft (LRB S. 223). Bei ihren weiteren, über geraume Zeit hinweg geheimgehaltenen Besuchen bei Gillot lernte Louise von Salomé, sich diesem starken Willen zu beugen. Folgt man dem Roman *Ruth*, so muß es zu harten Kämpfen zwischen dem erwachsenen Mann und dem jungen Mädchen gekommen sein, so lange bis Ruth / Ljola schließlich bereit war, ihre Phantasiewelt, die auch die 17jährige noch gefangenhielt, preiszugeben. Dann aber ordnete sie sich und ihren Intellekt bedingungslos Gillots Führung unter. »Wie schwer dieses ›sich beugen‹ gerade Dir geworden, weiß ich ja, ich kenne Dich ja so gut!« schrieb ihr die oben erwähnte Verwandte, »ist's aber so weit gekommen, so empfinden wir den Frieden, das Anlehnen und Aufschauen – das sagst Du ja auch.« (LRB S. 223). Die Erfahrung der Bezwingung des eigenen starken Willens durch einen stärkeren, die Unterordnung unter einen überlegenen Mann, die als beglückend empfunden wird, wird Lou Andreas-Salomé später in ihren Erzählungen in verschiedenen Schattierungen immer wieder thematisieren. Ob und inwieweit diese Demutshaltung, dieses »Unterordnungsglück« auch für ihr eigenes Leben Gültigkeit hatte – z. B. in der Beziehung zu ihrem Mann –, wird sich noch zeigen. Eines aber behielt sie ihr Leben lang bei: den Namen, den Gillot, der das russische »Ljola« nicht aussprechen konnte, ihr gegeben hatte – »Lou«.

Ganz systematisch löste Gillot das Mädchen aus seiner Traumwelt heraus, indem er es intellektuell forderte. Einige noch erhaltene blaue Schulhefte aus dieser Zeit, in denen Lou mit gestochen feiner Schrift die ihr aufgegebenen Themen behandelte, zeigen, daß sie sich anfangs vor allem mit Religionsgeschichte und -philosophie beschäftigte, sich mit Christentum, Islam, Buddhismus und Hinduismus auseinandersetzte und die großen Weltreligionen miteinander verglich. Außerdem befaßte sie sich mit archaischen Formen von Religiosität und den Ritualen primitiver Völker.

In dieser Zeit der emotionalen und geistigen Neuorientierung traf Lou Anfang 1879 ein schwerer Schicksalsschlag: Im Februar starb Gustav von Salomé. Zwar war es tröstlich für sie, daß ihr Vater einen leichten Tod hatte und nicht leiden mußte, aber ohne den Beistand Gillots hätte dieser Verlust sie viel schwerer getroffen. Gillot hielt es nun aber für angebracht, die »Generalscha« über Lous Besuche bei ihm zu informieren. Lou befolgte seine Anweisung prompt und platzte zu Hause in eine Gesellschaft hinein mit den Worten: »Ich komme von Gillot.« Frau von Salomé war entsetzt und brach in Tränen aus, als ihr die Tochter mitteilte, sie wolle aus der Kirche austreten, denn es sei doch »ein Betrug und Verbrechen, gegen seine Überzeugung bei Dalton confirmirt zu werden« (LRB *S. 223*). Über den Eigensinn der Tochter beklagte sich die Mutter bei der mit Lou vertrauten Verwandten: »Du meinst, Ljola leidet in meiner Seele mit, das glaube ich nun nicht, dann hätte sie Alles anders angefangen und bewiese es mir durch That; Du bittest mich, liebevoll gegen sie zu sein, aber wie ist das möglich bei einem so starken Charakter, der immer und in Allem nur seinen Willen durchsetzt.« (LRB *S. 223*). Schließlich fand sich Frau von Salomé aber bereit, Gillot zu empfangen. Lou belauschte die Unterredung und hörte, wie ihre Mutter dem Pastor vorwarf: »Sie machen sich schuldig an meiner Tochter.« Der aber antwortete: »Ich will schuld sein an diesem Kinde.« (LRB *S. 222*).

Von jetzt an besuchte Lou Gillot mit Wissen der Mutter. Er führte sie systematisch in die Philosophie ein; er las mit ihr unter anderem Kant auf holländisch, Leibniz, Fichte, Schopenhauer und, für sie von besonderer Bedeutung, Spinoza. Dieser Philosoph mit seiner pantheistischen Lehre von einer allumfassenden Substanz stand ihrem eigenen Welt- und Selbstverständnis von Anfang an am nächsten. Er war ihr schon damals so wertvoll, daß sie für die Lektüre seiner Werke Opfer brachte: »mühsam und heimlich für geschenkten Schmuck« (LRB S. 171) erwarb sie seine Bücher – eine für sie typische Geringschätzung des Materiellen zugunsten des Intellektuellen. Als sie später, im Zuge ihrer Arbeiten zur Psychoanalyse, ihr Verhältnis zu Spinoza resümierte, bezeichnete sie seine Philosophie als ihr »Inwendigstes, Eigentlichstes in frühen Jahren schon« (Schule S. 68).

»Geistig hatte sie sich rasch und stark entwickelt«, heißt es in *Ruth*, und »schnell gewöhnte sie sich daran, ihre Gedanken zu logischer Schärfe zu formen und ihnen eine energische Richtung auf das Erkennen zu geben« (*Ruth* S. 179). Diese enormen Fortschritte machte auch die junge Lou unter Anleitung Gillots, was ihren Wissensdrang noch forcierte. Sie arbeitete angespannt und intensiv, bis zur Erschöpfung, so daß sie eines Tages auf Gillots Schoß ohnmächtig wurde. Dieser Arbeitsplatz scheint, wenn man sich an den Roman *Ruth* hält, durchaus üblich gewesen zu sein; auch die dort beschriebenen Zärtlichkeiten zwischen Lehrer und Schülerin haben wohl der Realität entsprochen. Spekulationen, daß Gillot Lous erster Liebhaber gewesen sein soll, entbehren dennoch jeder Basis. Gegen diese Vermutung spricht allein schon der Grund, aus dem Lou diese Beziehung bald lösen sollte. Zwar findet sich der Bericht des Gillot-Erlebnisses im *Lebensrückblick*, den Memoiren der greisen Lou Andreas-Salomé, unter der Überschrift *Liebeserleben*; aber das junge Mädchen liebte seinen Lehrer nicht als Mann, sondern als die erste und einzige Person ihrer Kindheit, von der sie sich angenommen und geliebt fühlte. War es früher ihr Kindergott gewesen, der ihr Schutz und Geborgenheit bot, so war es nun dieser »Gottmensch«, bei dem sie die zu Hause vermißte Wärme und Anteilnahme fand. Und als dieser Mensch das Podest, auf das ihn Lou gestellt hatte, schließlich verließ und menschliche Forderungen stellte, erging es ihm wie dem Gott ihrer Kindheit. Gillot, der verheiratet und Vater von zwei Kindern in Lous Alter war, hatte hinter Lous Rücken Scheidungsvorbereitungen getroffen. Als er ihr eröffnete, daß er sie zur Frau nehmen wollte, brach für Lou eine Welt zusammen, forderte er doch von ihr, »den Himmel ins Irdische herabzuholen« (LRB S. 29). Schlagartig war ihr erneut eine Idealvorstellung zerstört worden – und die Parallele dieser Erfahrung zu der des Gottverlustes ist nicht zu übersehen: Über diesen schreibt sie: »Mir fiel der Unglaube blitzähnlich in's Herz oder vielmehr in den Verstand« (Dok. S. 188), und jetzt, bei Gillot, formuliert sie: »Mit einem Schlage fiel das von mir Angebetete mir aus dem Herz und Sinnen ins Fremde.« (LRB S. 29). Die Erfahrung, wie schmerzlich Ideal und Realität auseinanderklaffen können, wiederholte sich hier: Wieder stellte sie fest, daß »ein Bruch geschieht zwischen Erwartetem und Vorgefundenem« (LRB S. 16).

Fünfzehn Jahre später veröffentlichte sie in der Zeitschrift *Die Frau* ein Gedicht, das sich auf Gillot und seine Bedeutung für sie bezieht:[3]

Durch dich.

Was nur das Leben faßt an Allgewalten –
Durch dich allein ergriff es mein Gemüt,
Zugleich in Leidenschaft und Händefalten,
Hab ich in dir vor Gott gekniet.

Durch dich allein auch ist die tiefste Wunde
Auf immer meinem Leben eingebrannt,
Da ich, in vergeßlich dunkler Stunde,
Im Gott das Menschenbild erkannt.

Hab Dank für alles, was du mir gegeben!
Das Höchst' und Tiefste, das wir Menschen haben –
Durch dich ward's mein in schweigendem Erleben:
Den Gott zu schau'n – und zu begraben.

Lou Andreas-Salomé.

So schmerzlich das »Begräbnis« ihrer ersten Liebe für sie auch war, so schloß es doch andererseits eine Entwicklungsstufe ab und wurde zu »einem Fortschritt in Freude und Freiheit hinein«. Sie wußte, daß sie nun ihren eigenen Weg gehen und sich von Gillot auch räumlich trennen mußte. Und obwohl sie diese Trennung »fürchtete wie den Tod« (LRB S. 30f.), vollzog sie den Bruch radikal. Sie beschloß, ins Ausland zu gehen und dort zu studieren.

Bevor sich aber Lous Entschluß realisieren ließ, galt es den vehementen Widerstand in der Familie gegen diesen Plan zu brechen. In harten Kämpfen mußte Lou ihre Mutter davon überzeugen, daß sie nicht den vorgezeichneten Weg einer »höheren Tochter« gehen, sondern ihre weitere Entwicklung selbst bestimmen und Rußland verlassen wollte. Und auch die russischen Behörden machten Schwierigkeiten: Man verweigerte den Paß für die Ausreise, weil sie ihre Religionszugehörigkeit nicht nachweisen konnte, da sie nicht konfirmiert war. Hier konnte ihr Gillot jedoch helfen; er schlug vor, sie selbst in einer kleinen Dorfkirche in Santpoort in Holland, wo Staat und Kirche getrennt sind, einzusegnen. Unter diesen Bedingungen stimmte Lou einer Konfirmation zu.[4] Auch ihre Mutter willigte schließlich ein und begleitete sie nach Holland. Im Mai 1880 konfirmierte Gillot seine Schülerin, die er eigentlich hatte zur Frau nehmen wollen, mit dem Einsegnungsspruch: »Fürchte dich nicht, ich habe dich erwählt, ich habe dich bei deinem Namen gerufen: du bist mein.« *(Jesaja 43)*. Daß diese Worte stark an eine Trauungszeremonie erinnerten, blieb auch Lou nicht verborgen. Und sie war froh, daß ihre Mutter »nichts von der lästerlichen holländischen Rede« (LRB S. 30) verstand.

Nun also hatte sie endlich den Weg gefunden zu einer, wie sie hoffte, freien und selbstbestimmten Existenz – getreu einem ihrer Wahlsprüche: »Die Welt, sie wird dich schlecht begaben, glaube mir's! Sofern du willst ein Leben haben: raube dir's!« (LRB S. 57).

JUGEND

>»Uns vom Halben zu entwöhnen und im Ganzen
>Guten Schönen resolut zu leben.« (Dok. S. 125)

Die »Dreieinigkeit«

Im September 1880 verließ Lou von Salomé Rußland und fuhr in die Schweiz. Die Universität Zürich war eine der ersten in Europa, die damals auch Frauen zum Studium zuließ. Und da die Familie Salomé schon früher ihren Sommerurlaub in der Schweiz verbracht und dort auch Verwandte hatte, man sich also auskannte und auf einen kleinen Bekanntenkreis zurückgreifen konnte, war die Wahl des Studienorts auf Zürich gefallen. Lou wollte natürlich allein reisen, aber Frau von Salomé setzte sich durch und begleitete die Tochter. Die beiden Damen wohnten in Riesbach, in der Nähe von Zürich, bei Lous Taufpaten Emanuel Brandt.

Damals gab es in Zürich eine russische, revolutionär gesinnte Studentenkolonie, die ihren politischen Standpunkt unter anderem dadurch zum Ausdruck brachte, daß sie die Ermordung Alexanders II. mit Fackelzügen feierte. Diesen Landsleuten schloß sich Lou aber nicht an; sie nahm auch kaum Kontakt auf zu ihren Mitstudentinnen, die meist Medizinerinnen waren und nach dem Studium als »Narodniki«[1] nach Rußland zurückkehren wollten, um sich in den Dienst des einfachen Volkes zu stellen. Lou von Salomé ging ihre eigenen Wege und stürzte sich voller Elan in ihr Studium.

Nachdem sie dem Züricher Theologieprofessor Alois Biedermann bereits schriftlich ihre Studienwünsche angedeutet hatte, stellte sie sich am 13. Oktober bei ihm vor. Biedermann, der seine philosophischen Wurzeln vor allem bei Kant, Schleiermacher und Hegel hatte, war einer der bedeutendsten freiprotestantischen Theologen seiner Zeit. Ein Exemplar seines Hauptwerks *Christliche Dogmatik* schenkte er Lou später »als Andenken und Band herzlicher Freundschaft« (LRB *S. 238*). Durch ihr offenes, unbefangenes Wesen, ihren scharfen Verstand und ihre Lernbegier gewann Lou schon beim ersten Besuch seine Sympathie. Von ihren Fähigkeiten war er sofort überzeugt und unterstützte sie deshalb auch bedenkenlos beim Umgehen einer bürokratischen Hürde: Da Lou keinen Schulabschluß vorweisen konnte, unterzog er sie einer Scheinprüfung, um ihr die Immatrikulation zu ermöglichen. Bei ihm belegte sie nun Allgemeine Religionsgeschichte (auf philosophischer Grundlage), Dogmatik, Logik und Metaphysik; im Wintersemester 1880/81 hörte sie noch Philosophie bei Kym und Avenarius; und bei dem alten Revolutionär Gottfried Kinkel, der in Zürich sein Emigrantendasein als Professor abschloß, studierte sie Kunstgeschichte. Ihm gab sie auch ihre Gedichte zu lesen, die sie zum Teil noch in Rußland verfaßt hatte, und bat ihn um sein Urteil und um Unterstützung bei der Veröffentlichung. Kinkel, der mit seinem romantisch-mittelalterlichen Versepos *Otto der Schütz* auch als Dichter populär geworden war, fand Lous Gedichte »stark und schön, voll edler und tiefer Empfindung« (Dok. S. 85), bemängelte aber ihre Reimtechnik. Er riet ihr dennoch, auch »ferner Ihr Gefühl in Poesie auszuströmen« (Dok. S. 92). Trotz seines Empfehlungsschreiben für die Zeitschrift *Deutsche Dichterhalle* fanden die Gedichte bei den Herausgebern keinen Anklang. Vielleicht hat sich Lou aber auch gar nicht um eine Veröffentlichung dieser Gedichte bemüht, die vor allem in Verse gebrachte Wünsche, Forderungen, Lebensziele und große Ideen sind. Obwohl sie diese Gedichte rückblickend als »hochtrabendes Zeug« (LRB *S. 407*) bezeichnete, hat sie sie später zum Teil in ihren ersten Roman *Im Kampf um Gott* integriert (z. B. *Wellenrauschen* oder *Es war ein Gott*) und einige dann doch in verschiedenen Zeitschriften veröffentlicht oder in ihren

Lebensrückblick aufgenommen (z. B. *Todesbitte*). Ihre Hauptbeschäftigung in Zürich war aber nicht die Produktion von Lyrik, sondern das Studium der Religionsgeschichte. Sie arbeitete fast Tag und Nacht und bewältigte eine immense Stoffülle, bis schließlich ihre Gesundheit darunter zu leiden begann und sie ernsthaft krank wurde. Ihr Körper hatte sie bereits in St. Petersburg die geistige und seelische Anspannung spüren lassen, unter der sie als Gillots Schülerin gestanden hatte. Mit dem enormen Arbeitspensum, das sie sich nun in Zürich auferlegte, schüttete sie einen Wall auf, hinter dem erst einmal all das verschwand, was sie mit Gillot erlebt hatte. Die körperliche Reaktion auf diese Überanstrengung ließ nicht lange auf sich warten: Lou erkrankte schwer, sie begann Blut zu husten und war dem Zusammenbruch nahe. Die Diagnose lautete auf Lungenbluten, und die Ärzte verordneten ihr Kuraufenthalte.

Nach knapp einem Jahr mußte sie also ihr Studium in Zürich abbrechen. Frau von Salomé reiste mit ihrer geschwächten Tochter in verschiedene Bäder, so ins holländische Scheveningen und zur Kaltwasserkur nach Albisbrunn. Aber die Krankheit, die Lou trotz allem »wie eine fremde Sorge, außerhalb des aufsteigenden Lebensmutes« (LRB S. 32) erschien, wandte sich kaum zum Besseren. Die Ärzte empfahlen ein südliches Klima, und Lou – immer begleitet von ihrer Mutter – fuhr Anfang 1882 nach Italien. Auf ihre Bitte hin hatte ihr Gottfried Kinkel ein Empfehlungsschreiben an Malwida von Meysenbug (1816–1903) mitgegeben, seine alte Freundin aus der Zeit der 48er Revolution, die sich in Rom niedergelassen hatte. Lou kannte ihre 1876 erschienenen *Memoiren einer Idealistin*, und wie viele junge Mädchen damals verehrte sie die inzwischen alt gewordene Dame wegen ihres Engagements und Einsatzes für die Rechte der Frau und wollte sie gerne kennenlernen. Sie vermutete in dieser Frau, deren Leben keineswegs in konventionellen Bahnen verlaufen war, eine Wegbereiterin und Bundesgenossin für die ihr vorschwebende Freiheit und Selbstentfaltung.

»Krank und müde« (Dok. S. 281) traf Lou mit ihrer Mutter Anfang Februar 1882 in Rom ein. Sie ahnte noch nicht, daß der dreimonatige Aufenthalt weit mehr als ein Erholungsurlaub werden würde. Die Ewige Stadt selbst erlebte sie lediglich als einen »mit allerhand alten Ruinen undeutlich bemalten Hintergrund, vor dem aber ein Erleben von lauter Zukünftigem und Jugendlichem« stattfand, »ein Beginn von Jugend nach ihren ersten köstlichen, aber fast tragisch schweren Jahren. Eine Staffage war Rom [...]« (RMR-Brw S. 122 f.).

Das Empfehlungsschreiben Gottfried Kinkels verfehlte nicht seine Wirkung. Malwida von Meysenbug bat die beiden Damen von Salomé am 11. Februar zu sich. Die »Idealistin«, die schon viele Schülerinnen und Zöglinge gehabt hatte, war von Lous Wesen sofort eingenommen, dieser eigenartigen Mischung von großem Ernst, Erkenntnisdrang und – trotz Krankheit – erwartungsfroher Lebenslust. Die Erfahrungen ihrer Kindheit und frühen Jugend – der Gottverlust, der Tod des Vaters und das »Versagen« des Gottmenschen Gillot – hatten ihrem Wesen eine Tiefe verliehen, die in eindrucksvollem Kontrast stand zu ihrer jugendlichen Unbedarftheit und Lebensneugier. Ihr überragender Intellekt und ihre für ein einundzwanzigjähriges Mädchen ungewöhnliche philosophische Bildung und Denkweise mußten faszinieren. Und daß diese junge, aparte Frau ganz unprätentiös in hochgeschlossenem, schwarzem Kleid erschien, die blonden Haare aus der hohen Stirn gekämmt und zu einem strengen Knoten im Nacken gebunden, wird Malwida gefallen und ihren Eindruck bestärkt haben, diese Louise von Salomé verkörpere genau jenen Frauentypus, der die Emanzipation – wie Malwida von Meysenbug sie verstand – vorantreiben könne.[2]

In ihrem Salon in der Via della Polveriera förderte Malwida den »freieren, edleren Verkehr« junger Frauen und Männer: Hier traf man sich abends oder nachmittags zum Tee, las und besprach literarische oder philosophische Texte, unterhielt sich und diskutierte. Die »junge Russin«, wie Lou hier genannt wurde, war bald wegen ihrer anregenden Gesprächsbeiträge und ihrer profunden philosophischen Kenntnisse ein gerngesehener Gast in dieser Runde, in der sie »von ganzem Herzen« für ihren »alten Hegel«[3] eintrat. Ihre Gesprächsbeiträge waren anregend, ihr Wissen fundiert, ihre Gedanken kühn.[4]

Auch am 17. März hatte man sich abends wieder einmal bei Frau von Meysenbug getroffen, wurde aber durch die Ankündigung eines unerwarteten Gastes unterbrochen. Die Hausherrin trat daraufhin an ihren Sekretär, entnahm ihm Geld und eilte aufgeregt hinaus. »Bei ihrer Rückkehr ins Zimmer, obwohl sie dabei lachte, flog ihr das feine schwarze Seidentüchlein noch ein wenig vor Erregung um den Kopf. Neben ihr trat der junge Paul Rée ein: ihr langjähriger, wie ein Sohn geliebter Freund, der – Hals über Kopf von Monte Carlo kommend – Eile hatte, dem dortigen Kellner das gepumpte Reisegeld zuzustellen, nachdem er alles, wörtlich, restlos alles verspielt.« (LRB S. 75).

Lou amüsierte dieser Vorfall, und sie fühlte sich zu dem damals 32jährigen Paul Rée (1849-1901) spontan hingezogen, »sein scharf geschnittenes Profil, das grundgescheite Auge waren ihr sofort durch seinen Ausdruck vertraut« (LRB S. 75) – und so ging sie offen auf ihn zu, wie immer, wenn Menschen sie interessierten. Deshalb fand sich Paul Rée – der vorher fünf Wochen mit Friedrich Nietzsche verbracht hatte – noch am selben Abend in angeregtester Unterhaltung mit der jungen Russin wieder, die er gegen Mitternacht auf einigen Umwegen in ihre Pension begleitete.

Diese nächtlichen Gänge durch die »Straßen Roms im Mond- und Sternenschein« (LRB S. 75) wurden bald zur festen Institution für die beiden und endeten meist erst gegen zwei Uhr morgens. Innerhalb kürzester Zeit war Rée von Lou restlos bezaubert. Aber er »benahm sich« in ihren Augen zunächst »völlig falsch«, als er nämlich bei Frau von Salomé um Lous Hand anhielt – zum »zornigen Leidwesen« der Tochter, die ja nach der Gillot-Erfahrung ihr Liebesleben für auf »Lebenszeit abgeschlossen« (LRB S. 76) hielt. Die Ablehnung seines Heiratsantrages verletzte den sensiblen Rée empfindlich, und er sah nur noch einen Ausweg: die Flucht. Doch vorher zog er seine mütterliche Freundin Malwida ins Vertrauen, die ihn schließlich beruhigen und zum Bleiben bewegen konnte. Bei dieser Gelegenheit erfuhr sie nun allerdings auch von den heimlichen nächtlichen Spaziergängen der beiden. Sie war alles andere als begeistert und machte aus ihrer Enttäuschung über solche Heimlichkeiten kein Hehl.[5] Lou aber sah sowohl in den Spaziergängen als auch in ihrer Ablehnung von Rées Antrag nichts Kompromittierendes – schließlich handelte sie ja nach ihren eigenen Werten und deshalb mit bestem Gewissen. Sie sah in Rée einen Freund, und damit waren für sie die Grenzen klar gezogen. Wie andere ihre Beziehung interpretierten – oder wie Rée diese Beziehung erlebte –, darüber machte sie sich keine weiteren Gedanken. So unterbreitete sie ihm unbekümmert einen Plan, der auf seine Gefühle ihr gegenüber keinerlei Rücksicht nahm: Sie wünschte sich ihn als Kameraden und Freund – und zwar in einer Beziehung, die denkbar eng und intim sein sollte. Es schwebte ihr eine Wohn- und Arbeitsgemeinschaft mit dem Mann vor, dessen Heiratsantrag sie gerade abgelehnt hatte. Dieser kühne Plan ging auf einen Traum zurück, was Lou unerschütterlich gewiß sein ließ, daß das Vorhaben richtig sei, ebenso wie es seinerzeit ein Traum gewesen war, der sie in ihrer Entscheidung, die Konfirmation zu verweigern, bestärkt hatte. In diesem Traum sah sie »eine angenehme Arbeitsstube voller Bücher und Blumen, flankiert von zwei Schlafstuben und, zwischen uns hin- und hergehend, Arbeitskameraden, zu heiterem und ernstem Kreis geschlossen« (LRB S. 76).

Auf ihren nächtlichen Spaziergängen durch das frühsommerliche Rom gelang es ihr tatsächlich, den Freund für ihren Plan zu gewinnen. Von der Aussicht verführt, auch nach dem Italienaufenthalt mit Lou zusammensein zu können, zwang sich Paul Rée in die ihm zugewiesene Kameradenrolle hinein und nahm ihren Vorschlag an. Darüber hinaus schlug er sogar vor, seinen Freund Friedrich Nietzsche in dieses Vorhaben einzubeziehen – er ahnte, welch große Faszination von diesem hochintelligenten Mädchen auf den einsamen Nietzsche ausgehen würde. Aber eigentlich hätte er auch ahnen müssen, daß die Hinzuziehung eines »Dritten im Bunde« der geplanten Aktion nichts von ihrer Brisanz nehmen würde – ganz im Gegenteil! Lou hatte natürlich nichts dagegen, einen weiteren geistreichen Menschen kennenzulernen. Je mehr »große Brüder« sie umgaben, um so besser, war dies doch eine Situation, die ihr vertraut und lieb war. Von der Bedeutung Friedrich Nietzsches hatte sie zu diesem Zeitpunkt jedoch noch keine Vorstellung.

Nun mußten aber noch Frau von Salomé und Malwida von Meysenbug von dem geplanten Vorhaben in Kenntnis gesetzt werden. Beide reagierten – wie vorherzusehen war – entsetzt: Malwida fühlte sich von Lous »total entriegeltem Freiheitsdrang« (LRB S. 76) kompromittiert und erkannte nun, daß dieses Mädchen, in dem sie »eine hohe, reine Apostolin unseres neuen Glaubens« (Dok. S. 113) gesehen hatte, keineswegs bereit war, ihren eigenen Willen, ihre persönliche Entwicklung und Entfaltung »höheren« Zielen unterzuordnen. Und Lou ihrerseits bemerkte, daß die gütige Mentorin ihre eigenen frauenbefreienden Intentionen nur im engen Rahmen gesellschaftlicher Konventionen zu verwirklichen wagte, und dieser Rahmen war ihr selbst bei weitem zu eng. Auch Frau von Salomé, die die nächtlichen Spaziergänge stillschweigend geduldet hatte, wohl in großem Vertrauen auf Paul Rée, war schockiert über diesen »den geltenden gesellschaftlichen Sitten von damals hohnsprechenden Plan« und hätte »am liebsten alle ihre Söhne zu Hilfe gerufen«, um Lou »tot oder lebendig nach Hause zu schleifen« (LRB S. 76). Da sie sich allein nicht durchsetzen konnte, wandte sie sich schließlich an die einzige von Lou als Autorität akzeptierte Instanz: Sie schrieb an Hendrik Gillot und bat ihn um Rat. Gillot war von der Vorstellung, Lou in der Gemeinschaft mit zwei Männern zu wissen, offensichtlich nicht sehr angetan und muß seiner ehemaligen Schülerin ins Gewissen geredet haben. Die Antwort Lous (vom 26. 5. 1882) auf sein Schreiben ist ein großartiger, frischer Brief, der viel von ihrer Beziehung zu ihm verrät, zugleich aber auch Aufschluß darüber gibt, welche gute Menschenkennerin Lou war und wie selbstsicher sie ihr Leben plante.

»Ihren Brief habe ich gewiß schon 5 Mal gelesen, aber kapirt habe ich ihn immer noch nicht. Was, in Dreiteufelsnamen, hab' ich denn verkehrt gemacht? Ich dachte ja, Sie[6] würden grade jetzt des Lobes voll über mich sein. Weil ich doch nun grade dabei bin zu beweisen, wie gut ich seinerzeit meine Lektion bei Ihnen gelernt habe. Erstens indem ich doch ganz und gar nicht einer bloßen Phantasie nachhänge, sondern sie verwirklichen werde, und zweitens, indem es durch Menschen geschieht, die wie direkt von Ihnen ausgesucht erscheinen, nämlich vor lauter Geist und Verstandesschärfe schon fast platzen. Aber nun behaupten Sie statt dessen, die ganze Idee sei so phantastisch wie nur jemals eine früher, und werde nur noch ärger dadurch, daß sie wahrscheinlich auch noch in Leben umgesetzt werden solle, und um so viel ältere und überlegenere Männer wie Rée, Nietzsche und andere könnte ich nicht richtig beurtheilen. Darin täuschen Sie sich nun aber. Das Wesentliche (und das Wesentliche ist menschlich für mich nur Rée) weiß man entweder sofort oder garnicht. [...] Auch Malwida ist gegen unseren Plan, und dies thut mir ja leid, denn ich habe sie riesig lieb. Aber mir ist doch schon seit längerem klar, daß wir im Grunde stets Verschiedenes meinen, selbst wo wir übereinstimmen. Sie pflegt sich so auszudrücken: dies oder jenes dürfen ›wir‹ nicht thun, oder müssen ›wir‹ leisten, und dabei hab ich doch keine Ahnung, wer dies ›wir‹ eigentlich wohl ist, irgend eine ideale oder philosophische Parthei wahrscheinlich, – aber ich selber weiß doch nur was von ›ich‹. Ich kann weder Vorbildern nachleben, noch werde ich jemals ein Vorbild darstellen können, für wen es auch sei, hingegen mein eignes Leben nach mir selber bilden, das werde ich ganz gewiß, mag es nun damit gehn, wie es mag. Damit habe ich ja kein Prinzip zu vertreten, sondern etwas viel Wundervolleres, – etwas, das in Einem selber steckt und ganz heiß vor lauter Leben ist und jauchzt und heraus will. [...] Wir wollen doch sehen, ob nicht die allermeisten sogenannten ›unübersteiglichen Schranken«, die die Welt zieht, sich als harmlose Kreidestriche herausstellen!« (LRB S. 77 f.).

Mittlerweile hatten sowohl Paul Rée als auch Malwida von Meysenbug ihrem Freund Friedrich Nietzsche (1844-1900) brieflich von der außergewöhnlichen jungen Russin erzählt, die er unbedingt kennenlernen müsse. Auf Rées ersten, nicht mehr erhaltenen Brief, der von Lou von Salomé berichtete, hatte Nietzsche aus Genua geschrieben: »Grüssen Sie diese Russin von mir wenn dies irgend einen Sinn hat: ich bin nach dieser Gattung von Seelen lüstern. Ja ich gehe nächstens auf Raub darnach aus – in Anbetracht dessen was ich in den nächsten 10 Jahren tun will brauche ich sie.«[7] In diesen Worten Nietzsches deutet sich schon an, was schließlich mitverantwortlich dafür sein wird, daß die Beziehung Nietzsches zu Lou so tragisch endet: Noch bevor er Lou ein einziges Mal gesehen hatte, ordnete Nietzsche sie schon einer »Gattung« zu, machte er sich ein Bild davon, wie diese »Seele« auszusehen habe. Und der im direkten Anschluß folgende Zusatz: »Ein ganz anderes Capitel ist die Ehe – ich könnte mich höchstens zu einer zweijährigen Ehe verstehen, und auch dies nur in Anbetracht dessen was ich in den nächsten 10 Jahren zu thun habe«,[8] vereinfacht die Situation keineswegs, im Gegenteil. Nachdem Rée ihm von Lous Wohn- und Arbeitsplänen berichtet hatte, schien es dem Philosophen und Pfarrerssohn also opportun, eine derartige Lebensgestaltung durch eine der beiden möglichen Ehekonstellationen gesellschaftlich zu sanktionieren. Auf jeden Fall gab Nietzsche, auch aus gesundheitlichen Gründen, seiner »Lüsternheit« nach Seelen der Louschen Art erst einmal nicht nach, sondern reiste unvermittelt und unvermutet nach Messina, nicht nach Rom. Hier erreichte ihn ein weiterer Brief Rées: »Sie haben am meisten die junge Russin durch diesen Schritt in Erstaunen und Kummer versetzt. Dieselbe ist nämlich so begierig geworden, Sie zu sehen [...]. Sie ist ein energisches, unglaublich kluges Wesen mit den mädchenhaftesten, ja kindlichsten Eigenschaften.« Gleichzeitig schreibt er von Lous Plan: »Sie möchte sich so gerne, wie sie sagt, wenigstens ein nettes Jahr machen,[9] und das sollte nächsten Winter sein. Dazu rechnet sie als nöthig Sie, mich und eine ältere Dame, wie Frl. v. Meysenbug [...], aber diese hat keine Lust.« Und kurz bevor er Nietzsche ein weiteres Mal auffordert: »die Russin müssen Sie durchaus kennenlernen«, fügt er noch folgende Beschreibung Lous an: »Ich halte bei Frl. v. M. Vorträge über mein Buch, was mich einigermaßen fördert, zumal auch die Russin zuhört, welche alles durch und durchhört, so daß sie in fast ärgerlicher Weise schon immer vorweg weiß, was kommt, und worauf es hinaus soll.«[10]

Es sollte dann nur noch vier Tage dauern, bis Nietzsche tatsächlich in Rom auftauchte. Er machte sofort einen Besuch bei Malwida von Meysenbug, von der er erfuhr, daß Lou von Salomé und Paul Rée sich gerade im Petersdom aufhielten, wo Rée in einem Beichtstuhl »seinen Arbeitsnotizen, mit Feuer und Frömmigkeit, oblag« (LRB S. 80). Umgehend suchte Nietzsche die beiden in der Kirche auf. Er, der ja grundsätzlich Freude hatte »an den vornehmen Formen im Umgang« (Nietzsche S. 39), schlug zur Begrüßung einen Ton an, der ebenso monumental war wie die Umgebung: Vor Lou von Salomé verneigte er sich tief mit den Worten: »Von welchen Sternen sind wir uns hier einander zugefallen?« (LRB S. 80). Lou war verblüfft, »das gesucht Formvolle an ihm [...] frappierte und täuschte« (Nietzsche S. 39) sie zuerst. Diese Begegnung schilderte sie sehr anschaulich zwölf Jahre später in ihrem Buch *Friedrich Nietzsche in seinen Werken*. Der erste Eindruck von Nietzsche bot »nichts Auffallendes; der mittelgroße Mann in seiner überaus einfachen, aber auch überaus sorgfältigen Kleidung, mit den ruhigen Zügen und dem schlicht zurückgekämmten braunen Haar, konnte leicht übersehen werden.« Dann aber bemerkte sie, »daß der Gesamtausdruck seines Wesens [...] völlig vom tief bewegten Innenleben durchdrungen war«. Und »dieses Verborgene, die Ahnung einer verschwiegenen Einsamkeit, – das war der erste, starke Eindruck, durch den Nietzsches Erscheinung fesselte«. Dementsprechend beschreibt sie Nietzsches Augen: »Halbblind, besaßen sie dennoch nichts vom Spähenden, Blinzelnden, ungewollt Zudringlichen vieler Kurzsichtigen; vielmehr sahen sie aus wie Hüter und Bewahrer eigener Schätze, stummer Geheimnisse, die kein unberufener Blick streifen sollte. Das mangelhafte Sehen gab seinen Zügen eine ganz besondere Art von Zauber dadurch, daß sie, anstatt wechselnde, äußere Eindrücke widerzuspiegeln, nur das wiedergaben, was durch sein Inneres zog.« (Nietzsche S. 38). Und: »unvergleichlich schön und edel geformt« fand sie Nietzsches Hände, »von denen er selbst glaubte, daß sie seinen Geist verrieten«. Obwohl sein Mund »durch einen vornübergekämmten großen Schnurrbart fast völlig verdeckt war«, bemerkte sie »die feinen, höchst ausdrucksvollen Mundlinien«. Er hatte, schreibt sie, »ein leises Lachen, [...] eine geräuschlose Art zu sprechen und einen vorsichtigen, nachdenklichen Gang, wobei er sich ein wenig in den Schultern beugte; man konnte sich schwer diese Gestalt inmitten einer Menschenmenge vorstellen, – sie trug das Gepräge des Abseitsstehens, des Alleinstehens« (Nietzsche S. 37).

Bei ihrem ersten Zusammentreffen mit dem damals 37jährigen Nietzsche hatte Lou so gut wie nichts von ihm gelesen, er wirkte auf sie in erster Linie als Mensch. Als Nietzsche in den nächsten Tagen den Freunden aus seinem jüngsten Werk, der *Fröhlichen Wissenschaft*, vorlas, lernte Lou auch den Denker kennen und versprach sich viel von einem Zusammensein mit dem Philosophen. Malwida von Meysenbug und Paul Rée hatte ihre Ahnung nicht getäuscht, daß sich Lou und Nietzsche einander schnell erschließen würden. Das Dreierbündnis war sehr bald konsolidiert und einigte sich gleich auf einen Studienort: Nach Wien gab man zuletzt doch Paris den Vorzug, da man sich dort von der Anwesenheit Iwan Turgeniews, den Lou und Rée bereits kannten, einiges erhoffte. Außerdem lebten dort Malwida von Meysenbugs Pflegetöchter Olga Monod und Natalie Herzen, die sich zu Malwidas Beruhigung – der jungen Lou annehmen sollten.

In der kurzen Zeitspanne zwischen Nietzsches Ankunft in

Rom und der Weiterreise an die oberitalienischen Seen unternahm Nietzsche jedoch einen Schritt, der die »Dreieinigkeit«, wie sie ihr Bündnis nannten, gewaltig ins Wanken brachte. Er zog Rée ins Vertrauen und bat den Freund, für ihn um Lou von Salomés Hand anzuhalten – ohne zu ahnen, in welch unangenehme Situation er Rée, der ja selbst erfolglos um sie geworben hatte, dadurch brachte.

Man mag sich über die Schnelligkeit wundern, mit der beide, Rée und Nietzsche, jeweils zu der Überzeugung gelangten, die »junge Russin« sei die richtige Frau für sie. Für Rées Entschlußfreudigkeit wird bestimmt eine Rolle gespielt haben, wie spontan Lou sich ihm zuwandte und öffnete. Wenn man andererseits Nietzsches Äußerung, er müsse »sowohl als ›Denker‹ wie als ›Dichter‹ eine gewisse Vorahnung von L. gehabt haben«[11], neben seine oben zitierte Reflexion über eine mögliche Ehe hält, wird deutlich, daß er schon vor dem persönlichen Kennenlernen ein von Rée und Meysenbug vermitteltes und mit eigenen Projektionen angereichertes Bild von Lou hatte, das sie in seinen Augen zur Heiratskandidatin prädestinierte. Dies sollte man nicht vergessen, wenn man den späteren Bruch zwischen den beiden, vor allem Nietzsches Ausfälle gegen die frühere Freundin, bewerten will. Aber vielleicht hat Nietzsche mit seinem Heiratsantrag auch nur beabsichtigt – im oben angesprochenen Sinne –, »eine Vereinfachung der Situation« (LRB S. 80) herbeizuführen, wie das Lou vermutet hat.

Lou und Rée waren jedenfalls gleichermaßen über Nietzsches Heiratsantrag entsetzt und gerieten in »neue Besorgnis um unseren Plan«. Sie berieten, wie man Nietzsche, ohne ihn unnötig zu verletzen, die Aussichtslosigkeit seines Anliegens klar machen könne, und beschlossen, daß Rée seinem Freund Lous »grundsätzliche Abneigung gegen alle Ehe überhaupt« darlegen solle. Um der Angelegenheit die Schärfe zu nehmen, wurde ein weiteres Argument hinzugefügt: Lou ginge nämlich durch eine Heirat einer »eigenen kleinen Pension verlustig« (LRB S. 80), die ihr der russische Staat als der einzigen Tochter eines Adligen gewährte. Da auch Nietzsche nur über geringe Geldmittel verfüge, verbiete sich eine Heirat schon aus pekuniären Gründen. Gleichzeitig aber beschworen sie Nietzsche, die Ablehnung seines Heiratsantrags nicht der Aufkündigung ihrer Freundschaft gleichzusetzen und an ihrer »Dreieinigkeit« auf jeden Fall festzuhalten. Nietzsche scheint sich hiermit zufriedengegeben zu haben; womöglich war er sogar froh, daß sein übereilter Schritt nicht kompromittierende Konsequenzen hatte.[12] Die Situation schien also fürs erste bereinigt.

Frau von Salomé, die zu diesem Zeitpunkt wohl immer noch hoffte, daß Lou mit ihr über die Schweiz und Deutschland nach Rußland zurückkehren würde, reiste am 27. April mit ihrer Tochter aus Rom ab. Ursprünglich wollten die beiden Philosophen die Damen begleiten, aber Nietzsche litt zu dieser Zeit wieder verstärkt unter seiner Krankheit, »die sich anließ wie eine furchtbar übersteigerte Migräne« (LRB S. 80). Deshalb mußte er – unter Rées fürsorglicher Pflege – noch einige Zeit in Rom bleiben. Lou und ihre Mutter reisten also allein voraus; erst in Mailand traf man sich wieder. Von dort aus fuhren sie gemeinsam an den Ortasee, »wo der nebengelegene Monte sacro uns gefesselt zu haben scheint« (LRB S. 80). Diese – nur angedeutete – Erinnerung Lous bezieht sich auf den Ausflug am 5. Mai 1882, den sie mit Nietzsche allein unternahm. Sie blieben anscheinend unangemessen lange fort, denn es »ergab sich eine unbeabsichtigte Kränkung meiner Mutter dadurch, daß Nietzsche und ich uns auf dem Monte sacro zu lange aufhielten, um sie rechtzeitig abzuholen, was auch Paul Rée, der sie inzwischen unterhielt, sehr übel vermerkte« (LRB S. 80f.). Die Frage nach dem Grund für das lange Ausbleiben der beiden hat aus diesem Ausflug bald »das Geheimnis von Monte sacro«[13] werden lassen und zu gewagten Spekulationen geführt. Der Schleier, der auf den Monte-sacro-Aufenthalt fiel, wurde von den beiden Beteiligten nie gelüftet – vielleicht weil es gar nichts zu verschleiern gab. Auf jeden Fall waren Lou von Salomé und Friedrich Nietzsche an diesem 5. Mai zum ersten Mal für einige Zeit wirklich allein.

Nietzsche schreibt später: »Damals in Orta hatte ich bei mir in Aussicht genommen, Sie Schritt für Schritt bis zur letzten Consequenz meiner Philosophie zu führen – Sie als den ersten Menschen, den ich dazu für tauglich hielt.«[14] Dies ist nicht nur ein Beleg dafür, wieviel Nietzsche von Lous Geisteskraft hielt; man kann aus dem fast beschwörenden Unterton dieses Briefes auch folgern, daß – zumindest für Nietzsche – der intensive Gedankenaustausch auf dem Monte sacro eine von jenen Begegnungen war, die alle Vorbehalte auflösen und verfliegen lassen, von deren Existenz man vorher vielleicht nicht einmal wußte. Was Lou angeht, so kann man davon ausgehen, daß sie, die für intellektuelle Ausstrahlung so empfänglich war, von Nietzsche sicherlich ganz gefangen gewesen ist. Der Funke war bei beiden übergesprungen. Mit einer bei ihr ungewohnten Vagheit hat sich Lou im Alter nochmals an jenen Ausflug auf den Monte sacro erinnert. Sie habe, schreibt Ernst Pfeiffer, »im Gespräch über jene Zeit einmal mit einem feinen, fast verlegenen Lächeln bemerkt: ›Ob ich Nietzsche auf dem Monte sacro geküßt habe – ich weiß es nicht mehr‹« (LRB *S. 236*).

In diesen Zusammenhang gehört auch eine Äußerung Paul Rées, dessen Eifersucht ihn noch Monate später auf den Orta-Ausflug zu sprechen kommen ließ. Er stellte Lou in einem Brief die – von ihr nicht beantwortete – Frage: »Was Du wohl für eine Attitüde, Betonung, Bewegung, Blickung mit den Worten auf dem Monte sacro verbunden hast.« (Dok. S. 202). Er bezog sich hierbei wohl auf Nietzsches Huldigung: »Monte sacro, – den entzückendsten Traum meines Lebens danke ich Ihnen« (Dok. S. 183), die Lou in einem Brief an Rée zitiert hatte. Rée verzieh ihr schließlich in einem »ungeheuren General-Pardon« (Dok. S. 220) – was er ihr verzieh, blieb unausgesprochen. Auffällig ist auch, daß nach dem Monte-sacro-Ausflug Nietzsche »Paul Rées römische Fürsprache für ungenügend erschien« (LRB S. 81) und er Lou unbedingt noch einmal alleine sprechen wollte. Bevor es aber zu dieser Aussprache unter vier Augen kam, reiste Nietzsche für fünf Tage nach Basel zu seinen Freunden Ida und Franz Overbeck. Overbecks waren über seine ungewohnt gute physische und psychische Verfassung erfreut. »Er war«, erinnerte sich Ida Overbeck, »aufs höchste erregt und für die Gestaltung seiner Pläne und seines Lebens aufs hoffnungsvollste zuversichtlich.«[15] Am 15. Mai trat er dann in Luzern im sogenannten Löwengarten Lou gegenüber und wiederholte seinen Heiratsantrag. Sie muß diesen Antrag mit großem Feingefühl und freundschaftlicher Herzlichkeit abgelehnt haben, denn es scheint, daß es durch den erneuten Korb, den sie dem sensiblen Nietzsche geben mußte, zu keinerlei Entfremdung zwischen ihnen gekommen ist. Im Gegenteil: Nietzsche öffnete sich ihr immer mehr. Er unternahm mit ihr sogar einen Ausflug nach Tribschen, jenem erinnerungsträchtigen Ort, »an welchem er mit Wagner unvergeßliche Zeiten erlebt hatte. Lange, lange saß er dort schweigend am Seeufer, in schwere Erinnerungen versunken; dann, mit dem Stock im feuchten Sande zeichnend, sprach er mit leiser Stimme von jenen vergangenen Zeiten, und als er aufblickte, da weinte er.« (Nietzsche S. 116).

Andererseits konnte Nietzsche im Zusammensein mit den Freunden auch ausgelassen, gelöst und manchmal sogar richtig übermütig sein: Es war Nietzsche, der Lou und Rée in Luzern in das Fotoatelier Jules Bonnets führte und darauf bestand, ihre »Dreieinigkeit« fotografisch zu dokumentieren, »trotz heftigem Widerstreben Paul Rées, der lebenslang einen krankhaften Abscheu vor der Wiedergabe seines Gesichts behielt« (LRB S. 81). Nietzsche hatte von diesem Foto ganz genaue Vorstellungen und »befaßte sich persönlich und eifrig mit dem Zustandekommen von den Einzelheiten – wie dem kleinen (zu klein geratenen!) Leiterwagen, sogar dem Kitsch des Fliederzweiges an der Peitsche usw.« (LRB S. 81). So entstand also die später vielfach als peinlich empfundene Aufnahme, die aber der damaligen Situation durchaus entsprach. Schließlich ließen sich ja beide Männer bereitwillig von der jungen Lou am Zügel führen, war es ihr doch zu diesem Zeitpunkt augenscheinlich gelungen, die Heiratskandidaten zu guten Freunden zu zähmen!

Nach dem Aufenthalt in Luzern trennten sich nun die Wege: Nietzsche fuhr nach Basel und anschließend nach Naumburg, Frau von Salomé mit ihrer Tochter nach Zürich-Riesbach zu Brandts (an eine Fortsetzung von Lous Studium in Zürich wurde nicht gedacht, da ihre Gesundheit noch keineswegs wiederhergestellt war). Rée begleitete die beiden, um dann nach Stibbe auf das Familiengut der Rées weiterzureisen. Lou und ihre Mutter fuhren Ende Mai in Richtung Norden. Vorher machten sie kurz Station in Basel, wo Lou auf Nietzsches Wunsch hin von Overbecks eingeladen worden war.[16]

Mutter und Tochter reisten anschließend nach Hamburg, dann nach Berlin. Inzwischen war Lous jüngster Bruder Eugène, von Alexander zur Unterstützung der Mutter abgesandt, in Deutschland eingetroffen, um die beiden Damen nach Rußland zurückzubegleiten. Die Erfüllung seiner Mission sollte ihm aber nicht gelingen, denn seine Schwester war fest entschlossen, in Westeuropa zu bleiben und ihre Studienzeit mit Rée fortzusetzen. Lou bot Mutter und Bruder unerschütterlich die Stirn. Es kam zu harten Kämpfen und heftigen Diskussionen, bevor Frau von Salomé und Eugène schließlich doch nachgaben. Zu diesem Sieg hatte »das Vertrauen, das Paul Rée unweigerlich einflößte« (LRB S. 81), erheblich beigetragen. Außerdem wollte Frau Rée Lou sogar »gewissermaßen adoptieren« (Dok. S. 117), Frau von Salomé wußte ihre Tochter in Stibbe also in mütterlicher Obhut. Da sich andere Pläne nicht realisieren ließen (unter anderem hatten Lou und Rée an einen Aufenthalt im Engadin mit Nietzsche und in Begleitung von Frau Rée gedacht), »endete die Sache denn doch damit, daß mein Bruder mich zu Rées geleitete, wobei Paul Rée uns bei Schneidemühl in Westpreußen entgegenkam und Räuber und Hüter den ersten Händedruck tauschen konnten« (LRB S. 81).

Lou verbrachte nun ungefähr einen Monat in Stibbe, wo sie sich offensichtlich sehr wohl fühlte. Frau Rée kümmerte sich mit mütterlicher Fürsorge um sie, und die Freundschaft zu Paul Rée wurde immer enger. Die Bezeichnung *Stibber Nestbuch* für ihr damaliges Tagebuch läßt erkennen, wie geborgen sich Lou auf dem Landgut der Rées fühlte. Sie gab dem Freund nun auch einen Kosenamen, um den er schon lange gebeten hatte und der ihr Verhältnis zu ihm treffend charakterisiert: Sie nannte ihn – in seinem westpreußischen Dialekt – »Hüsing« (Haus, Behausung), wozu er dann das passende Gegenstück fand und sie sein »Schneckli« nannte. Dementsprechend charakterisiert Rée seine Rolle Lou gegenüber folgendermaßen: »Der wesentliche Nutzen, den ich Dir gewähren kann, wird immer darin liegen, daß ich eben Deine Hüsing bin: daß Du in mir ein Heim hast, Jemanden auf den Du in der großen Welt Dich sicher verlassen kannst, der, von seinem Buch abgesehen, Dich als seine einzige Lebensaufgabe betrachtet.« (Dok. S. 219). Bereits in Rom waren beide zum »Du« übergegangen (Rée unterschrieb in seinen nächsten Briefen überschwenglich mit »Dein Du«); Lou und Nietzsche hingegen siezten sich weiterhin. Lous unterschiedliches Verhältnis zu den beiden Männern spiegelt auch die Korrespondenz wider: Ein verliebt-tändelnder Ton durchzieht Rées Briefe an Lou, selbst wenn er nur Fakten übermittelt oder sachlich-philosophische Fragen anschneidet. Nietzsche dagegen spricht Lou zwar als »liebe Freundin« an und unterschreibt in »herzlicher Liebe«, aber zum vertraulichen Ton des Briefwechsels von Lou und Rée kommt es nie. Während Lous Briefe (von denen leider nur noch wenige erhalten geblieben sind) im allgemeinen kühl klingen und wenig Persönliches oder gar Intimes mitteilen, verraten ihre Briefe an Rée dennoch etwas von der Herzlichkeit ihres Verhältnisses.

Für Nietzsche hatte es die erste Enttäuschung bereits gegeben, als er von der Aufgabe des gemeinsamen Sommerplanes hörte (während die Idee, den Winter zu dritt in Wien zu verbringen, weiterhin verfolgt wurde). Er war daraufhin unverzüglich nach Berlin gereist, um Lou vor ihrer Abfahrt nach Stibbe noch einmal zu sehen, obwohl sie ihm geschrieben hatte, daß ihr Aufenthalt in Berlin für ein Wiedersehen zu kurz sei. Er traf Lou auch tatsächlich nicht mehr in Berlin an und mußte erkennen, daß er »eine kleine anscheinend sehr thörichte Reise«[17] gemacht hatte. Es blieb ihm nichts anderes übrig, als sich zurückzuziehen, in den thüringischen Ort Tautenburg, und abzuwarten: »Ich bin durch nichts gebunden und wechsele meine Pläne, wenn Sie Pläne haben, auf das Leichteste«,[18] schrieb er an Lou. Nietzsche wußte, daß die Freundin Stibbe verlassen wollte, um in Bayreuth die Uraufführung von Richard Wagners *Parsifal* mitzuerleben. Das Billett dazu hatte sie von Rée erhalten. Auch Nietzsches Schwester Elisabeth wollte nach Bayreuth fahren; er selbst hatte bis zuletzt vergeblich auf eine Einladung Wagners gewartet. Schließlich schlug er Lou vor, nach den Festspielen zusammen mit seiner Schwester nach Tautenburg zu kommen. Und Lou, der beide Männer immer wieder versichert hatten, man werde sich voll und ganz nach ihr richten, sie solle nur planen, plante Tautenburg ein. Nietzsche bedeutete diese Zusage sehr viel, mit Sicherheit sah er darin mehr als Lou, die sich auf philosophische Diskussionen freute und sich Anregungen erhoffte. Auf Lous Zusage reagierte Nietzsche geradezu euphorisch: »Nun ist der Himmel über mir hell!«[19] Jetzt wurde es Zeit, die Dritte im geplanten Tautenburger Bunde einzuweihen: Elisabeth Nietzsche (1846–1935), die als »Anstandsdame« vorgesehen war. Bisher hatte Nietzsche seiner Mutter und seiner Schwester die Existenz Lou von Salomés verschwiegen,[20] wohl ahnend, mit welcher Eifersucht die beiden jede Frau in seinem Leben verfolgen würden. Nun fand er aber Elisabeth »in der langen Trennungszeit so gut fortgeschritten und ausgewachsener als früher, alles Vertrauens würdig und sehr liebevoll gegen mich«[21], daß er es wagte, ihr von Lou von Salomé zu erzählen. Er betonte vor allem den Lehrer-Schüler-Charakter dieser Beziehung, und so sah Elisabeth ihre Position als Vertraute des geliebten und verehrten Bruders nicht gefährdet. Sie willigte in die Pläne Nietzsches ein und verständigte sich brieflich mit Lou über ein Treffen in Leipzig, von wo aus sie gemeinsam nach Bayreuth und anschließend weiter nach Tautenburg reisen wollten.

Es waren zwei sehr unterschiedliche Frauen, die sich da am 24. Juli 1882 in Leipzig zum ersten Mal gegenübertraten: auf der einen Seite das junge, in den aristokratischen Kreisen einer Weltstadt aufgewachsene Mädchen, anziehend, aufgeschlossen, egoistisch und sprühend vor Intellekt, ein »freier Geist«, mutig und unerschrocken; auf der anderen Seite die 36jährige Pastorentochter aus der Provinz, die noch immer unter dem Einfluß ihrer bigotten Mutter stand und deren kleinbürgerliches, altjüngferliches Leben nur einen Inhalt kannte: die liebevolle Aufopferung für den Bruder, den sie grenzenlos verehrte.

Auf der Reise verstanden sich die beiden jedoch gut; und die leicht entflammbare Lou konnte Nietzsche aus Bayreuth sogar schreiben, daß seine Schwester »jetzt auch ein wenig die meinige ist«[22]. Elisabeth Nietzsche beobachtete Lou jedoch weitaus kritischer – und die Kleinstädterin fand am Benehmen der Generalstochter sehr bald einiges auszusetzen.

Elisabeth und Lou besaßen Karten für die zweite Aufführung des *Parsifal* am 28. Juli. Nietzsche hatte schon geahnt, daß Lou »der Klavierpartie nicht gewachsen sein«[23] würde, und tatsächlich berührte sie die Musik nicht sonderlich. In ihrem *Lebensrückblick* schreibt sie in freimütiger Offenheit über ihr mangelndes Musikverständnis: »Über das alle überwältigende Ereignis des Bayreuther Festspiels selber darf ich hier nicht den leisesten Laut hörbar werden lassen, dermaßen unverdient wurde es mir zuteil, die ich, musiktauben Ohres, bar jeden Verstehens oder jeglicher Würdigkeit dastand.« (LRB S. 82 f.). Auch in ihrem weiteren Leben spielte Musik für Lou Andreas-Salomé keine Rolle. So intensiv sie sich mit anderen Künsten, mit Literatur, Theater, mit bildender Kunst, Architektur und später sogar mit dem Film beschäftigte, so wenig Interesse brachte sie der Musik entgegen. Da sie ihr Nicht-Verhältnis zur Musik nie näher thematisiert, bleibt die Frage unbeantwortet, ob der Grund hierfür tatsächlich nur die erwähnte Unmusikalität war oder nicht vielmehr ein Zurückzucken vor der Tiefe der emotionalen Erregung, die Musik hervorrufen kann.[24]

Während der Bayreuther Festspieltage beeindruckte sie das gesellschaftliche Treiben denn auch stärker als Wagners Musik. Auch Malwida von Meysenbug war in Bayreuth und führte Lou in den Wagner-Kreis ein. In ihren Erinnerungen schreibt Lou dazu: »An den Wahnfried-Abenden [...] sah ich viel vom Leben der Familie, so umwogt sie auch war von ungeheurer Gästeflut aus aller Herren Ländern. Da, wo der Mittelpunkt sich befand, Richard Wagner – infolge seines kleinen, ständig überragten Wuchses immer nur momenthaft sichtbar, wie ein aufschnellender Springbrunnen –, erscholl immer die hellste Heiterkeit; wogegen Cosimas Erscheinung sie durch ihre Größe über alle Umstehenden hinaushob, an denen ihre endlos lange Schleppe vorbeiglitt – zugleich sie förmlich einkreisend und ihr Distanz schaffend. Jedenfalls aus Freundlichkeit gegen Malwida hat diese unbeschreiblich anziehende und vornehm wirkende Frau mich auch einmal persönlich aufgesucht und mir damit ein langes und eingehendes Gespräch ermöglicht.« (LRB S. 82). Cosima Wagner schien von dieser Begegnung mit Lou von Salomé nicht nachhaltig beeindruckt gewesen zu sein; jedenfalls findet sich in ihren ausführlichen Tagebüchern keine Bemerkung zu ihr. Lou lernte u. a. Heinrich von Stein kennen, den Lehrer des Wagner-Sohnes Siegfried, und sie traf auch mit Resa von Schirnhofer[25] zusammen, die wiederum von Lou fasziniert war: »Lou Salomé's verblüffende dialektische Virtuosität, ihr Scharfsinn bis zur sophistischen Spitzfindigkeit getrieben, hat mich sehr gefesselt.«[26] Am meisten freundete sich Lou aber mit dem russischen Maler Paul von Joukovsky an, der das Bühnenbild für den *Parsifal* entworfen hatte. Der Sohn des russischen Dichters Wassily von Joukovsky und einer Deutschen war vielleicht kein überragender Künstler, aber er hatte Charme und Esprit. Mit dem Mädchen aus seiner Heimat verstand er sich auf Anhieb, sie schäkerten heftig und provozierten – vielleicht sogar mit Absicht – die ehrwürdige Gesellschaft mit ihrem ungezwungenen Verhalten. Das Festspiel hatte seinen kleinen Skandal, als man erfuhr, daß der Maler Lou von Salomé bei der Zusammenstellung ihrer Toilette behilflich gewesen war und ihr sogar direkt am Körper ein Kleid umgeändert haben soll! Elisabeth Nietzsche, mit deren Vorstellungen von Moral und Konvention sich dieses Verhalten überhaupt nicht vertrug, war empört und entsetzt: Diese leichtfertige Person sollte eine Schülerin ihres geliebten Bruders werden, in dem sie selbst nur zu gern den unnahbaren und moralfesten Asketen sehen wollte. Jedenfalls schilderte sie ihm die Bayreuther Vorgänge unverzüglich – aus ihrer Sicht natürlich –, und hier zeigte sich nun, in welch erstaunlich hohem Maß Nietzsche in seinem Urteil über andere Menschen von seiner Schwester beeinflußbar war. Wegen dieser harmlosen, albernen Bayreuther Geschichte fühlte er sich sofort als der »Getäuschte« und klagte Peter Gast: »Eines Tages flog ein Vogel an mir vorüber; und ich, abergläubisch wie alle einsamen Menschen, die an einer Wende ihrer Straße stehen, glaubte einen Adler gesehen zu haben.«[27] Auch Lou selbst machte er brieflich Vorhaltungen, die sie aber von sich wies.

In Jena, wo Elisabeth Nietzsche wieder mit Lou zusammentraf, die in Bayreuth krank zurückgeblieben war, kam es im Hause des mit den Nietzsches befreundeten Professors Gelzer zu einer großen und folgenschweren Auseinandersetzung zwischen den beiden Frauen: Als Elisabeth wieder einmal in den höchsten Tönen von ihrem Bruder als einem Asketen und Heiligen sprach, fiel ihr Lou lachend ins Wort. Noch kurz vor ihrer Abreise aus Stibbe hatte nämlich Rée warnend von einem möglichen »veränderten körperlichen Verhalten« Nietzsches gesprochen und erzählt, daß Nietzsche in Rom nach der Ablehnung seines ersten Heiratsantrags gefragt habe: »Also ist auch wohl eine wilde Ehe nicht das Richtige?« (LRB S. 240). Lou wiederholte in aller Unschuld diese Äußerung vor Elisabeth, die sich in blinde Abwehr flüchtete und heftig abstritt. Lou begann zu kontern und beschwerte sich über Nietzsches Egoismus, der sie gänzlich vereinnahmen wolle. Darüber kam es zu einer leidenschaftlichen Auseinandersetzung, die Elisabeth so erregte, daß sie einen hysterischen Anfall bekam und sich übergeben mußte. Am nächsten Tag söhnten sich die beiden Frauen formal zwar wieder aus, doch mit diesem Streit war der Grundstein gelegt für Elisabeths lebenslangen Haß auf Lou Andreas-Salomé. Trotz der Auseinandersetzung hielt man aber am Plan eines Aufenthalts in Tautenburg fest: Lou sah in dem ja offiziell beigelegten Streit keinen Grund, auf ihren Besuch bei Nietzsche zu verzichten; und Elisabeth wollte sicherlich das Terrain nicht unbewacht lassen. So trafen sie am 9. August 1882 in Tautenburg ein; sie wohnten sogar beide bei Pfarrer Stölten unter einem Dach, während sich Nietzsche bei einer Familie Hahnemann einquartiert hatte.

Nietzsche, der bedauerte, Lou auf die Klatschgeschichten seiner Schwester hin sofort brieflich Vorhaltungen gemacht zu haben, empfing sie mit unverhohlener Freude. Am nächsten Morgen erzählte ihm Elisabeth von dem Jenaer Streit, der am Abend vorher wieder aufgeflammt war, nachdem Nietzsche in seine Unterkunft gegangen war. Als er Lou daraufhin ansprach, kam es auch zwischen ihnen zu einer Auseinandersetzung. Lou parierte seine Angriffe glänzend, und er gestand ihr später, daß – obwohl »ihm sehr elend im Herzen gewesen wäre« – »er eine nebenhergehende Freude über meine [Lous] Art zu widerlegen nicht unterdrücken« (Dok. S. 182) hätte können. Derartige Streitereien zwischen Lou und Nietzsche sollten sich noch einige Male wiederholen – alle »fünf Tage haben wir eine kleine Tragödienszene«[28] –, sie lösten sich aber immer harmonisch auf. Überhaupt verlief die Tautenburger Zeit in großer geistiger Übereinstimmung. So ist es nicht weiter verwunderlich, daß Lou von ihren beiden »tiefverwandten Naturen« sprach, vom »Zusammentreffen gleicher Gedanken, gleicher Empfindungen und Ideen, man kann sich beinah mit halben Worten verständigen« (Dok. S. 181 f.). Nietzsche selbst ging noch weiter: Er bezeichnete seine junge Freundin als sein »Geschwistergehirn«[29]. – »Wir sprechen uns diese drei Wochen förmlich todt«, resümierte Lou in ihren tagebuchartigen Aufzeichnungen für Paul Rée und freute sich, daß es dem kranken Philosophen gut zu bekommen schien, »circa 10 Stunden täglich zu verplaudern« (Dok. S. 184). Währenddessen spazierten sie durch die Wälder, saßen auf den von der Gemeinde eigens für Nietzsche aufgestellten Bänken am Waldrand oder abends bei abgedunkeltem Licht, um seine Augen zu schonen, in seinem Zimmer.

Getrübt wurde die angenehme Atmosphäre nur durch seine immer wieder aufflackernde Krankheit. Nietzsche wurde von seiner Migräne niedergeworfen – der bekannte, erschütternde Aufschrei: »Zu Bett. Heftigster Anfall. Ich verachte das Leben«,[30] datiert vom 25. 8. und ist eine Mitteilung an Lou von Salomé. Auch sie, die immer noch an ihrem »alten Hustenfieber« (Dok. S. 181) litt, mußte manchen Tag im Bett verbringen. Dann schrieb Nietzsche ihr Briefe oder sprach durch die Türe mit ihr.

Elisabeth Nietzsche wurde kaum einbezogen – sie »störte nicht« (LRB *S. 237*). Und trat sie manchmal hinzu, so war sie entsetzt über die Themen, die ihr Bruder mit dem jungen Mädchen besprach. So weihte Nietzsche Lou unter anderem in seine Gedanken von der ewigen Wiederkehr des Gleichen ein: »Unvergeßlich sind mir die Stunden, in denen er mir zuerst, als sein Geheimnis, als Etwas, vor dessen Bewahrheitung ihm unsagbar graute, anvertraut hat: nur mit leiser Stimme und mit allen Zeichen des tiefsten Entsetzens sprach er davon.« (Nietzsche S. 255). Im gleichen Jahr, 1882, hat Nietzsche im vierten Buch der *Fröhlichen Wissenschaft* diesen für ihn so fundamentalen Gedanken formuliert – im Unterschied zum nachfolgenden *Zarathustra* allerdings gewissermaßen nur hypothetisch und als »Schwergewicht« innerhalb eines täglichen Handelns, das solcherart im Zeichen höchster Verantwortlichkeit stünde.[31] Lou war von diesem Gedanken Nietzsches jedoch keineswegs so beeindruckt, wie er es erwartet hatte. Sie lenkte Nietzsche wieder auf Themen, die sie wesentlich mehr interessierten: Religionsphilosophie und psychologische Überlegungen.

Die Gespräche zwischen den beiden kannten generell keine Tabus – »wenn uns jemand zugehört hätte, er würde geglaubt haben, zwei Teufel unterhielten sich« (Dok. S. 185). Rückhaltlos wurden auch die Niederungen der menschlichen Seele aufgedeckt, selbst sexuelle Perversionen wurden diskutiert. In ihrem Freud-Tagebuch erinnerte sich Lou Andreas-Salomé später daran und bemerkte im Zusammenhang mit Überlegungen zu Sadismus und Masochismus zu den Tautenburger Unterhaltungen: »Als ich zum ersten Mal im Leben mit jemandem dies Thema [Masochismus] besprach, war es Nietzsche (dieser Sadomasochist an sich selber). Und ich weiß, daß wir hinterher nicht wagten, uns anzusehen.« (Schule S. 155 f.).

In den drei Tautenburger Wochen erfuhr Lou viel über den Philosophen, aber auch über den Menschen Friedrich Nietzsche, der wenig später in vier Zehn-Tages-Würfen den *Zarathustra* schreiben sollte. In einem Brief an Rée prophezeite sie: »Wir erleben es noch, daß er als Verkündiger einer neuen Religion auftritt und dann wird es eine solche sein, welche Helden zu ihren Jüngern wirbt.« (Dok. S. 184). Im selben Brief berichtet sie auch, daß Nietzsche seinen – wie sie fand: egoistischen – Anspruch an sie als die »Erbin und Fortdenkerin«[32] seiner Philosophie zurückgenommen hatte, denn »von dem Plane mein Lehrer zu sein, ist er ganz abgekommen, er sagt, ich dürfe nie einen solchen Anhalt haben, sondern müsse gänzlich unabhängig vorwärtssuchen, – auch niemals mich blos lernend verhalten, sondern schaffend lernen & lernend schaffen« (Dok. S. 185). Wie richtig lag Nietzsche mit dieser Einschätzung der Fähigkeiten und des Charakters dieser Frau, die tatsächlich lebenslang »gänzlich unabhängig vorwärtssuchte«, die, selbst als sie in der ihr so viel bedeutenden Lehre Freuds einen »Anhalt« gefunden hatte, die Psychoanalyse »schaffend lernte« und »lernend (mit-)schuf«! Aber obwohl er die geistige Unabhängigkeit seiner Freundin so hellsichtig erkannt hatte, war Nietzsche dennoch tief verletzt, als sie kurze Zeit später nicht bereit war, seine Schülerin zu werden.

Zunächst aber arbeiteten sie zusammen; Lou zeigte Nietzsche ihr Heft mit eigenen Aphorismen, die er verbesserte und ergänzte. Seine Persönlichkeit beschäftigte und faszinierte sie derart, daß sie in Tautenburg eine Charakterskizze Nietzsches entwarf, die sie dann gemeinsam durchsprachen. Diese nicht mehr erhaltene Skizze, ein frühes Zeugnis für Lous psychologisches Interesse, bildete die Grundlage für ihre späteren Nietzsche-Aufsätze und ihr Nietzsche-Buch. Weiter schrieb sie in Tautenburg eine kurze *Abhandlung über die Frau*, die jedoch ebenfalls nicht mehr erhalten ist. Gedanken *Vom Weibe* zeichnete auch Nietzsche auf, speziell für Lou; es sind Überlegungen, die dann auch Eingang in den *Zarathustra* fanden. Außerdem verfaßte er für Lou einen kurzen Abriß *Zur Lehre vom Stil*,[33] denn er war der Meinung, daß sie »schreiben lernen könnte [...] in einem Tage« (Dok. S. 183). – Eine produktive Zeit also, die beide anregte und grundlegende Gedanken formulieren ließ.

Aber obwohl Lou die in diesen Wochen herrschende Harmonie und große Übereinstimmung immer wieder betonte, sinnierte sie auch: »Sind wir uns ganz nah? Nein, bei alledem nicht. Es ist wie ein Schatten jener Vorstellung über mein Empfinden, welche N. noch vor wenigen Wochen beseligten [seine Heiratspläne], der uns trennt, der sich zwischen uns schiebt. Und in irgend einer verborgenen Tiefe unseres Wesens sind wir weltenfern von einander.« Und dann geht sie in ihren Überlegungen sogar noch weiter: »Seltsam, mich durchfuhr neulich der Gedanke mit plötzlicher Macht, wir könnten uns sogar einmal als Feinde gegenüberstehen.« (Dok. S. 185).

Vorerst war ihre Freundschaft ungetrübt, und als deren Ausdruck schenkte Lou dem Freund ein Gedicht, das sie kurz nach Verlassen Rußlands verfaßt hatte und das den Philosophen des Amor fati tief bewegte und erschütterte:

»Lebensgebet«

»Gewiß, so liebt ein Freund den Freund,
wie ich Dich liebe, Rätselleben –
Ob ich in Dir gejauchzt, geweint,
Ob Du mir Glück, ob Schmerz gegeben.

Ich *liebe* Dich samt Deinem Harme;
Und wenn Du mich vernichten mußt,
Entreiße ich mich Deinem Arme
Wie Freund sich reißt von Freundesbrust.

Mit ganzer Kraft umfaß ich Dich!
Laß Deine Flammen mich entzünden,
Laß noch in Glut des Kampfes mich
Dein Rätsel tiefer nur ergründen.

Jahrtausende zu sein! zu denken!
Schließ mich in beide Arme ein:
Hast Du kein Glück mehr mir zu schenken –
Wohlan – noch hast Du Deine Pein.« (LRB S. 40)

Dieses Gedicht begleitete Lou Andreas-Salomé lebenslang; Georg Brandes hat es sogar ins Dänische übersetzt. Auch Sigmund Freud bekam es einmal (in der von Nietzsche etwas veränderten Form) in die Hände, ohne allerdings von Lous Autorenschaft zu wissen. Nüchtern-rational, wie er war, bemerkte er zur letzten Strophe: »Nein! Wissen Sie, da täte ich nicht mit! Mir würde geradezu schon ein gehöriger Stockschnupfen vollauf genügen, mich von solchen Wünschen zu kurieren!« (LRB S. 168). Nietzsche beabsichtigte, das Gedicht zu vertonen: »Das wäre so ein kleines Weglein, auf dem wir Beide zusammen zur Nachwelt gelangten – andre Wege vorbehalten.«[34] Er formulierte das Gedicht geringfügig um, indem er es »auf etwas verlängerten Versfüßen« (LRB S. 41) laufen ließ, und griff, ohne dies zu verraten, bei der Vertonung auf seinen 1872 entstandenen *Hymnus an die Freundschaft* zurück, den er für seine beste musikalische Eingebung hielt. Noch Jahre später, 1887, betrieb er eine rege Propaganda für das Stück, als es durch den Komponisten Peter Gast für Chor und Orchester gesetzt worden war. Seine Identifikation mit diesem Werk, in dem Lous Text und seine Musik verschmolzen, ging sogar so weit, daß er sich von dem *Hymnus* wünschte: »er soll, irgendwann einmal, wenn ›ich nicht mehr bin‹, zum Gedächtnis an mich gesungen werden.«[35] Übrigens blieb der *Hymnus an das Leben* mit dem Text von Lou von Salomé und der Orchestrierung von Peter Gast die einzige zu seinen Lebzeiten gedruckte Komposition Nietzsches – allerdings mit Unterdrückung »der dreifachen Autorenschaft«[36].

Lou reiste am 26. August von Tautenburg nach Stibbe zu Paul Rée; einen Tag später fuhr Nietzsche nach Naumburg. Elisabeths Aversion hatte sich derart gesteigert, daß sie sich weigerte, den Bruder nach Hause zu begleiten. »Leider hat sich meine Schwester zu einer Todfeindin L's. entwickelt, sie war voller moralischer Entrüstung von Anfang bis Ende [...]. Kurz, ich habe die Naumburger ›Tugend‹ gegen mich, es giebt einen wirklichen Bruch zwischen uns [...]«,[37] berichtete Nietzsche seinem Freund Overbeck. Als er von seiner aufgebrachten Mutter dann sogar eine »Schande für das Grab meines Vaters genannt«[38] wurde, packte er am 7. September unverzüglich seine Koffer und fuhr nach Leipzig. Das Zerwürfnis traf ihn härter, als er anfänglich wahrhaben wollte. Aber er wußte auch, wofür er diesen Preis zahlte: »Das Nützlichste aber, was ich in diesem Sommer gethan habe, waren meine Gespräche mit Lou. Unsre Intelligenzen und Geschmäcker sind im Tiefsten verwandt – und es giebt andererseits der Gegensätze so viele, daß wir für einander die lehrreichsten Beobachtungs-Objekte und -Subjekte sind. Ich habe noch Niemanden kennengelernt, der seinen Erfahrungen eine solche Menge objektiver Einsichten zu entnehmen verstünde. Gestern schrieb mir Rée ›Lou ist entschieden um einige Zoll gewachsen in Tautenburg‹ – nun, ich bin es vielleicht auch.«[39]

Nach brieflicher Verständigung trafen Anfang Oktober auch Lou und Rée in Leipzig ein. Sogar Peter Gast kam aus Venedig, und auch er war begeistert von Lou: »Sie ist wirklich ein Genie, und von Charakter ganz heroisch; von Gestalt ein wenig größer als ich, sehr gut proportioniert im Bau, blond mit altrömischem Gesichtsausdruck. Ihre Einfälle lassen erkennen, daß sie sich bis an den äußersten Horizont des Denkbaren, sowohl im Moralischen, als auch im Intellektuellen, gewagt hat, – wie gesagt: ein Genie, an Geist und Gemüt.«[40] Später allerdings paßte er sich als Mitarbeiter des Nietzsche-Archivs der dort herrschenden Meinung an und wandte sich gegen sie.

Die Leipziger Wochen waren eine Zeit reger Betriebsamkeit: Die »Dreieinigkeit«, die sich hier wiedergefunden hatte, unternahm viel zusammen, man ging ins Theater oder arbeitete gemeinsam. Über Lous – wie immer – ausgeprägten Arbeitseifer berichtete Nietzsche: »Lou, ganz in religionsgeschichtliche Betrachtungen versenkt, ist ein kleines Genie, dem hier und da ein wenig zuzusehn und förderlich zu sein ein Glück für mich ist.«[41] Aber ein regelrechter Studienaufenthalt mit Vorlesungsbesuchen oder ähnlichem waren die fünf Wochen in Leipzig für Lou nicht. Dafür war der Winter vorgesehen; als nächster Studienort war Paris im Gespräch. Und dennoch: Obwohl Lou nun das geistige Klima umgab, das sie sich gewünscht hatte, registrierte sie in einer ihrer Tagebuchaufzeichnungen vom Oktober 1882, daß sich zwischen sie und Nietzsche eine Wand zu schieben begann: »So wie die christliche Mystik (wie jede) gerade in ihrer höchsten Extase bei grobreligiöser Sinnlichkeit anlangt, so kann die idealste Liebe – gerade vermöge der großen Empfindungsaufschraubung in ihrer Idealität wieder sinnlich werden. Ein unsympathischer Punkt, diese Rache des Menschlichen, – ich liebe nicht die Gefühle da, wo sie in ihren Kreislauf wieder einmünden, denn das ist der Punkt des falschen Pathos, der verlorenen Wahrheit und Redlichkeit des Gefühls. Ist es dies was mich von Nietzsche entfremdet?« (Dok. S. 239). Das kann nur heißen, daß Nietzsche zwar vorgab, rein freundschaftliche Gefühle bänden ihn an Lou – vielleicht glaubte er dies sogar selber –, daß aber im Umgang mit ihr immer wieder eine erotische Komponente mitschwang. Und das war es gerade, was Lou unbedingt ausgeklammert wissen wollte. Sie begriff nun wohl, daß Nietzsche in Tautenburg sich zwar in die ihm zugeschriebene Rolle des brüderlichen Freundes hineingefunden oder -gezwungen hatte, daß er sie aber keinesfalls durchhalten würde. Er würde ihr niemals so selbstlos zur Seite stehen können wie Paul Rée, der die eigenen Ansprüche vollkommen zu überspielen und hintanzustellen vermochte. Daß aber jemand Ansprüche an sie stellte, die über die Sphäre des intellektuellen Austauschs und der freundschaftlichen Verbundenheit hinausgingen, war ihr gänzlich unerträglich. Solchen Ansprüchen würde sie sich mit allen Kräften verweigern. Gillot war nur der erste gewesen, der diese Entschlossenheit zu spüren bekommen hatte.

Nietzsche konnte auf der anderen Seite nicht entgehen, wie eng vertraut Rée und Lou inzwischen waren. Auch wenn er sich in den Tagen von Tautenburg Lou sehr nahe gefühlt hatte, sah er sich jetzt doch nicht in das intensive freundschaftliche Verhältnis einbezogen, das Lou und Rée miteinander verband. Er fühlte sich hinter Rée zurückgesetzt, denn Rée war für Lou tatsächlich, wie er sich selbst öfters nannte, ein »Brüderli« geworden. Nietzsche, der nicht gewillt oder fähig war, eine ähnliche Rolle zu übernehmen, versuchte nun, Rée als den vermeintlichen Konkurrenten gegenüber Lou schlechtzumachen. Er verhöhnte ihn sogar und nannte Rée, der immer eine Phiole mit Gift bei sich trug, »einen Feigling, wie es keinen gibt« (LRB S. 242). Doch bei Lou schadete er sich mit solchen Versuchen nur selbst.

Als Lou und Rée am 5. November Leipzig verließen, war die »Dreieinigkeit« jedoch noch nicht aufgelöst und die gemeinsamen Studienpläne keineswegs aufgegeben. Nietzsche schenkte Lou zum Abschied sogar noch ein Gedicht, das auf den Anfang ihrer Bekanntschaft zurückverweist (er hatte in Genua zum ersten Mal von ihr gehört) und mit dem Hinweis auf die Ewigkeit endet – gleichzeitig aber auch eine Warnung und Distanzierung impliziert:

>»Freundin – sprach Columbus – traue
>Keinem Genueser mehr!
>Immer starrt er in das Blaue,
>Fernstes zieht ihn allzusehr!

Wen er liebt, den lockt er gerne
Weit hinaus in Raum und Zeit --
Über uns glänzt Stern bei Sterne
Um uns braust die Ewigkeit.«[42]

Und dennoch sollte der Abschied in Leipzig ein Abschied für immer sein.

Die »innere Abkehr«

Lou von Salomé und Paul Rée reisten gemeinsam ab und fuhren nach Berlin, wo sich gerade Frau Rée aufhielt. Nietzsche blieb in Leipzig und versuchte brieflich, ein Quartier in Paris zu organisieren, da er dort etwa zehn Tage später eintreffen wollte. Zu diesem Zeitpunkt hatte er die gemeinsamen Studienpläne also noch nicht aufgegeben. Dann aber änderte er plötzlich seine Meinung. Die ersten Anzeichen der Distanzierung waren noch verbunden mit dem Hinweis auf seine Gesundheit: »Ich fürchte mich vor dem Lärme von Paris etwas und möchte wissen, ob es genug heiteren Himmel hat.« Auch um Lou, die sich körperlich erst 1884 vollständig erholen sollte, sorgte er sich: »Mit der Gesundheit von Lou steht es bejammernswürdig, ich gebe ihr nun viel kürzere Zeit als noch in diesem Frühjahr.« Und nach wie vor stand er zu der Freundin: »Für mich persönlich ist L. ein wahrer Glücksfund, sie hat alle meine Erwartungen erfüllt – es ist nicht leicht möglich, daß zwei Menschen sich verwandter sein können als wir es sind.« Obwohl er zu diesem Zeitpunkt noch überzeugt war, daß »Lou für den bisher fast verschwiegenen Theil meiner Philosophie vorbereitet ist, wie kein anderer Mensch«[43], reiste er ihr jedoch nicht nach, sondern brach am 15. Oktober überstürzt von Leipzig nach Basel auf, wo er am 16. Oktober zu Overbecks Geburtstag eintraf. In der Zwischenzeit schien er ins Grübeln und Zweifeln gekommen zu sein, wie Ida Overbeck berichtet: »Über die Ursache des Auseinandergehens im November 1882 bin ich nicht unterrichtet. Er sprach sich nicht darüber aus. Er sagte nur [...], es sei wohl zwischen ihnen alles aus. Er erwartete noch Briefe und knüpfte noch Erwartungen an sie [...].«[44] Jene erwarteten Briefe von Lou und Rée sind nicht erhalten, man kann also nicht rekonstruieren, ob Nietzsches Rückzugstendenz durch sie unterstützt wurde. Dies ist aber eher unwahrscheinlich, denn Rée äußerte offensichtlich sein Bedauern über Nietzsches Abwesenheit und die räumliche Distanz, wie dem (unten zitierten) Antwortbrief Nietzsches zu entnehmen ist.

Viel eher ist anzunehmen, daß Nietzsche sich bewußt geworden war, wie weit seine eigenen Ziele und Bedürfnisse von denen Lous und Rées entfernt lagen; bereits seiner Gesundheit wegen kam Paris im Grunde ja für ihn nicht in Frage. Auch hatte er inzwischen wahrscheinlich erkannt, daß er in die Vertrautheit, die zwischen Lou und Rée bestand, nie einbezogen werden würde, daß er sie zugleich aber als Außenstehender auch nicht würde ertragen können. Er hatte begriffen, daß Lou sich nicht von einem Columbus-Nietzsche »weit hinaus in Raum und Zeit« locken lassen würde, daß sie nicht bereit war, zur Adeptin seiner Philosophie zu werden – so fasziniert sie auch von ihr war. Obwohl sie Nietzsche als Philosophen »vergötterte« und sein »Genie neben Rées Talent« (Dok. *S. 472*) sah, so kommt ihre innere Abwehr selbst im *Lebensrückblick* noch einmal zur Sprache: »Es konnte nicht fehlen, daß in Nietzsches Wesen und Reden gerade etwas von dem faszinierte, was zwischen ihm und Paul Rée weniger zu Worte kam. Schwangen doch für mich dabei Erinnerungen oder halb unwissentliche Gefühle mit, die aus meiner allerkindischsten und doch persönlichsten, unvernichtbaren Kindheit [ihr Gotterleben] herrührten. Nur: es war zugleich eben dies, was mich nie hätte zu seiner Jüngerin, seiner Nachfolgerin werden lassen: jederzeit hätte es mich mißtrauisch gemacht, in der Richtung zu schreiten, der ich mich entwinden mußte, um Klarheit zu finden. Das Faszinierende und zugleich eine innere Abkehr davon gehörten ineinander.« (LRB S. 84f.). Und auch als Mann war Nietzsche von Lou zurückgewiesen worden, er hatte erfahren müssen, daß die erotischen Komponenten einer Beziehung auf Lou nicht attraktiv, sondern abstoßend wirkten.

Am 23. November 1882 schrieb Nietzsche den erwähnten Brief an Rée, den letzten, der noch in freundschaftlichem Ton gehalten ist: »Aber, lieber, lieber Freund, ich meinte, Sie würden umgekehrt empfinden und sich im Stillen darüber freuen, mich für einige Zeit los zu sein! [...] Denken Sie, liebster Freund, so gut als möglich von mir, und bitten Sie auch Lou um eben dasselbe für mich. Ich gehöre Ihnen Beiden mit meinen herzlichsten Gefühlen – ich meine dies durch meine Trennung mehr bewiesen zu haben als durch meine Nähe [...]. Von Zeit zu Zeit werden wir uns schon wiedersehen, nicht wahr? [...] In ganzer Liebe der Ihre F. N.«[45] Auch der zur selben Zeit geschriebene Brief an Lou enthält noch die Wendung »Lou, liebes Herz«, aber auch er thematisiert die Distanz: »[...] ein Einsamer leidet fürchterlich an einem Verdachte über die Paar Menschen, die er liebt namentlich wenn es der Verdacht über einen Verdacht ist, den sie gegen sein ganzes Wesen haben. Warum fehlte bisher unserem Verkehr alle Heiterkeit? Weil ich mir zu viel Gewalt anthun mußte: die Wolke an unserem Horizont lag auf mir!«[46] Lou scheint daraufhin einen für Nietzsche enttäuschenden Brief geschrieben zu haben. Und nun brach sein Schmerz über den Verlust ungehemmt durch. Die komplexen psychischen Vorgänge entziehen sich einer Analyse, aber die Verzweiflung des »Einsamen« muß unsäglich gewesen sein. Er fühlte sich von der geliebten Freundin, die er in harmonischem Einvernehmen mit Paul Rée in Berlin wußte, als Philosoph, als Mensch und als Mann abgewiesen.

Nietzsche wird in diesem Zusammenhang häufig als der von Lou und Rée böswillig Getäuschte dargestellt, der hintergangen und ausgegrenzt wurde. Besonders Lou wurde und wird immer wieder unterstellt, sie habe als berechnende Femme fatale die beiden Männer kaltblütig gegeneinander ausgespielt. Die erhaltenen Dokumente lassen einen solchen Rückschluß aber nicht zu. Gerade Lous Verhalten in dieser Dreiecksbeziehung war das aufrichtigste: Sie hat einen Plan für die nähere Zukunft, den sie beiden – wesentlich älteren – Philosophen offen und klar darlegt; sie will Freundschaft, mehr nicht. Die beiden miteinander befreundeten Männer stimmen diesem Vorhaben (vordergründig) zu, versuchen aber gleichzeitig, das gemeinsam Beschlossene zu unterlaufen: durch Heiratsanträge, durch Versuche, Lou für sich alleine zu gewinnen und auf die eigene Seite zu ziehen. Lou hingegen lehnt alle Anträge umstandslos ab, sie stellt ihre Position unmißverständlich klar und zeigt beiden Männern ihre freundschaftliche Sympathie gleichermaßen: Sie geht zu Rée nach Stibbe und sie geht zu Nietzsche nach Tautenburg. Daß sie emotional Rée nähersteht, kann man ihr kaum zum Vorwurf machen: Dies liegt in Rées – und natürlich auch in Nietzsches – Charakter begründet. Hinzu kommt, daß Nietzsche von Anfang an nicht ganz aufrichtig ist und Lou beispielsweise bei seiner Schwester ins offene Messer laufen läßt – sich aber dann später Elisabeths Intrigen nicht entziehen kann. Nietzsche sieht von Beginn an in Lou nur das, was er in ihr sehen will – nämlich in erster Linie seine Adeptin. Der Rolle der »Schülerin« ist Lou aber seit der Gillot-Zeit entwachsen. Solange Nietzsches Projektionen von Lou noch bedient werden – schließlich war der geistige Austausch für beide bereichernd und beglückend –, ist er begeistert, verliebt, sicher auch selbstverliebt durch das Feedback, das er von Lou bekommt. Sobald aber nur ein Schatten auf die Beziehungen fällt (und der kann allein durch Elisabeths Geschwätz entstehen), kehrt sich für ihn alles ins Gegenteil, er schlägt wild um sich – und vergrößert die Distanz und damit seinen Schmerz um so mehr. Die emotionsgeladenen Briefentwürfe und Aufzeichnungen »Lou von Salomé betreffend« zeugen davon: »Ein solches Gedicht wie das ›an den Schmerz‹ ist in ihrem Munde eine tiefe Unwahrheit.« (Dok. S. 260). Er warf ihr unter anderem vor, »schlau und voll Selbstbeherrschung in Bezug auf die Sinnlichkeit der Männer ohne Gemüth und unfähig der Liebe« (Dok. S. 263) zu sein – gleichzeitig beteuerte er aber vor sich selbst: »es war nichts in dieser Liebe [zu Lou], was zur Erotik gehört« (Dok. S. 274) – wobei die Tatsache, daß er diese Negierung überhaupt formuliert, ja bereits Rückschlüsse zuläßt auf das, was er da für sich abstreitet ... Die Liste der Anschuldigungen gegen Lou geht beinahe endlos weiter: »im Affekt immer krankhaft und dem Irrsinn nahe – ohne Dankbarkeit, ohne Scham gegen den Wohlthäter – untreu und jede Person im Verkehr mit jeder andern preisgebend – unfähig der Höflichkeit des Herzens – abgeneigt gegen Reinheit und Reinlichkeit der Seele – ohne Scham im Denken immer entblößt gegen sich selber – gewaltsam im Einzelnen – unzuverlässig – nicht ›brav‹ – grob in Ehrendingen« (Dok. S. 263). Mitte Dezember rang er sich nochmals einen Brief an Paul Rée und Lou von Salomé ab – voll grausamer Selbstironie und doch um Mitleid heischend: »Beunruhigt Euch nicht zu sehr über die Ausbrüche meines ›Größenwahns‹ oder meiner ›verletzten Eitelkeit‹ – und wenn ich selbst aus irgend einem Affekte mir zufällig einmal das Leben nehmen sollte, so würde auch da nicht allzuviel zu betrauern sein. Was gehen Euch meine Phantastereien an! (Selbst meine ›Wahrheiten‹ giengen Euch bisher nichts an). Erwägen Sie Beide doch sehr miteinander, daß ich zuletzt ein kopfleidender Halb-Irrenhäusler bin, den die lange Einsamkeit vollends verwirrt hat. [...] Freund Rée, bitten Sie Lou, mir Alles zu verzeihen – sie giebt auch mir noch Gelegenheit, ihr zu verzeihen. Denn bis jetzt habe ich ihr noch nichts verziehen. Man vergiebt seinen Freunden viel schwerer als seinen Feinden.«[47] An Weihnachten schrieb er dann an Overbeck: »Mein Verhältnis zu Lou liegt in den letzten schmerzhaften Zügen.«[48] Auch Malwida von Meysenbug klagte er an Neujahr tieferschüttert, aber klar und überlegt, seinen Schmerz.[49] Im Januar 1883 fand er dann ein Ventil, das ihm kurzfristig Erleichterung verschaffte: In nur zehn Tagen schrieb er den ersten Teil von *Also sprach Zarathustra* – »ich war eine kurze Spanne Zeit ganz in meinem Elemente und in meinem Lichte«[50]. Dabei blieb Nietzsche aber bewußt, daß er ohne die Bekanntschaft mit Lou zu dieser Höchstleistung nicht fähig gewesen wäre – einer Bekanntschaft, die ihn sowohl gedanklich als auch menschlich angeregt, gefordert und sogar in Frage gestellt hatte: »Und obwohl wir nie übereinstimmten, ebenso wie es zwischen Rée und mir stand, so waren wir doch beide nach jeder halben Stunde Zusammenseins glücklich über die Menge, die wir dabei gelernt hatten. Und nicht umsonst habe ich in diesen letzten 12 Monaten meine höchste Leistung geleistet.« (Dok. S. 352). Nach diesen zehn Tagen kam es aber sofort zu einem neuen Einbruch. Von Suizidgedanken gequält, schlug er nach einem harten Winter im Februar 1883 eine Einladung Malwida von Meysenbugs nach Rom aus, um dort nicht seiner Schwester begegnen zu müssen. Elisabeth Nietzsche verfolgte Lou mit unverändertem Haß. In langen, schwatzhaften Briefen an Ida Overbeck oder Peter Gast reihte sie eine Verleumdung an die andere. Sie setzte sich dabei selbst ständig als kontrastierendes Element und altruistisches Tugendideal in Szene. Jede Eigenschaft oder Verhaltensweise Lous schien ihr eine herabsetzende Bemerkung wert zu sein. Bei ihren Intrigen schreckte sie selbst vor dem Versuch nicht zurück, Lou bei Frau Rée zu denunzieren, denn sie verfolgte tatsächlich den Plan, Lou aus Deutschland zu vertreiben und nach Rußland zurückzuschicken. Noch Jahre später versuchte sie, Lou zu schaden, wo es nur ging; z. B. setzte sie das Gerücht in die Welt, sie sei eine finnische Jüdin – ein Gerücht, das unter der beginnenden Herrschaft der Nationalsozialisten lebensgefährlich hätte sein können.

Nietzsche, der ganzen Affäre überdrüssig, hatte zwischenzeitlich den Kontakt zu seiner Schwester »endgültig« abgebrochen. Doch schon im April 1883 nahm er die von ihr angebotene Versöhnung an. Elisabeth überschüttete ihn daraufhin mit weiteren »Enthüllungen«, in die sie nun auch Paul Rée einbezog. Nietzsche war gegen solche Hetze alles andere als resistent und wandte sich mit seinen Beschuldigungen und Verunglimpfungen nun auch gegen den ehemaligen Freund[51] – und zwar in einer Form, die die gesamte Familie Rée empörte und ihm beinahe ein Duell mit Rées Bruder Georg eingebracht hätte. Dann legte sich auch dieser Aufruhr wieder, und Nietzsche wandte seinen Haß erneut gegen die Schwester, die schließlich mitschuldig an seinen Seelenqualen war. Wieviel er sich davon selbst zuzuschreiben hatte, reflektierte er nicht. »Das Eine ist: von allen Bekanntschaften, die ich gemacht habe, ist mir die wertvollste und ergebnisreichste die mit Fräulein Salomé. Erst seit diesem Verkehr war ich reif zu meinem Zarathustra. Ich habe diesen Verkehr Deinetwegen abkürzen müssen. Verzeihung, wenn ich dies härter empfinde, als Du mir nachfühlen kannst. – Lou ist das begabteste, nachdenkendste Geschöpf, das man sich denken kann – natürlich hat sie auch bedenkliche Eigenschaften. Auch ich habe solche. Indessen das Schöne an bedenklichen Eigenschaften ist, daß sie zu denken geben, wie der Name sagt. Natürlich für Denker.«[52]

Das ist eine der letzten schriftlichen Äußerungen Nietzsches über Lou von Salomé. Ungefähr eineinhalb Jahre später bezeugt eine Rezension ihres Buches *Im Kampf um Gott*, daß er sich noch einmal mit ihr beschäftigte. Dann reißt der in den Überlieferungen nachvollziehbare Faden ab, sicher aber nicht die innere Auseinandersetzung mit dieser von ihm so geliebten Frau, die ihn sehr beglückt hat, durch die er sich aber auch tief verletzt fühlte.

Lou Andreas-Salomé aber hat ihre weitere gedankliche Auseinandersetzung mit Person und Werk Friedrich Nietzsches schriftlich dokumentiert: So gestaltete sie die Hauptfigur ihres ersten Romans *Im Kampf um Gott* in gewissen Zügen nach Nietzsches Vorbild; außerdem verfaßte sie im Laufe der Jahre vier Aufsätze über Nietzsche, die dann wiederum einflossen in ihr 1894 erschienenes Buch *Friedrich Nietzsche in seinen Werken*[53]. Hier umreißt sie Nietzsches Persönlichkeit anhand seiner Schriften – ganz im Sinne von Nietzsches »Gedanken einer Reduktion der philosophischen Systeme auf Personal-Acten ihrer

Urheber«[54]. Dieses Buch, dessen Grundlage die mit Nietzsche selbst durchgesprochenen Charakterskizzen des Jahres 1882 bilden, ist die erste der psychologisierenden Studien Lou Andreas-Salomés zu Leben und Werk ihrer Freunde. Das zweite sollte ein Buch über Rilke werden, das dritte ihr *Dank an Freud* – neben zahlreichen kürzeren Charakterstudien anderer, ihr nahestehender Persönlichkeiten in den Tagebüchern.

Das Nietzsche-Buch ist, wie ihre anderen Studien auch, keine wissenschaftlich-philologische Arbeit, sondern eher ein Dokument ihrer psychologisierenden Methode. Anna Freuds Bemerkungen nach ihrer Lektüre dieses Buches, Jahrzehnte später, heben die eigenständige Leistung dieser Vorgehensweise hervor, die viel von dem enthielt, was von Freud dann den Namen »Psychoanalyse« erhalten sollte: »Ist es nicht lange vor Deiner analytischen Zeit geschrieben? [...] Aber vieles darin klingt so ganz analytisch. Hat man damals überhaupt schon so gedacht oder war das alles nur Deine ganz eigene Anschauung?«[55]

Der Versuch, Nietzsches Person analytisch aufzuschließen, korrespondiert mit einer Interpretation seines Werkes, das Lou in drei Schaffensperioden unterteilt: zunächst die Periode der »Wagner-Schopenhauerischen Weltanschauung« (Nietzsche S. 103), in der Nietzsches »religiöser Affekt« noch nicht auf die »eigene Apotheose« (Nietzsche S. 62) gerichtet ist, sondern »ihn veranlaßt, als Jünger zu Füßen großer Meister zu sitzen« (Nietzsche S. 98). Die zweite Phase definiert sie als die positivistische, in der Nietzsches Denken auf das affektlose reine Erkennen gerichtet ist. Die dritte Phase schließlich kennzeichnet sie als die mystische, in der Nietzsche als Verkünder der ewigen Wiederkehr des Gleichen auftritt. Diese Dreiteilung, von Lou Andreas-Salomé erstmals vorgetragen, prägte lange Zeit die Literatur zu Nietzsche.

Bei Erscheinen des Buches, das Lou Andreas-Salomé »einem Unbekannten« – nämlich Paul Rée – widmete, gab es heftige Reaktionen, positive wie negative.[56] Elisabeth Förster-Nietzsche empörte sich natürlich. Sie propagierte, dieses Buch sei »der Racheakt einer in ihrer Eitelkeit verletzten Frau«[57], eine Verleumdung von Charakter und Werk Nietzsches und ähnliches mehr. Peter Gast dagegen gelangte zu einem positiven Urteil; er nannte dieses Nietzsche-Buch »eine erstaunliche Leistung von außerordentlicher Kultur«, obwohl »von Wärme des Gemüts« bei Lou Andreas-Salomé »sicherlich wenig die Rede sein« könne; »aber ihr Schädel, ihr Geist und Verstand ist von jener Art, die im Lauf eines Jahrhunderts unter Weibern nur fünf-, sechsmal vorkommt.«[58]

Lou Andreas-Salomé, die dieses Buch geschrieben hatte, weil ihr schien, »daß mit seinem [Nietzsches] eigentlichen Berühmtsein gar zu viele Literatenjünglinge sich seiner mißverständlich bemächtigten« (LRB S. 86), kümmerte sich – wie bisher – auch nach Erscheinen des Buchs in keiner Weise um die Anschuldigungen und Verleumdungen aus dem Hause Nietzsche:[59] Sie reagierte mit keinem Wort auf Kritik oder Lob und bezog zu keinem der Vorwürfe Position. Diese Konsequenz führte sogar dazu, daß sie die Blätter in Elisabeths Nietzsche-Biographie, die von Lous Begegnung mit dem Philosophen handelten, unaufgeschnitten ließ. Bis zum Ende ihres Lebens hielt sich Lou aus der Nietzsche-Diskussion heraus, obwohl sogar Freud zu intervenieren versuchte, indem er ihr riet, sich zu wehren, und sie auch einmal bat, Arnold Zweig bei einer Nietzsche-Biographie zu helfen. Aber auch hier lehnte sie ab.

Trotz der intensiven Auseinandersetzung mit der Person und der Philosophie Nietzsches äußerte Lou Andreas-Salomé im Alter gegenüber Ernst Pfeiffer, »sie könne sich Nietzsche aus ihrem Leben fortdenken« (Nietzsche S. 20). Bereits in ihrem Resümee des Jahres 1882, in einem Neujahrsbrief an Paul Rée, sprach sie nur von diesem – Nietzsche, für den die letzten Wochen dieses bewegten Jahres besonders qualvoll gewesen waren, wurde mit keinem Wort erwähnt.[60] – In Lou Andreas-Salomés weiterem Leben wird es Männer geben, deren Bekanntschaft sie persönlich stärker berühren sollte als die mit Friedrich Nietzsche.

Die »herrliche Jugendzeit«

Nach der Trennung von Friedrich Nietzsche hatten sich Lou von Salomé und Paul Rée gegen Ende des turbulenten Jahres 1882, in dem so entscheidende Weichen für Lous Leben gestellt wurden, in Berlin niedergelassen. Der Plan, nach Paris zu gehen, war nach dem Tod Iwan Turgeniews aufgegeben worden. Während Nietzsche litt, haßte und sich quälte, begannen für Lou an der Seite von Paul Rée die fünf unbeschwertesten Jahre ihres Lebens, ihre »herrliche Jugendzeit« (Schule S. 83).

Nach einigem Suchen war es den beiden – trotz äußerst skeptischer Zimmerwirte – doch gelungen, drei Zimmer zu mieten.[61] Lou lebte nun tatsächlich so, wie sie es sich erträumt hatte: frei und unabhängig, zusammen mit einem Mann, mit dem reger geistiger Austausch möglich war und der sich ihr gegenüber – so wie sie es wünschte – wie ein »Bruder« verhielt.[62] Bereits zur Jahreswende rekapitulierte sie befriedigt, daß Selbstverwirklichung, die vor Schranken der Konvention nicht haltmacht, gelingen kann: »Es erwies sich, daß durch Vermeidung des Scheines, durch die Beibehaltung der ganzen Schnürbrust von Vorurtheilen und Rücksichten in welche man tausend der schönsten Lebenstriebe zurückzuzwängen gewohnt ist, nicht mehr Achtung und Liebe erworben werden können als durch die volle Auslebung der Persönlichkeit, die in sich ihre Selbstlegitimation trägt.« (Dok. S. 282). Paul Rée war für diese Lebensform der ideale Partner, der sie auch vor den Angriffen der Familie Nietzsche schützte. Erst später hat Lou erfahren, daß Rée ihr die brieflichen Angriffe und Schmähungen, soweit es ging, einfach vorenthalten hatte! Ebenso gelang es ihm, den Schein des Anrüchigen von ihrem »eigenthümlichen Freundesverhältniß« (Dok. S. 281) fernzuhalten, indem er bei der Auswahl der Freunde große Umsicht bewies und mit Lou weder in den Familien der Freunde verkehrte noch in der damaligen Boheme des literarischen Berlin. Der Freundeskreis der beiden bestand anfänglich aus alten Bekannten Rées, die wiederum Freunde mitbrachten, so daß der Kreis »im Verlauf mehrerer Jahre bald sich ergänzte, bald an Zugehörigen wechselte« (LRB S. 86). Es fanden sich unter anderem ein: der Psychologe Hermann Ebbinghaus, der dänische Literaturhistoriker Georg Brandes, der Soziologe Ferdinand Tönnies, der Historiker Hans Delbrück und die Philosophen Paul Deussen, Heinrich Romundt und Heinrich von Stein, den Lou bereits in Bayreuth kennengelernt hatte. »Es wurde ein philosophisches Kränzchen arrangiert«;[63] und bei diesen, auch naturwissenschaftlich gebildeten Menschen fand Lou »das gesunde Klima, auf das [sie] zustrebte« (LRB S. 91). Denn obwohl Nietzsche »gleichsam verhüllten Umrisses, in unsichtbarer Gestalt mitten unter uns« (LRB S. 89) stand, bewegte sich die Diskussion in diesem Kreis auf anderen, naturwissenschaftlichen und nicht-metaphysischen Bahnen. Und sosehr Lou als dem »Geschwistergehirn« die Philosophie Nietzsches vertraut war, wurde ihr »eben dieser Gegensatz zwischen Nietzsche und uns zum Wohltuendsten, was mich in unserem Kreis umgab« (LRB S. 90f.). Sie hatte ja bereits zu Zeiten ihrer Freundschaft mit Nietzsche erkannt, daß sie sich dieser Denkrichtung »entwinden mußte, um Klarheit zu finden« (LRB S. 85).

Lou wurde in dem Zirkel junger Wissenschaftler, in dem sie sich frei und selbstbewußt bewegte, »die Exzellenz« genannt, als die sie ihr Paß auswies.[64] Rée hingegen hatte den weniger schmeichelhaften Namen »die Ehrendame« erhalten. Bei den Herren, die die einzige Dame in ihrem Kreis heftig umschwärmten – besonders Ebbinghaus und Tönnies warben leidenschaftlich um sie –, stieß Lous neutrale Haltung, die sie als »Junggeselle« unter jungen unverheirateten Männern auftreten ließ, auf einiges Unverständnis und wurde nur schweren Herzens akzeptiert.

Ihre Erscheinung und Wirkung schildert anschaulich ein Brief Ludwig Hüters aus dem Jahr 1883, eines jungen Philosophiestudenten in Lous Alter, der ebenfalls in Malwida von Meysenbugs Salon verkehrte: »Sie war mir eine sehr sonderbare Erscheinung, die ich erst begreifen mußte; denn sie ist zu eigenartig als Mädchen, als daß sie leicht zu erkennen wäre. Eine so ganz andere Art trat mir in ihr entgegen, als ich sie bis jetzt in irgend einer Frau gesehen. Aber um es gleich zu sagen, ich habe die Art verstanden, sie schätzen gelernt [...]. Wenn man eine doppelte Art, die Welt zu begreifen, feststellen wollte, eine männliche und eine weibliche, so würde ich sagen: Frl. Salomé begreift wie ein Mann, und das war mir gerade das Auffällige und doch so Interessante an ihr. [...] Nun tritt mir ein liebenswürdiges, gewinnendes, ächt weibliches Wesen entgegen, das auf alle die Mittel verzichtet, die die Frau anzuwenden hat, dagegen die Waffen, mit denen der Mann den Kampf des Lebens aufnimmt, in einer gewissen herben Ausschließlichkeit führt. [...] Sie ist doch nicht, was man so nennt, streitsüchtig; ihre wunderbare Verstandesklarheit will doch nur auf das Ziel aller guten Menschen losgehen, die Wahrheit; nicht die Lust zu disputiren treibt sie dazu.« (Dok. S. 309 ff.). Weiblich und liebenswürdig, aber nicht kokett und affektiert, verstandesklar und männlich-rational, aber nicht kalt und berechnend – so hat man sich diese junge Frau vorzustellen, die begonnen hatte, den Grundriß ihres Lebens nach eigenen Vorstellungen zu ziehen. Ihr Erkenntnisstreben und Wissensdurst, die zu verstehen sind als Gegengewicht zur phantastischen Traumwelt ihrer Kindheit, aus der sie Gillot mit seiner Forderung nach Rationalismus befreit hatte, und ihr Bruderideal, das sie auf jeden Mann projizierte, ließen Lou das Zusammensein mit Frauen nicht vermissen. Es sollte noch einige Zeit dauern, bis sie auch Frauen zu ihren Freunden zählte und in Männern schließlich auch das »andere« Geschlecht anerkannte.

So vertraut Lou auch mit Paul Rée war – »geistig arbeitend« stand sie anderen Freunden, vor allem Tönnies und Ebbinghaus, wesentlich näher als ihm, der sich »mit seiner etwas engstirnig utilitarisch gehandhabten ›Gewissensentstehung‹ plagte« (LRB S. 91). Die im Freundeskreis vorgetragenen Gedanken fanden später Eingang in Rées 1885 erschienene Schrift

Die Entstehung des Gewissens, in der er die jeweils geltende Moral von der kulturellen Entwicklung ableitete. Seine empirische, evolutionistische und streng antimetaphysische Beweisführung trug ihm vor allem die Kritik ein, daß er die psychologischen bzw. phänomenologischen Komponenten außer acht lasse. Sein Beharren auf historisch-empirischer Vorgehensweise stieß bei Lou, die von der Religionsphilosophie her kam und deren psychologisches Interesse nicht erst seit der Bekanntschaft mit Nietzsche immer breiteren Raum einnahm, verständlicherweise auf wenig Gegenliebe. Von der Diskrepanz ihrer philosophischen Grundeinstellung war ihre persönliche Beziehung jedoch nicht betroffen. Sie hatten ein Verhältnis, das nach Lous Einschätzung »vielleicht in dieser Intensität und dieser Zurückhaltung nicht wieder existirt, so wie auch vielleicht selten oder nie zwei Menschen einen Bund mit soviel Unbesonnenheit und zugleich soviel Besonnenheit eingegangen haben« (Dok. S. 281).

Dieses für ihre Bedürfnisse ideale Bündnis war von Lou »für immer gemeint« – ohne daß sie sich der darin enthaltenen Schwierigkeiten und Widersprüche bewußt geworden wäre. Später erkannte sie, daß sie vieles, was sie Rée abverlangt hatte und was ihr in ihrer »unerfahrenen Kalbrigkeit« – wie sie ihre bisweilen an Skrupellosigkeit grenzende Naivität bezeichnete – natürlich und selbstverständlich erschienen war, nur Rées Opferbereitschaft und seinem großen Herzen zu verdanken hatte, ihm, dem »Gefährten edelster Einzigkeit« (LRB S. 91).

Aber auch Paul Rée, der Melancholiker und Pessimist, lebte in dieser Verbindung auf; er wurde heiterer und gelöster: »Du hast mich wieder jung gemacht« (Dok. S. 169), gestand er Lou. Sie half ihm auch, seine Spielleidenschaft zu überwinden. Am Anfang ihrer Freundschaft war er nochmals dieser Sucht erlegen; als Lou ihm daraufhin Vorhaltungen machte, hatte Rée, der unverbesserliche Pessimist, ihre Beziehung verloren gegeben und Lou einen Abschiedsbrief geschrieben: »Ich fürchte, wir müssen uns trennen; denn obgleich ich ein Schutz und ein Halt für Dich in der Welt bin, so bist Du doch zu ehrlich, dies auch dann noch zu wollen, wenn die innigste, tiefste Sympathie zwischen uns auch nur im geringsten erschüttert ist. Das aber ist sie. [...] Andererseits könnte ich ein Gefühl des Mißtrauens, gegründet auf das Vorhandensein einer Eigenschaft, welche ich stark in mir vorhanden und Dir unsympathisch weiß, nicht wieder los werden, das Mißtrauen meine ich, Dir unsympathisch zu sein, Dir Unsympathisches zu thun. Also – laß uns getrennten Weges zu unsern Gräbern gehen.« (Dok. S. 227). Aber Lou schob seinen Zweifel resolut beiseite: »Nein gewiß nicht! Laß uns zusammen leben und streben bis Du dieses widerrufen hast!« (Dok. S. 227) schrieb sie unter Rées Brief. Unter ihrem Einfluß befreite sich Rée schließlich von seinem Spielzwang und konnte sich finanziell erholen. Er kam nun wie sie mit 250 Mark im Monat aus, was damals etwa dem Gehalt eines mittleren Beamten entsprach und ein verhältnismäßig angenehmes Leben zuließ.

Eines gelang Lou jedoch nicht: den Freund von seinem krankhaften Selbsthaß zu befreien. Dieser Selbsthaß resultierte aus seiner jüdischen Abstammung[65] und bestimmte sein Leben, sein Handeln und selbst seine Philosophie, aus der er – sich selbst vergessen wollend – alles Gefühlsmäßige verbannt hatte. Dieses Leiden konnte zu furchtbaren Reaktionen führen. Als er zu Beginn ihrer Freundschaft bemerkte, daß Lou von seinem Judentum noch nichts wußte, erlag er vor ihren Augen einem Ohnmachtsanfall! Auch wenn er von anderen Juden nicht als solcher erkannt wurde, kam es bisweilen zu Szenen, die »in ihrer Lächerlichkeit und Schrecklichkeit jeder Beschreibung« (LRB S. 231) spotteten. Die Zeit ihrer Freundschaft schenkte Rée ein wenig Vergessen, da er sein Augenmerk von sich weg und auf Lou richten konnte: Seiner abgründigen Aversion gegen die eigene Person entsprach »eine fast überirdische Güte. Niemand wußte das besser als ich, die ich in ihr drinsaß wie ein junger Vogel in seinem Mutternest« (LRB S. 231), beschrieb Lou Rées Selbstlosigkeit, der sie ihre eigene Sicherheit verdankte.

Als Lou ungefähr ein Jahr in Berlin gelebt hatte, machte ihr ihre Familie deutlich, es sei nun an der Zeit, nach Rußland zurückzukehren – und das, obwohl Lou einen anerkannten Fürsprecher hatte. Lou, die den Sommer in Flims in der Schweiz verbracht hatte und im Oktober in München und anschließend in Meran gewesen war, hatte während der Reise bei ihrem ehemaligen Professor Alois Biedermann Station gemacht. Der Theologe hatte sich wegen des geistigen Einflusses ihrer Berliner Freunde um sie gesorgt. Lous überraschender Besuch jedoch verscheuchte diese Bedenken, und er teilte seinen positiven Eindruck auch Frau von Salomé mit: »Sie machte auf mich und die Meinigen ganz und gar den alten herzgewinnenden Eindruck eines bis auf den innersten Grund reinen und lauteren Wesens, das aber mit einer ungewöhnlichen Energie sich ganz ausschließlich auf das Interesse der geistigen Ausbildung conzentrirt hat, unberührt von allem und darum auch unbekümmert um alles, was sonst in den natürlichen Beziehungen des Lebens Einfluß gewinnen und Macht ausüben kann auf das menschliche Fühlen und Wollen. [...] Soll ich den Eindruck des ersten kurzen Wiedersehens in Eins zusammenfassen, so ist es der. Ihr Fräulein Tochter ist ein weibliches Wesen ganz ungewöhnlicher Art: von kindlicher Reinheit und Lauterkeit des Sinns und zugleich wieder von unkindlicher, fast unweiblicher Richtung des Geistes und Selbständigkeit des Willens und in beiden ein *Demant*.« (Dok. S. 319).

Trotz dieses Lobes aus autorisiertem Mund bestand Frau von Salomé darauf, daß ihre Tochter das freie Leben aufgeben und nach St. Petersburg zurückkehren solle. Als Lou diese Hiobsbotschaft im Kreis der Freunde erzählte, war guter Rat teuer. Schließlich kam man auf den Gedanken, daß eine Schriftstellertätigkeit Lous Aufenthalt in Westeuropa auch in den Augen ihrer Familie legitimieren müßte. Und so beschloß Lou, ein Buch zu schreiben. Sie tat dies 1883/84 in Gries-Meran, wo sie sich gemeinsam mit Paul Rée aufhielt, der an seinem als Habilitationsschrift geplanten Buch *Die Entstehung des Gewissens* arbeitete. Und während Rée wieder seine Thesen vom »Ursprung der moralischen Empfindung« aufnahm, widmete sich Lou in ihrem ersten Roman *Im Kampf um Gott* ebenfalls einem für sie zentralen Thema: dem Glaubensverlust.

Der Protagonist und Erzähler Kuno stammt aus einem frommen Elternhaus. Schon bald jedoch gewinnt der Intellekt die Oberhand über den kindlichen Glauben und vernichtet ihn. Kuno empfindet diesen »Mord Gottes im eigenen Bewusstsein« (*Im Kampf um Gott* S. 28) als moralisch verwerflich und fühlt sich schuldig. Erst als er bemerkt, daß seine Altersgenossen den gleichen »Frevel« begangen haben, verschwinden seine Skrupel. Auf der Suche nach dem Sinn des Lebens wird er hin- und hergerissen zwischen asketischem, der Wissenschaft gewidmetem Leben und der »gähnenden Kraft der Natur, [...] dem wüsten Taumel sinnlicher Begierden« (*Im Kampf um Gott* S. 62). Schließlich vermag er den Verlust des christlichen Glaubens durch Erkenntnisstreben zu kompensieren und philosophische Ideale an Stelle der Religiosität zu setzen. Zum Daseinsprinzip wird für ihn der Amor fati, die bejahende Ergebung in das Schicksal, die Liebe zum Leben. Die Schilderung Kunos, der ein »freier Geist« ist, seine Auseinandersetzung mit der Problematik des »Dionysischen« und »Apollinischen« und seine Hinwendung zur Lebensphilosophie lassen erkennen, daß Lou bei dieser Figur Friedrich Nietzsche vor Augen gehabt hat. Kunos jüngerer Bruder Rudolf, der in langen, im Rahmen eines Romans ermüdenden philosophischen Dialogen als weltanschaulicher Gegenspieler auftritt, trägt Züge Paul Rées: Für ihn als Nihilisten ist das Leben im Grunde sinnlos, einzig im Nirwana des Buddhismus sieht er eine Möglichkeit, Frieden zu finden. Auf welcher Seite Lous »philosophische Sympathien« liegen, wird allein schon daran deutlich, daß sie Kuno, nicht Rudolf zum Protagonisten macht; die Lebensphilosophie hat auch insofern den Vorrang, als der Roman aus der Perspektive Kunos erzählt wird.

Drei Frauen spielen im Leben Kunos eine Rolle: Jane, die unglücklich verheiratete Freundin seiner Jugend, die sich ihm hingibt und bei der Geburt der gemeinsamen Tochter stirbt; Margherita, die unkonventionelle Studentin, die von Kuno verführt und verlassen wird und deren Leben er zerstört und vernichtet: Nach seinem verspäteten Heiratsantrag, den sie ablehnt, begeht sie Selbstmord; und schließlich die Tochter Kunos und Janes, Marie, deren Erziehung Kuno nach einigen Jahren übernimmt – ohne sich ihr als Vater erkennen zu geben. So kann bei Marie die Hoffnung aufkommen, Kunos Frau zu werden. Als sie erfährt, daß er ihr Vater ist, ertränkt sie sich. Am Ende dieses von Schicksalsschlägen gezeichneten Lebens steht Kuno allein – als alter Mann schreibt er sein Leben auf.

Neben der Tatsache, daß Lou das Thema Sexualität in keinem ihrer folgenden literarischen Werke je wieder so explizit behandeln, so deutlich thematisieren wird, fällt auf, daß in *Im Kampf um Gott* die erotische Liebe den Frauen zum Verhängnis wird: Letztlich ist ihre Sinnlichkeit die Ursache für ihren Tod! Zwei bemerkenswerte Aspekte des Romans einer jungen Frau, die in ihrem bisherigen Leben der Sexualität keinen Platz eingeräumt hatte. Zum einen bricht sich in der für Lou Andreas-Salomé ungewöhnlich ausführlichen Thematisierung des Erotischen die natürliche Neugierde eine Bahn, zum anderen drückt die mit der weiblichen Sexualität verbundene, existentiell negative Komponente wohl die tiefsitzende Angst genau davor aus. Diese Polarität spiegelt Lous ganz persönliche Situation wider: »Theoretisch«, in Gedanken und Gesprächen, hatte sie sich bereits intensiv mit diesem Thema auseinandergesetzt – für sich selbst und das eigene Leben scheute sie aber nach wie vor davor zurück.

Im Gegensatz zu den weiblichen Figuren lebt im Roman der Mann, Kuno, seine »sinnliche Leidenschaft« (*Im Kampf um Gott* S. 103) ungehindert aus; ihn, den starken Mann, wirft nichts aus der Bahn: »kraftvoll bewußt griff er mit nerviger Faust in das Leben, seine spröde Masse zwingend und beherrschend« (*Im Kampf um Gott* S. 169).

Solche, nicht erst für unser heutiges Empfinden kitschig-typisierenden Figurkonzeptionen sind kennzeichnend für dieses 217 Seiten starke Erstlingswerk. Die Gestalten wirken bei allem Pathos blutleer, die Überstrapazierung des Todesmotivs verleiht der angestrebten Dramatik etwas Gesuchtes und Gewolltes. Ebenso verkrampft wirkt die mühsame Einbettung der religionsphilosophischen Überlegungen in den an vielen Stellen klischeehaft konstruierten Handlungsrahmen. Die formalen Schwächen des Romans erklären sich zum Teil auch aus seinen disparaten Ursprüngen: Er ist zusammengestellt aus Lous »Petersburger Notizen und, als das zur Füllung nicht ausreichte, aus einer mal verbrochenen Novelle« (LRB S. 88). Außerdem übernahm sie wortwörtlich eine große Anzahl von Sentenzen aus ihrem *Stibber Nestbuch*, dem Aphorismenheft, das sie auch Nietzsche zur Kritik vorgelegt hatte.

Von diesen Mängeln abgesehen hat *Im Kampf um Gott* aber auch Größe: Besonders beeindruckend ist die Dimension der theologischen und philosophischen Erörterungen, die spüren läßt, daß die Verfasserin nicht nur profunde Kenntnisse in Religionsphilosophie besitzt, sondern sich auch selbst mit metaphysischen Problemen auseinandergesetzt hat. Darüber hinaus erkennt man in diesem Werk bereits Lous großes Interesse für die menschliche Psyche, deren sensible Darstellung jedoch von dem schwülstigen Stil meist erdrückt wird. Eigenartig faszinierend sind auch die melancholische Grundstimmung und der große Ernst, die diesen Roman der 23jährigen durchziehen.

Lou veröffentlichte ihr erstes Buch unter einem Pseudonym, das sich aus ihrem und Gillots Vornamen zusammensetzt: Henri Lou – der Familienname sollte in dieses Unternehmen nicht hineingezogen werden. Bei ihrer Familie erreichte sie mit diesem Werk dann tatsächlich, was sie beabsichtigt hatte: die Einwilligung in ihren Auslandsaufenthalt. Außerdem bekam *Im Kampf um Gott* – »drolligerweise«, wie sie selbst später empfand – die »beste Presse, die ich je gehabt« (LRB S. 88). Selbst Nietzsche, der in dem Buch »hundert Anklänge an unsre Tautenburger Gespräche«[66] entdeckte, zeigte sich – bei aller Kritik – beeindruckt:

»alles Formale daran ist mädchenhaft, weichlich [...]. Aber die Sache selber hat ihren Ernst, auch ihre Höhe; und wenn es gewiß nicht das Ewig-Weibliche ist, was dieses Mädchen hinanzieht, so vielleicht das Ewig-Männliche.«[67]

Mitte 1884 hatte Lou aber nicht nur ihr erstes Buch geschrieben, auch ihre Gesundheit war in diesem Jahr endlich wieder restlos hergestellt. Aus Meran hatte sie – »erholt und dauernd gekräftigt – eigentlich einen ganz veränderten Körper fortgenommen« (LRB *S. 252*).

Während sie endlich gesund wurde, erfuhr sie, daß Gillot schwer erkrankt sei, sich inzwischen aber auf dem Weg der Besserung befinde. Dies wühlte in ihr alte Erinnerungen wieder auf, und sie stellte fest, daß sie das Gillot-Erlebnis (das auch in die Beschreibung der Erziehung Maries in ihren Roman eingeflossen ist) noch keineswegs verarbeitet hatte: »Ich denke sehr viel an ihn und pflege die ganze Nacht von ihm zu träumen. Ich überrasche mich bei jeder Gelegenheit auf meinen Gedanken an ihn und neulich war ich so mitten in ihnen drin, daß, als Rée zufällig die Thür öffnete und zu mir trat, ich ihn in einer Art von Wahnsinn mit Gillot verwechselte und an allen Gliedern zitternd einer Ohnmacht nahe war.« (LRB *S. 247f.*). Durch dieses Erlebnis hätte für sie früher oder später evident werden können, wie sehr Gillot zum einen ihr Leben – unterbewußt – nach wie vor bestimmte und bestimmen würde, zum anderen, daß Paul Rée in gewisser Weise auch eine Statthalterfunktion erfüllte und sie in ihm einen Freund suchte, der sie vor gillotähnlichen Erfahrungen schützen sollte.

Zu einer wirklichen Begegnung mit Gillot kam es wenig später, im Sommer 1884. Gillot hielt sich zur Erholung am Tegernsee auf, wohin auch Lou und Rée reisten. So lernten sich nun die beiden für Lous bisheriges Leben wichtigsten Männer kennen: der eine, der sie aus der Einsamkeit ihrer Kindheit befreit und sie zu seiner Schülerin gemacht hatte – vor dem sie aber floh, als er nicht mehr nur ihr Lehrer, sondern auch ihr Mann sein wollte; der andere, bei dem sie Schutz und Zuflucht gefunden hatte, weil er seine eigenen Ansprüche zurückstellen und akzeptieren konnte, daß auch er nicht ihr Mann werden würde – und bei dem sie deshalb ihr Leben lang bleiben wollte. Vergangenheit und Gegenwart standen ihr in diesen beiden Männern gegenüber, und sie genoß es sehr, mit beiden zusammenzusein.

Den darauffolgenden Winter 1885/86 über wollten sich Lou und Rée eigentlich in Wien niederlassen, wo Lous Bruder Eugène sein Medizinstudium abrundete. Aber erschreckt vom unkonventionellen Entgegenkommen der Wiener Vermieter, die diesem – vermeintlichen – Liebespaar ohne Vorbehalte Unterschlupf gewähren wollten, zogen sie sich doch wieder nach Berlin zurück, um ja keinen »falschen Schein« aufkommen zu lassen. Dort wußten sie im Kreis der Freunde ihre Beziehung nicht mißverstanden. Den Sommer 1885 verbrachten sie, von zahlreichen Freunden besucht, in Celerina im Oberengadin – ganz in der Nähe Friedrich Nietzsches, der sich in Sils Maria aufhielt. Als der erste Schnee fiel, reisten sie weiter in den Süden, nach Meran. Ihre Haushaltskasse, durch ihre bescheidene Lebensführung nicht besonders stark belastet, ließ solche spontanen Touren zu. Zu Beginn des Wintersemesters waren sie wieder in Berlin, wo Rée mit dem Medizinstudium beginnen wollte. Denn im Gegensatz zu Lous *Im Kampf um Gott* hatte seine gleichzeitig geschriebene *Entstehung des Gewissens* keineswegs den gewünschten Erfolg. Paul Rée, dem Lou so nahe stand, wurde – im Gegensatz zu vielen anderen Männern – »geistig« von seiner Freundin nicht inspiriert, ganz anders als Nietzsche, für den die Bekanntschaft mit Lou zum Auslöser für seinen *Zarathustra* geworden war. Die Universität Straßburg, an der Rée sein Buch als Habilitationsschrift eingereicht hatte, lehnte dankend ab – für Rée eine herbe Enttäuschung. Daraufhin beschloß er, Medizin zu studieren, um »den Menschen auf diese Weise nahe zu kommen« (LRB *S. 231*). Da beide der Meinung waren, daß sie sich sowieso »nie trennen würden« (LRB S. 92), tat es nichts zur Sache, daß Rée nun alleine wohnte, um durch sein frühes Weggehen am Morgen die Freundin nicht zu stören. Dieser Umzug sollte den Anfang vom Ende ihrer Freundschaft markieren.

Denn bald darauf klopfte ein Unbekannter bei Lou von Salomé in der Pension an und stellte sich als Friedrich Carl Andreas vor. Lou erzählte Rée von diesem Mann und verschwieg ihm auch nicht, daß sie diese Bekanntschaft aufrechterhalten und ausbauen wollte – »wenn Du nichts dagegen hast«, setzte sie hinzu. Rée, der ja wußte, daß Lou alle bisherigen Anträge ohne Zögern abgelehnt hatte, willigte ein: »Wie Du's machst, ist's gut.« (LRB *S. 254*). Als sie ihm nach einiger Zeit erzählte, daß sie sich mit Andreas verlobt habe, kam es zu einer langen Aussprache. Lou, die ihren »Bruder« Rée unter keinen Umständen verlieren wollte, hatte Andreas als Grundvoraussetzung für die Verlobung das Einverständnis abgerungen, ihre Beziehung zu Rée in ungeschmälerter Intensität weiterführen zu können. Rée gab ihr nicht zu erkennen, wie tief ihn ihre Bindung mit Andreas traf. Er bat sich nur aus, diesem Mann – zumindest am Anfang – nicht gegenübertreten zu müssen. Lou, die in selbstbezogener Unbekümmertheit eine Neuauflage einer Dreierbeziehung inszenieren wollte und dabei das Scheitern der ersten »Dreieinigkeit« völlig ausblendete, erkannte erst sehr viel später, was sie Rée da eigentlich zumuten wollte. Ihn hatte sie in Rom abgewiesen, und nur als »Bruder« durfte er ihr nahe sein. Und nun war plötzlich ein Unbekannter aufgetaucht, dem es gelungen war, Lou durch eine Verlobung an sich zu binden, ein Mann, der nicht gewillt war, seine Liebe zu ihr auf ein kameradschaftliches Verhältnis zu reduzieren. Hätte Lou Rée über ihre Beziehung zu Andreas jedoch vollständig ins Bild gesetzt und ihm erklärt, daß sie auch bei ihrem zukünftigen Mann nicht gewillt sein würde, Sexualität in der Beziehung zuzulassen – vielleicht hätte dies für Rée die Enttäuschung etwas gemildert. So aber brachen sich seine tiefsitzenden Selbstzweifel wieder ungehindert Bahn, und er sah nur einen Ausweg, um sich den – mittlerweile selbst für ihn unerfüllbaren – Ansprüchen Lous zu entziehen: Er mußte sie verlassen, auch wenn es ihm noch so schwerfiel. »Der letzte Abend, da er von mir fortging, blieb mit nie ganz verglimmendem Brand mir im Gedächtnis haften. Spät in der Nacht ging er, kehrte nach mehreren Minuten von der Straße zurück, weil es zu sinnlos regne. Worauf er nach einer Weile wieder ging, jedoch bald nochmals kam, um sich ein Buch mitzunehmen. Nachdem er nun fortgegangen war, wurde es schon Morgen. Ich schaute hinaus und wurde stutzig: über trockenen Straßen schauten die erblassenden Sterne aus wolkenlosem Himmel. Mich vom Fenster wendend, sah ich im Schein der Lampe ein kleines Kinderbild von mir aus Rées Besitze liegen. Auf dem Papierstück, das darum gefaltet war, stand: ›barmherzig sein, nicht suchen‹.« (LRB S. 93).

Paul Rée ließ nie wieder etwas von sich hören. Nur durch einen Bekannten erhielt Lou noch einige Zeit Nachricht über ihn, und sie erfuhr, daß seine Liebe in Haß umgeschlagen war.

Rée ging nach München, wo er seinen zweiten, den medizinischen Doktor machte. 1890 kehrte er auf das Familiengut nach Stibbe zurück und erwarb sich dort als selbstloser Armenarzt einen legendären Ruf. Als das Gut 1900 verkauft werden sollte, verließ Rée eines Nachts Stibbe und siedelte an einen Ort über, der sich in seiner Erinnerung fest mit Lou verband: nach Celerina im Oberengadin; dort hatten sie zusammen glückliche Sommer verbracht. Wie damals mit ihr lebte er im Hotel Misani. Auch hier praktizierte er als Armenarzt und wurde von der Bevölkerung geliebt und verehrt. Auf langen, einsamen Wanderungen im Gebirge hing er seinen Gedanken nach.[68] Auf einer dieser Wanderungen, am 28. Oktober 1901, stürzte er tödlich ab. Die Frage, ob es sich bei Rées Tod um Selbstmord gehandelt hat, stellte sich auch Lou Andreas-Salomé – die äußeren Umstände ließen jedoch auf einen Unfall schließen.[69] Unter großer Anteilnahme der Bevölkerung wurde Paul Rée auf dem Friedhof von Celerina beigesetzt.

Die Trennung von dem Freund, der ihr so viel selbstlose Liebe, Schutz und Geborgenheit gegeben hatte wie niemand zuvor – und wohl auch später keiner mehr –, erschütterte Lou tief. Dennoch, die tödliche Kränkung, die sie Rée zugefügt hatte, blieb ihr verborgen, oder sie wollte sie nicht sehen – demzufolge blieb sie auch frei von Schuldgefühlen. Ihrer Einschätzung nach waren Rées psychische Probleme die Ursache für sein Fortgehen, nicht ihr eigenes Verhalten. Gut ein Jahr nachdem Rée Berlin verlassen hatte, notierte sie am sechsten Jahrestag ihrer ersten Begegnung voller Trauer in ihr Tagebuch: »Ich träume oft von Dir; nichts Besonderes, immer dasselbe und Einfache: daß ich dich wiedersehe, und dann weine ich im Traume. Manchmal geschieht es mir, daß ich mich bewege oder spreche wie du, – ganz unwillkürlich und zufällig, – dann fühle ich immer, wie lieb ich Dich habe. Ich erinnere mich eines Zankes zwischen uns, bei welchem Du, mitten aus der Entzweiung heraus, mit Deinem Gemisch von Güte und Ironie sagtest: ›wenn wir uns ganz zerzanken und nach Jahren zufällig irgendwo wiederfänden, – wie schrecklich würden wir uns Beide freuen!‹ Und Deine Augen standen plötzlich voll Wasser. Das fällt mir jetzt so oft ein und ich denke: Ja, ja.« (LRB S. 255). Den Verlust ihres besten Freundes hat sie nie ganz verwunden. Selbst im Alter war sie noch der Überzeugung, daß sie sich von Rée nie getrennt hätte. Es blieb auf ihr immer »der Gram liegen um etwas, wovon ich wußte, daß es nie hätte geschehen dürfen. Wenn ich morgens unter einem Druck erwachte, hatte ein Traum daran gearbeitet, es ungeschehen zu machen.« (LRB S. 93).

Jahrzehnte später, nachdem sie bei Freud in die »Schule« gegangen war, mischte sich in ihren Schmerz über den persönlichen Verlust Paul Rées auch eine »wütende Trauer« (LRB S. 92) darüber, daß er zu früh gestorben war und keinen Nutzen mehr aus der Psychoanalyse hatte ziehen können. Sie war davon überzeugt, daß diese ihm hätte helfen können. In ihr stieg »stark, stark, wie eine Forderung der Sehnsucht auf, er möge am Leben geblieben sein, um mir aus den Händen entgegenzunehmen, was mir, als sei es für ihn, das Leben reifte. Weiß ich doch auch erst jetzt, wer er war, in der Krankhaftigkeit seines ganzen

Wesens, von dem ich damals nichts begriff außer der himmlischen Ermöglichung seiner selbstfremden Güte.« (TB vermutlich Frühjahr 1917).

REIFE

> »Denn nichts vermag ein Weib so tief und wahrhaft zu emanzipieren als die Ahnung, daß man ihr durch irgend eine Enge, in der man sie künstlich hält, den Weg verwehrt, auf dem sie zu voller frommer Hingebung und Andacht dem Leben gegenüber gelangen könnte, – den Punkt finden könnte, von dem aus das Leben und sie selbst ihre geheimnisvoll ineinanderrinnende Harmonie feiern.« (*Der Mensch als Weib* S. 39)

Die ersten Ehejahre

»Denke Dir, gestern bekomme ich eine Verlobungsanzeige von – Lou Salomé, der berühmten Russin, die mit Rée zusammen war; aber nicht mit diesem, sondern mit einem mir ganz unbekannten Herrn«,[1] berichtete Malwida von Meysenbug sichtlich überrascht ihrer Pflegetochter Olga Monod. Dieser Unbekannte, der sich am 1. November 1886 mit Louise von Salomé verlobte, war der Iranist Dr. Friedrich Carl Andreas (siehe Anhang). Er gab in der Pension, in der Lou wohnte, türkischen Offizieren Deutschunterricht. Da sie keine gemeinsamen Bekannten hatten, ist er wohl dort Lou zufällig begegnet und muß derart fasziniert von ihr gewesen sein, daß er sie unbedingt kennenlernen wollte. Als er ihr schließlich gegenüberstand – er hatte einfach an ihre Türe geklopft –, bestätigte sich sein erster Eindruck: Für ihn stand fest, daß er diese Frau heiraten wollte. Und mit der ganzen Vehemenz seines Entschlusses stürmte er nun auf Lou ein, wobei dieser Entschluß »seinen vollen Ausdruck nicht in Überredungen fand, sondern sich selber zum Ausdruck davon in meinem Mann gleichsam verkörperte: der gesamten leiblichen Erscheinung nach. Es wäre zwecklos, dies jemandem beschreiben zu wollen, der nicht irgendworan an meinem Mann erlebt hat, was ich an keinem andern Menschen so gekannt habe.« (LRB S. 200). Lou spricht in diesem Zusammenhang von etwas »Übergroßem, Gewalttätigem« und zugleich »Zartestem, ganz Hilflosem«, das ihr in Andreas entgegengetreten sei.

Die Tatsache, daß er in seiner ausdrucksstarken Persönlichkeit die Gegensätze von hart und weich, von Ratio und Emotio, von West und Ost – wenn auch nicht spannungslos – vereinte, faszinierte sie auf eigenartige Weise. Und obwohl sie mit ihrem »ganzen Wesen« einer Heirat »zuwider strebte« (*Eintragungen* S. 66), unterlag sie doch dem »Unwiderstehlichen«. Damit ist jedoch nicht eine sexuelle Anziehung angesprochen, sondern vielmehr die große suggestive Kraft, über die dieser Mann verfügte. Lou betont ausdrücklich, daß ihr »damaliger Gefühlszustand« nichts mit »erotischer Erregung der Sinne« zu tun hatte, »daß er sich vielmehr klar davon unterschied« (LRB S. 200). Sie stand Andreas in dieser Hinsicht ähnlich »neutral« gegenüber wie Rée. Bei Rée jedoch hatte das »Leibfremde« (LRB S. 201) verhindert, daß ihre tiefen freundschaftlichen Gefühle in Liebe mündeten. Aus den Andeutungen, über die Lou in ihrem *Lebensrückblick* in diesem Punkt nicht hinausgeht, läßt sich herauslesen, daß bei Andreas keine »Leibfremdheit«, also keine sexuelle Unattraktivität dazwischentrat, daß bei ihm Körper und Mensch für Lou identisch waren und eine Einheit bildeten. Ein durchaus neuer Aspekt in ihrer Auffassung vom Mann; bisher konnten Männer, mit denen sie vertraut wurde, nur »Brüder« sein, neutrale Wesen.

Aber trotz dieser veränderten Empfindung wußte sie von Anfang an, daß sie auch mit diesem Mann nicht schlafen würde. Über die Gründe war sie sich damals nicht im klaren, wenngleich sich die 25jährige sicherlich Gedanken über ihre anscheinend »nicht vorhandene« Sexualität gemacht hat – wenn auch nicht im Sinne einer Sehnsucht, sondern eher im Bewußtsein der Andersartigkeit. Gut ein Jahr nach ihrer Hochzeit unternimmt Lou in ihrem Tagebuch einen Deutungsversuch für das »Geheimnis«, das ihre Ehe für sie war und blieb. Hier stellt sie eine Verbindung her zu Gillot und damit letztlich zu ihrem Gottverlust: Gillot war für sie ein »Revenant des Lieben Gottes« (LRB S. 28f.) gewesen, in ihm hatte sie ihre Ideale geliebt. Ihre Liebe zu Andreas – ausdrücklich bezeichnete sie ihr Gefühl für ihn so – war nun gewissermaßen eine Weiterentwicklung: »Später, wo man Menschen und Ideale reinlicher trennt, wird nicht mehr ein Gott-Mensch gesucht, sondern man einigt sich in der gemeinsamen inneren Hingebung an das, was man gemeinsam verehrt und hochhält. Nicht mehr ein Mensch, der vor dem andern kniet, sondern Zwei, die zusammen knien.« (LRB S. 288f.). Die Beziehung zu Andreas empfand sie als etwas Vorherbestimmtes, dem sie sich nicht entziehen konnte – so, als gehe es in ihrer Ehe »gar nicht um ein Binden, sondern um ein Gebundensein, – um die Frage: ist in uns etwas, worin wir tatsächlich schon vermählt sind [...]. Es handelt sich also um die Erkenntnis, ob man schon ineinander (nicht nur zueinander) gehöre, und zwar in einem fast religiösen, wenigstens rein ideellen Sinn des Wortes.« (LRB *S. 288f.*). Diese ideelle, nicht die körperliche Übereinstimmung galt ihr als Grundlage ihrer Beziehung zu Andreas. Durch eine sexuelle Komponente wäre sie für sie gleichsam profaniert und damit zerstört worden. Blickt man jedoch von außen auf diese Beziehung, so liegt es nahe, den Grund für Lous sexuelle Verweigerung Andreas gegenüber – die sie ihr Leben lang aufrechterhalten hat – im Inzesttabu zu suchen, also darin zu sehen, daß Andreas fünfzehn Jahre älter war und somit die Linie Vater – Brüder – Gillot fortsetzte: Mit (deutlich) älteren Männern verband Lou ihr ganzes Leben lang immer nur eine ideelle oder intellektuelle Beziehung. Liebesbeziehungen, die auch oder ausschließlich sexueller Natur waren, hatte sie nur mit (deutlich) jüngeren Männern. In diesen Zusammenhang gehört auch, daß sie ihre jahrelange, beinahe panisch zu nennende Abwehr der sexuellen Situation erst aufgeben konnte bei einem Mann, dem sie in jeder Hinsicht überlegen war: Rilke. In der Beziehung zu Rilke konnte Lou Sexualität erstmals zulassen, weil sie trotzdem die Oberhand behielt. Bei Andreas, der ihr ebenbürtig war und dem es gelungen war, ihren Widerstand gegen die Ehe zu brechen, konnte sie diese Art des »Sichausliefems« nicht zulassen – dann hätte sie die Kontrolle verloren.

Die Ausklammerung der Sexualität in ihrer Ehe mit Andreas bewirkte aber auch, daß diese Verbindung durch Lous spätere Liebesverhältnisse mit anderen Männern nicht gefährdet werden konnte. Sexuelle Beziehungen hatten für sie bei weitem nicht die Bedeutung wie der von ihr als schicksalhaft empfundene Bund mit ihrem Mann. Ihre Liebe zu anderen Männern unterlag dem Wandel, die Liebe zu Andreas blieb konstant, zu ihm kehrte sie immer wieder zurück. Und die Freiheit, die sie sich selber nahm, gestand sie auch ihrem Mann zu, ja, sie wünschte ihm »zu jeder Zeit« ihres Lebens »die liebste, beste, schönste Geliebte« – allerdings nicht als Konkurrenz für sich, sondern lediglich als Ergänzung, »wie einen beglückenden Aufbau zu Weihnachten« (LRB S. 211).

Andreas, der anfänglich noch gehofft hatte, daß Lou ihren Widerstand im Laufe der Zeit aufgeben würde, akzeptierte ihre Haltung schließlich. Spätestens nach einem bezeichnenden Zwischenfall begriff er, wie tief dieser Widerstand in ihr verankert war. Eines Nachmittags hatte sich Lou auf ein Sofa gelegt und war fest eingeschlafen. Sie erwachte von einem seltsamen Laut, einem Röcheln, und bemerkte, daß sie – noch im Schlaf – ihre Hände fest um den Hals ihres Mannes gepreßt hatte. Sie würgte Andreas, der versucht hatte, sie zu überrumpeln. Für einen Moment ruhten ihre Blicke ineinander. Lou blieb der Ausdruck im Gesicht ihres Mannes unvergeßlich – über den Vorfall aber wurde nie mehr gesprochen.

Daß ein solches Verhältnis viele Widersprüche und Reibungsflächen barg, erlebten die beiden in langen und existentiellen Kämpfen, die sie miteinander auszutragen hatten. In den ersten Jahren trieb die ihrer Ehe innewohnende Fatalität beide nicht nur einmal bis an den Rand des gemeinsamen Selbstmords.

Bereits am Vorabend ihrer Verlobung hatte Andreas versucht,

sich umzubringen: Er saß mit Lou in ihrem Zimmer, sein schweres Taschenmesser, das er für den weiten Heimweg bei sich trug, lag auf dem Tisch zwischen ihnen. »Mit einer ruhigen Bewegung« griff er danach und stieß es sich in die Brust. Der Selbstmordversuch vor den Augen der geliebten Frau, auf die unweigerlich ein schwerer Verdacht gefallen wäre, mißlang nur, weil »das der Hand entgleitende Messer die Klinge zuklappte« (LRB S. 203) und so lediglich eine schwere dreieckige Wunde in der Herzgegend hinterließ.

Warum diese Verzweiflungstat? Höchst unwahrscheinlich ist, daß es sich – wie oft vermutet wurde – um einen kalkulierten Erpressungsversuch gehandelt hat. Es würde kaum zum Charakter eines Mannes passen, der, wie Lou bemerkte, einen »tiefen Haß vor allem Unehrlichen, Schein, Verstellung« (LRB S. 289) hatte. Auch die Möglichkeit, daß er über Lous Weigerung, die Ehe zu vollziehen, verzweifelt war, scheidet als Motiv aus, denn Andreas hielt diesen Entschluß – in ihren Worten – für »Mädchenvorstellungen, die mit der Zeit vergehen« (LRB S. 201). Viel wahrscheinlicher ist, daß Lous vorangegangenes Verhalten Andreas' Tat provoziert hatte. Die in ihrem Nachlaß erhaltenen Briefe von Andreas aus der Zeit ihrer Verlobung deuten in diese Richtung. Es sind leidenschaftliche, drängende, beschwörende Briefe, in denen er auch von seiner Verzweiflung schreibt, die ihn an die Grenzen seiner physischen und psychischen Kraft trieb – die Verzweiflung darüber, daß sein Werben ohne Echo blieb und Lou es einfach zu ignorieren schien: »Ihr Schreiben zeigt ein so geflissentliches Nichtbeachtenwollen meiner Person, dem gegenüber ich vollkommen fassungslos bin.«[2] Lou hielt sich gänzlich zurück und ließ Andreas über ihre Gründe völlig im unklaren. Ihr Verhalten, das nach kühler Berechnung oder gelassenem Selbstbewußtsein aussah, resultierte freilich nur aus ihrer eigenen Unsicherheit und Verwirrung. Lou, die aus Scheu vor der Wiederholung eines Gillot-Erlebnisses in allen Beziehungen nur rationale Komponenten zuließ, konnte ihre Gefühle für Andreas nicht einordnen. Wahrscheinlich also hat Andreas an jenem Abend von ihr verlangt, endlich Stellung zu beziehen – sie wich erneut aus, hielt ihn hin, gab keine Antwort. Impulsiv, wie er war, sah er nur noch diese letzte Möglichkeit, seine Verzweiflung zu demonstrieren. Und tatsächlich rang er ihr damit eine Entscheidung ab: Angesichts des möglichen Todes von Andreas erkannte Lou, wie tief sie ihm verbunden war, und bekannte sich zu ihrer Zuneigung.

Nachdem Louise von Salomé und Fred Charles Andreas (wie er sich damals noch nannte) in St. Petersburg standesamtlich geheiratet hatten, fand die kirchliche Trauung am 20. Juni 1887 in Holland statt – in der gleichen kleinen Kirche in Santpoort, in der Lou von Gillot konfirmiert worden war. Und Gillot war es auch, der die Trauung vornehmen mußte, »mußte, ja mußte« (*Eintragungen* S. 65). Gillots Anwesenheit als Priester war für sie die unabdingbare Voraussetzung, um sich überhaupt trauen zu lassen. Aber Gillot wollte die Frau, die er selbst einmal zu heiraten beabsichtigt hatte, nicht einem anderen Mann antrauen. Trotz seiner schroffen Ablehnung ließ Lou nicht locker, griff bedenkenlos zu einer Lüge: Sie teilte ihm mit, daß sie dann eben in St. Petersburg eine große Familienhochzeit feiern müsse – somit wäre er zur Trauung verpflichtet gewesen, weil er Lou konfirmiert hatte. Diese Vorstellung schreckte Gillot dann doch derart, daß er der Trauung in Holland zustimmte. Doch sollte er ihr dies nie verzeihen. Sofort nach der Zeremonie reiste er wieder ab. In ihrer entwaffnenden und ausschließlich an ihren eigenen Bedürfnissen orientierten Art, mit der sie nur allzuoft ihre Mitmenschen verletzte, bezeichnete Lou ihren Wunsch, von Gillot getraut zu werden, als »Redlichkeitszwang« und »Treue«. Erst im Alter verstand sie auch Gillots Empfinden und begriff, daß es ihm »fremd, unverständlich und als Überheblichkeit« erscheinen mußte. Und nicht ohne Selbstkritik stellte sie fest: »er wurde lediglich mißbraucht« (*Eintragungen* S. 66 f.).

Nach ihrer Heirat zog Lou zu Andreas in dessen kleine Junggesellenwohnung nach Tempelhof. Bald darauf fanden sie in diesem Berliner Stadtteil, der damals noch Vorort war, in der Albrechtstraße ein geräumiges, aber verfallendes Haus mit großer Terrasse und Garten. Die hohen Räume des Hauses, im dem sie billig zur Miete wohnten, erinnerten Lou an die Petersburger Wohnung ihrer Eltern. Das Ehepaar lebte bescheiden, und Lou paßte sich bereitwillig dem Lebensstil ihres Mannes an: schlichte, bequeme Kleidung (Lou schnürte sich nicht und hatte eine wachsende Vorliebe für weite, sackartige Kleider), einfaches, häufig vegetarisches Essen und weite Spaziergänge in zügigem Tempo. Da sie nun auch einen Garten besaßen, übernahm sie begeistert Andreas' Gewohnheit, jeden Morgen – auch im Winter – im Tau barfuß zu gehen. Eine tiefe Übereinstimmung empfanden Lou und Andreas in ihrem Verhältnis zur Natur, im speziellen zur Tierwelt. Und sobald es die räumlichen Verhältnisse erlaubten, hatten sie immer einen Hund an ihrer Seite.

Ein solches Leben am Stadtrand, abseits des Trubels der Metropole, mit der sie nur der Kremser, ein großer, von Pferden gezogener Wagen, verband, führten damals viele Intellektuelle. An diese Kreise in Erkner und Friedrichshagen fanden Lou und ihr Mann schnell Anschluß – der literarisch interessierte Andreas hatte hier schon vor seiner Heirat Kontakte gepflegt. Während Lou im Zusammenleben mit Paul Rée die Boheme gemieden hatte, tauchte sie nun in die literarische Szene ein. Zwar bekannte sie freimütig: »Mich hatte Literatur als solche noch nicht interessiert [...], ich war ›ungebildet‹ in ihr« (LRB S. 97), aber nun nahm sie regen Anteil an der Bewegung des Naturalismus, die damals ihre ersten literarischen Höhepunkte erreichte. Lou ging es jedoch nicht darum, en vogue zu sein, ihre Anteilnahme war sehr persönlich: Was sie »hier am stärksten berührte, war das Menschliche: es war der frohe Auftrieb, die bewegte Jugend und Zuversicht, der es nichts verschlug, daß die trübseligsten und düstersten Themen sich herausnahmen, den neuen Geist zu predigen« (LRB S. 97).

Die Liste ihrer damaligen Bekannten ist lang, sie umfaßt beinahe alle maßgeblich an Entstehung und Verbreitung des deutschen Naturalismus beteiligten großen Namen: von Maximilian Harden, Otto Brahm und Fritz Mauthner über Julius und Heinrich Hart, Bruno Wille und Wilhelm Bölsche, Richard Dehmel und Max Halbe, Arno Holz und Johannes Schlaf bis hin zum jungen Gerhart Hauptmann und seinem Bruder Carl. Einige aus diesem Kreis blieben Lou Andreas-Salomé auch noch nach der naturalistischen Sturm-und-Drang-Phase freundschaftlich verbunden, so vor allem Fritz Mauthner und Maximilian Harden. Gerhart Hauptmann schätzte Lou sehr, und sie bewunderte den Dichter. Ein erhalten gebliebenes Billett von Hauptmann mit der eindringlichen Bitte: »Liebe und theure Frau, ich muß kommen dürfen« (LRB *S. 225*) zeugt von seiner Hochachtung. Daß sich ihre Bekanntschaft nicht zur Freundschaft vertiefte,[3] mag unter anderem mit Lous großer Sympathie für Hauptmanns erste Frau Marie zusammenhängen, von der er sich 1904 scheiden ließ.

Der Kreis der Naturalisten traf sich meistens bei Familie Bölsche in Friedrichshagen, aber auch das Ehepaar Andreas bekam häufig Besuch. Gelegentlich ging man ins »Schwarze Ferkel«, jenes Literatenlokal, in dem auch August Strindberg verkehrte. Sie wurden Mitglied der »Freien Bühne (für den Entwicklungskampf der Zeit)«, dem von Harden, Brahm und anderen 1889 gegründeten Verein, der in geschlossenen Mitgliederversammlungen naturalistische Dramen aufführte. So wurde die Zensur umgangen, die bei öffentlichen Aufführungen unweigerlich eingegriffen hätte. Das Sprachrohr des Vereins war die gleichnamige Zeitschrift, in der Lou zahlreiche Aufsätze veröffentlichte.

Lou begann, sich intensiv mit der modernen Literatur auseinanderzusetzen, und schon bald erschienen ihre ersten Rezensionen. Andreas hatte an dieser Entwicklung keinen unwesentlichen Anteil, er unterstützte die Interessen seiner Frau, wo er nur konnte – nicht unähnlich einem stolzen Vater, der das Talent seiner Tochter fördern will. Die Werke Henrik Ibsens, des Wegbereiters des deutschen naturalistischen Dramas, hatte er ihr – vorlesend – ins Deutsche übertragen, noch bevor Übersetzungen vorlagen. Lou widmete ihm deshalb ihr Buch über *Henrik Ibsens Frauengestalten*. Auch kümmerte er sich rührend und rührig um Veröffentlichungsmöglichkeiten für Lous Aufsätze, sprach bei Redakteuren und Verlegern vor, freute sich sehr, wenn ihre Arbeiten angenommen wurden und las Korrektur.

In diesen Jahren (1890-1895) schrieb Lou zahlreiche Literaturrezensionen und Theaterkritiken. Doch sie griff auch alte Themen wieder auf: Sie veröffentlichte ihre Nietzsche-Studien und widmete sich religionsphilosophischen Arbeiten. Die Überlegungen in diesen Essays greifen hauptsächlich auf eigenes Erleben zurück, was besonders im Aufsatz *Gottesschöpfung* deutlich wird. In den folgenden Arbeiten neigt Lou dann zwar zu größerer Distanz und Abstraktion, aber ob sie nun ihren Blick auf den Islam, den Buddhismus, das Judentum, auf altarabische Religion oder die spezifisch russische Frömmigkeit richtet - es lassen sich fast immer die gleichen Strukturen und Grundaussagen herauslesen. Den religiösen Prozeß analysiert sie dreistufig: Zuerst erfolgt »die ursprüngliche Gottesbildung«, nämlich Gott als das »Phantasieprodukt des Menschen, geschaffen aus seinen Ängsten und nach seinen Bedürfnissen«; auf diese Phase folgt die »Gottesentfremdung«, ausgelöst durch erwachende Verstandestätigkeit bzw. durch den entstehenden Rationalismus bedingt durch den zivilisatorisch-kulturellen Entwicklungsprozeß der Völker; schließlich ist eine spätere Wiederbelebung religiöser Empfindungen möglich, bei der die ursprüngliche Spontaneität und Intensität aber nicht mehr erreicht werden kann. Es kommt zwangsläufig zu einer Art Religionsersatz, denn es handelt sich hierbei um eine »religiöse Hingebung, die an die Stelle des alten Glaubens getreten ist« (*Gottesschöpfung* S. 176 ff.). Die anfänglich vorrangige Frage nach Ursachen und Folgen des Gottesverlustes tritt in späteren Aufsätzen zugunsten einer Beschreibung und Beurteilung der grundsätzlichen Bedeutung von Religiosität für den Menschen in den Hintergrund. Dabei kommt sie immer deutlicher zu dem Schluß, daß die Glaubensbereitschaft des Menschen mit einem geradezu instinktiven Schaffensdrang identisch ist. Sie hält die Religiosität – ihrem Entstehungscharakter nach – für einen Grundaffekt des Menschen, in dem alle Triebe (künstlerische, geistige, moralische etc.) noch ungeteilt auf ein einheitliches Ziel ausgerichtet sind. Erst im weiteren Verlauf anthropologischer Entwicklung spalten sie sich auf und vereinzeln und spezialisieren sich. Zehn Jahre später wird sie denselben Sachverhalt bei einem weiteren menschlichen Urinstinkt auffinden: der »Erotik«.

Neben ihrem alten Spezialgebiet, der Religionsphilosophie, wandte sich Lou immer mehr der Literatur zu. So fand ihre Kenntnis des norwegischen Dramatikers Niederschlag in ihrem 1892 erschienenen Buch *Henrik Ibsens Frauengestalten*, in dem sie sechs Dramen sehr eigenwillig und reizvoll interpretiert. Sie stellt ihren Deutungen ein Märchen voran: An einer Wildente, die in einer Dachkammer gefangen ist, werden sechs verschiedene Variationen ihres Lebens in Gefangenschaft vorgeführt. Diese Verhaltensweisen sind in Analogie gesetzt zum Verhalten der Frauen in Ibsens Dramen. Bei den Einzelinterpretationen konzentriert sie sich auf die psychischen Vorgänge der Protagonistinnen, sie erstellt geradezu ein »Psychogramm von Ibsens Frauengestalten«[4]. Nicht umsonst gab Bölsche seiner Rezension dieses Buches den bezeichnenden Titel *Sechs Kapitel Psychologie nach Ibsen*. Lou bewies hier neben dem psychologischen auch großes literarisches Verständnis – jenseits aller philologischen Wissenschaftlichkeit. Ihre Interpretation erhält durch den ungewöhnlichen Ansatz und die Märchenhaftigkeit der Sprache den Charakter eines eigenständigen literarischen Werks.[5] An Ibsens Dichtung arbeitete Lou einen Grundgedanken heraus, der auch ihren eigenen Lebensanspruch verdeutlicht, den Gedanken nämlich, »daß alle Gebundenheit, alle Schranke und Verpflichtung die Kraft entnervt und schwächt, wenn sie die freie Entwicklung hindert, – daß aber auch alles Freiheitsstreben zu Siechtum und Verkümmerung führt, wenn es bei der bloßen Verneinung stehen bleibt und keinen neuen

Pflichtenkreis und keine freiwillige Verantwortlichkeit aus sich gewinnt. ›Freiwillig – und unter eigener Verantwortung!‹« (*Henrik Ibsens Frauengestalten* S. 139). Ein Anspruch, den Lou Andreas-Salomé für sich selbst kurze Zeit später nur unter schweren Kämpfen durchzusetzen vermochte.

Zu dem Zirkel um Wilhelm Bölsche und die Berliner Naturalisten gehörte auch ein Mann, der für Lou eine Bedeutung erlangen sollte, die über das freundschaftliche Gefühl, das sie mit den anderen des Kreises verband, weit hinausreichte: Georg Ledebour (siehe Anhang). Sie lernte ihn, der ihr und Andreas von Anfang an »besonders auffiel und gefiel« (LRB S. 207), vermutlich im Laufe des Jahres 1891 in Friedrichshagen kennen. Bei ihrer ersten Begegnung reagierte Ledebour allerdings recht unwirsch: Nachdem sie einander vorgestellt waren, bemerkte Lou, daß er sehr auffällig ihre Hände fixierte. Als sie ihn deswegen ansprechen wollte, kam er ihr in ungehaltenem Ton mit der Frage zuvor, warum sie denn keinen Ehering trage. Sie erzählte ihm lachend, daß sie und Andreas anfänglich vergessen hatten, Ringe zu besorgen, und es später nicht mehr für nötig hielten. »Das muß man aber!« (LRB S. 208), war seine heftige Reaktion auf ihre heitere Erklärung. Und obwohl er vorher gutgelaunt gewesen war, blieb er für den Rest des Abends mißgestimmt. Trotz dieses etwas gespannten Beginns ihrer Bekanntschaft trafen sie sich nun häufig in größerem Kreis: auf Einladung Bölsches in Friedrichshagen oder auch beim Ehepaar Andreas in Tempelhof. Sogar eine gemeinsame Reise mit Bölsche und Ledebour war 1892 geplant gewesen, an der sich Lou und Andreas aber dann nicht beteiligen konnten, weil sie ihren Umzug nach Berlin-Schmargendorf vorbereiten mußten.

Das Datum der Begegnung, seit der sich Lou und Georg Ledebour näherkamen, läßt sich nicht genau festlegen, denn die erhaltenen Dokumente, die über dieses Verhältnis berichten, sind spärlich und meist undatiert. Der wahrscheinlichste Zeitpunkt ist Weihnachten 1891. Vielleicht hat ihr Ledebour bereits auf dem Weihnachtsspaziergang jene Liebeserklärung gemacht, die Lou so sehr aus dem Gleichgewicht brachte und die er einleitete mit den Worten: »Sie sind keine Frau, Sie sind ein Mädchen.« Diese Worte, die ihn »gleichsam entschuldigen« sollten, »dieses unvorstellbare Wissen« (LRB S. 208) erschreckte und schockierte Lou – gab Ledebour doch damit seiner Ahnung Ausdruck, daß sie die Ehe mit Andreas nie vollzogen hatte. Geraume Zeit später wurde er noch deutlicher und erklärte – nicht ganz selbstlos – der damals bereits über 30jährigen: »Du sprichst ja wie der Blinde von der Farbe, wenn Du darüber spekulierst, welche Wirkung die Betätigung der Leidenschaft auf Dein Liebesempfinden ausüben würde. Du hast ja noch niemals eine Erfahrung gewonnen, die Dir zu einem Urteil einen Anwalt gäbe und deshalb ist Dir dringend zu wünschen, daß Du so bald als möglich von dem Baume der Erkenntnis issest.«[6] Eine aufschlußreiche Briefpassage, nicht zuletzt deshalb, weil sie viele Spekulationen über frühere sexuelle Beziehungen Lous weitestgehend entkräftet.

Im Alter gelangte Lou zur Einsicht, der ursprüngliche Schreck über die »Mitwisserschaft« Ledebours habe verhindert, daß auch sie sich über ihre Gefühle für ihn klargeworden wäre, und sie formulierte vorsichtig: »Es ist nicht unmöglich, daß in mir selber Gefühle ihm entgegenkamen.« (LRB S. 208). Die im Nachlaß erhaltenen Tagebuchaufzeichnungen deuten jedoch auf eine intensive emotionale Bindung auch von ihrer Seite.

Die Beziehung seiner Frau zu dem Politiker konnte Friedrich Carl Andreas nicht verborgen bleiben. Er litt furchtbar unter dieser Situation, obwohl er sich – zumindest anfänglich – bemühte, seine Eifersucht unter Kontrolle zu halten. So nahm er gemeinsam mit Lou eine Einladung zu Bölsches an, auch auf die Gefahr hin, Ledebour dort zu treffen, der vom gemeinsamen Freund zum Rivalen geworden war. Bei dieser Begegnung, die in die Zeit des Umzugs von Tempelhof nach Schmargendorf fiel – Mitte Oktober 1892 –, kam es dann zu einer dramatischen Zuspitzung der Situation. Lou hatte Ledebour gegenüber bisher ihren Mann als in gewisser Weise krank geschildert: Man müsse ihn schonen und mit Rücksicht behandeln. Eine andere Möglichkeit sah sie wohl nicht, einem Außenstehenden diese besondere Ehe zu erklären. Bei der Begegnung im Hause Bölsche gelangte Ledebour, der locker und gesprächig zu der dort versammelten Runde stieß, nun zu einer ganz anderen Einschätzung. Denn Andreas hatte sich gründlich in sich selbst getäuscht, als er glaubte, die Anwesenheit des Rivalen ertragen zu können. Während des gemeinsamen Abendessens wurde er zusehends blaß, wortkarg und unruhig; sein Blick wurde drohend und hilflos zugleich. Lou, die diese Symptome zu deuten wußte, war in höchster Beunruhigung wegen der sich auf dem Tisch befindenden Messer. Sie wandte sich ganz ihrem Mann zu und versuchte angestrengt, ihn zu beruhigen. Aber die Anspannung, unter der Andreas stand, übertrug sich auf alle Anwesenden. Auch Ledebours Verhalten, der die Zusammenhänge nun begriff, veränderte sich; er wurde kalt und abweisend. Verachtung für Andreas lag in seinem Blick. Lou wußte nun, daß Ledebour ihre Beziehung zu Andreas nie mehr mit ihren Augen würde sehen können. Das Dreiecksverhältnis gestaltete sich seit diesem Abend noch komplizierter, noch kräftezehrender. Ledebour warf Andreas schwächliche Selbstsucht vor, weil er nicht die Größe habe, seine Frau freizugeben. Die Beziehung von Lou und Andreas empfand er als Scheinehe und sah darin ein einziges Martyrium für Lou, das sie nur aus falschem Mitleid auf sich nehme. Wiederholt verlangte er eine Aussprache mit Andreas. Lou sperrte sich nachdrücklich gegen ein solches Zusammentreffen, weil sie wußte, daß Andreas »den Andern nur niederstechen, nicht aber sprechen wollte« (LRB S. 209). Andreas war tatsächlich außer sich. Er raste vor Eifersucht und weinte häufig, hilflos wie ein Kind, vor Verzweiflung. Es kam zu leidenschaftlichen Szenen zwischen den Eheleuten. Lous wiederholten, verzweifelten Wunsch nach Trennung schlug er konsequent aus. Sie fühlte sich ihm gegenüber nicht frei von Schuld, sie hatte Mitleid mit ihm, und es erschütterte sie, ihn so leiden zu sehen. Aber sie konnte und wollte auch ihre Beziehung zu Ledebour nicht abbrechen, die so ganz andersgeartet war, die ihr Kraft und Schutz gab. Die Ausweglosigkeit der Situation und ihre existentiellen Kämpfe brachten Lou und Andreas an ihre psychischen und physischen Grenzen. In ihrer Hoffnungslosigkeit sahen sie schließlich eine Lösung des Konflikts nur noch im gemeinsamen Selbstmord: »Zwei Menschen wurden voll dergleichen Ratlosigkeit und Verzweiflung.« (LRB S. 203). Lediglich das Veto Ledebours, dem Lou versprochen hatte, nichts ohne seine Zustimmung zu unternehmen, verhinderte diesen Schritt.

War Ledebour für Lou anfänglich noch eine Stütze und Hilfe gewesen, hatte sie selbst aus einem kurzen Zusammensein mit ihm noch neue Kraft und Energien geschöpft, so wurde sie im Laufe der Zeit zunehmend apathisch. Hin- und hergerissen zwischen den beiden Männern, magerte sie ab und war nervlich am Ende.

Die Situation entspannte sich ein wenig, als Ledebour im Mai 1893 wegen Majestätsbeleidigung nach Plötzensee ins Gefängnis mußte. Lou, die wieder Atem schöpfte, wollte auch Andreas Ruhe und Raum geben, sich über die Grenzen und Abgründe ihrer Ehe klarzuwerden. Sie bot ihm deshalb an, Ledebour ein Jahr lang nicht zu sehen – setzte aber gleichzeitig hinzu, daß dies der Intensität ihrer Beziehung zu ihm keinen Abbruch tun würde. Andreas antwortete ihr in erschütternder Konsequenz: »Ich kann nicht aufhören zu wissen, daß Du meine Frau bist.« (LRB S. 210).

Nachdem sich Lou mit Ledebour gegen Ende des Jahres doch noch dreimal getroffen hatte, beugte sie sich schließlich Andreas' Willen, den Rivalen überhaupt nicht mehr zu sehen. Aber nicht nur Resignation nach zweijährigem Kampf ließ sie der Forderung ihres Mannes nachgeben, sie akzeptierte schließlich ihr Schicksal, das sie in dieses schwierige Verhältnis zu Andreas gestellt hatte. Dabei spielte die Tatsache, daß sie im bürokratischen und kirchlichen Sinne »verheiratet« waren, überhaupt keine Rolle: »Denn wie gering wäre mir die Gebundenheit an Sakrament oder Menschensatzung erschienen im Vergleich zu dem Unlöslichen, das durch meines Mannes Sein und Wesen jede Lösung ausgeschlossen hatte.« (LRB S. 208). Am 23. Februar 1894 besuchte sie Ledebour zum letzten Mal. Vier Tage später verließ sie Berlin und fuhr für ein halbes Jahr – ohne Begleitung – nach Paris.

Georg Ledebour brach, ebenso wie damals Paul Rée, alle Verbindungen zu Lou Andreas-Salomé ab. Seine Liebe schlug um in Haß, auf den sie noch über zwanzig Jahre später stoßen sollte. Als sie sich nämlich an Ledebour, den Reichstagsabgeordneten, wandte und ihn in Sorge um ihre Verwandten in Rußland brieflich um Auskunft und Hilfe bat, kam der Brief ungeöffnet zurück: »Annahme verweigert.« (LRB S. 209).

Obwohl Lou die Beziehung zu Ledebour nicht hatte ausleben können und wollen, war die Erfahrung der Liebe dieses Mannes für sie ein entscheidendes Erlebnis. Anders als die Liebe von Andreas hatte diese Beziehung nichts Zwingendes, Übermächtiges und Abgründiges, sondern war klar, offen und realitätsbezogen. Zwar hatte Lou erkannt, daß sie den Zwängen ihrer Ehe nicht entgehen konnte, aber ihre Beziehung zu Andreas war durch die Begegnung mit Ledebour und ihre schmerzhafte Trennung bis in die Grundfesten erschüttert. Die Folge war die Erkenntnis, daß diese Beziehung in ihrer bisherigen Konzeption nicht mehr lebbar war. Da aber »von einer Scheidung nach außen [...] auch jetzt keine Rede sein« (LRB S. 209) konnte, mußten innerhalb der Ehe die Schranken aufgehoben werden: »Nach Monaten schmerzvoller Gemeinsamkeit und dazwischen hinlaufenden Trennungen, die das Alleinsein zu zweien vermeiden halfen, war der neue Standpunkt festgelegt. Nach außen hin veränderte sich nichts; nach innen zu alles. In all den Jahren erfolgten viele Reisen.« (LRB S. 210).

Die Frauen

In diesen Jahren, zu Anfang der letzten Dekade des alten Jahrhunderts, holte Lou Andreas-Salomé in ihrer persönlichen Entwicklung viel nach, was sie vorher aus ihrem Erfahrungsbereich ausgeklammert hatte. Nicht nur in ihrem Verhältnis zu Männern änderte sich einiges, sondern auch in ihrer Beziehung zu Frauen. Ende 1891 oder Anfang 1892 hatte sie bei einer Bekannten eines Tages eine Frau getroffen, von der sie sehr beeindruckt war: »Sehr groß, energischen Ganges und sehr aufrechter Haltung hatte ihre Gestalt etwas Imponierendes. Ihr festgefügtes, kluges Gesicht mit dem kräftigen Kinn, mit den strahlenden Augen und dem feinen Mund, von einer Flut schwarzen, lockigen Haares umgeben, erweckte den Eindruck des Bedeutenden [...]. Der flüchtige Begegner konnte vielleicht von einer ›tadellosen gesellschaftlichen Maske‹ reden, von welterfahrener Art. Wer aber nur eine kleine Zeit sie sich bewegen sah und sprechen hörte, mußte etwas fühlen von der starken und originellen Ausprägung ihrer Persönlichkeit.«[7] Lou – mit ihrem sicheren Gefühl für außergewöhnliche Menschen – wollte diese Frau, die ihr als Frieda Freiin von Bülow (siehe Anhang) vorgestellt worden war, näher kennenlernen.

Aus einem der ersten erhaltenen Briefe Frieda von Bülows an Lou Andreas-Salomé geht hervor, daß die Initiative zur Vertiefung der Bekanntschaft hauptsächlich von Lou ausgegangen war. Frieda äußerte sich in diesem Brief (vom 26. 2. 1892) generell skeptisch über Freundschaften zwischen Menschen gleichen Geschlechts: Da dort gewisse Grenzen fehlten, könne man sich um so schneller aneinander reiben und gegenseitig verletzen. Mit Ausnahme ihrer Schwester Margarete hatte sie bisher noch mit keiner Frau in enger freundschaftlicher Beziehung gestanden. Sie glaubte zu einer Frau nie das gleiche kameradschaftliche Gefühl haben zu können wie im Umgang mit befreundeten Männern (obwohl da wiederum die Gefahr einer – meist einseitigen – Leidenschaft bestünde), eine Spur von Befangenheit und Unbehagen würde immer bleiben. Bei Lou aber, so schreibt sie, hatte sie von Anfang an das Gefühl, einem wahrhaftigen Menschen in die Augen zu sehen, der keine Halbherzigkeiten und Ungenauigkeiten dulde und die Fähigkeit besitze, andere Menschen zu durchschauen. Frieda von Bülow bemerkt, die Tiefgründigkeit und Geradlinigkeit, die sie in Lous Charakter erkannte, habe sie von Anfang an gezwungen, ihr gegenüber in jeder Hinsicht aufrichtig zu sein. In Lou war ihr eine Frau begegnet, mit der sie sich eine fruchtbare Freundschaft vorstellen konnte und auf deren Angebot, einen ernsthaften Briefwechsel zu führen, sie gerne einging. Friedas erste Briefe an Lou, in denen sie sie noch siezt, vermitteln den Eindruck, daß beide Frauen ihre Begegnung als schicksalhaft empfanden. Das war kein zufälliges Kennenlernen, aus dem sich dann vielleicht ein intensiverer Kontakt ergeben mochte, vielmehr sind beide diese Beziehung ganz bewußt und konzentriert eingegangen.

In Charakter und Ausstrahlung waren beide Frauen sehr verschieden. Und wahrscheinlich kam es nicht von ungefähr, daß die Frau, für die Lou zum ersten Mal in ihrem Leben reges Interesse zeigte, gewisse maskuline Züge besaß, einen »männlich starken Willen und Lebenstrieb« (LRB S. 105). Frieda, die Lous innere Stärke, ihre urwüchsige Kraft und seelische Gesundheit bewunderte, empfand sich selbst als das genaue Gegenteil. Seitdem ihre über alles geliebte Schwester gestorben war, fühlte sie sich müde und nervenschwach. Neue Schicksalsschläge – der Tod ihrer beiden Brüder und die Enttäuschungen ihrer Liebesbeziehung zu Carl Peters – versetzten sie zusätzlich immer wieder in fieberhafte, fast panische Erregungszustände. Ihr enormer Tatendrang ist als eine Art Gegengewicht zu sehen zu den Depressionen, in die sie immer wieder verfiel.

Was die beiden Frauen neben der Anziehung des Gegensätzlichen an Gleichem seelisch verband, dürften zu Beginn vor allem auch die Probleme und emotionalen Nöte in ihren jeweiligen Liebesbeziehungen gewesen sein. An den Wechselbädern von Friedas an Masochismus grenzender Liebe zu dem despotischen Frauenhelden Carl Peters nahm Lou dauerhaften Anteil. Immer wieder setzte sie sich in ihren Briefen, und sicher auch in ihren Gesprächen, ausführlich damit auseinander, analysierte das Verhältnis und dessen Bedeutung für die Freundin, die das verletzende und erniedrigende Verhalten von Peters magisch anzog. Lou riet ihr eindringlich, wenn sie sich schon nicht davon befreien könne, auch Enttäuschungen zu akzeptieren und Rückfälle als Herausforderungen zu begreifen. Auch Lou war im ersten Jahr ihrer Freundschaft seelisch stark erschüttert. Sie war tief in ihre Beziehung zu Georg Ledebour verstrickt, und die Spannungen in ihrer Ehe zehrten enorm an ihren Kräften. Mit Sicherheit war Frieda diejenige Person, die am genauesten Bescheid wußte über dieses Dreiecksverhältnis. Sie selbst spielte darin auch eine kleine Rolle, als sie Ledebour einmal einen – wie er es in einem Brief an Lou schilderte: sehr schüchternen – Besuch abstattete. Sie hatte ihm eine Nachricht von Lou zu überbringen, die nicht kommen konnte oder nicht kommen wollte. Die Ledebour betreffenden Briefe von und an Frieda von Bülow hat Lou Andreas-Salomé alle vernichtet.

Der Briefwechsel der beiden Frauen – aus den ersten Jahren existieren nur noch Briefe von Frieda – zeugt von Anfang an von einer intensiven Auseinandersetzung. Warm und herzlich im Ton, sind diese Briefe von großer Offenheit und Rückhaltlosigkeit, voller Anteilnahme und Liebe, voller Humor und Originalität. Lous Briefe an Frieda sind wohl die intimsten, die es von ihr gibt. Die erhalten gebliebene Korrespondenz macht mit Sicherheit nur einen geringen Teil des gesamten Briefwechsels aus, denn die beiden Freundinnen schrieben sich viel, schließlich lebten sie – beide häufig unterwegs – nur selten am selben Ort.

Frieda von Bülow reiste im Juni 1893 nach dem Tod ihrer Brüder nochmals für ein knappes Jahr nach Deutsch-Ostafrika, um die Liegenschaften Albrechts zu verwalten (von hier aus schickte sie Lou sogar Auszüge aus ihrem Tagebuch, um der Freundin einen Eindruck von ihrem Leben in der Kolonie zu vermitteln). Und selbst wenn Frieda in Deutschland war, lebte sie meist nur drei bis vier Monate im Jahr in Berlin. Im Oktober 1892 war das Ehepaar Andreas von Tempelhof nach Schmargendorf an den Rand des Grunewalds gezogen und hatte in der Heiligendammer Straße eine kleine Wohnung gemietet. Wenn die beiden reiselustigen Freundinnen gleichzeitig in Berlin waren, so besuchten sie sich häufig – meist zu Fuß »weit quer über die Felder« (LRB S. 109), wie es damals noch möglich war, und oft mit der Zahnbürste in der Tasche, um für eine Übernachtung gerüstet zu sein, falls man sich wieder einmal zu lange unterhalten hatte. In den ersten Jahren reisten sie auch viel zusammen: Als Frieda im Mai 1894 aus Ostafrika zurückkehrte, machte sie zunächst Station in Paris, wo Lou gerade ihre schwer errungene Freiheit genoß. Sie begleitete Lou 1895 auch nach St. Petersburg zu ihrer Familie und befreundete sich mit Lous jüngstem Bruder Eugène. Anschließend reisten die Freundinnen nach Wien und München; 1897 war Frieda auch in der Sommerfrische in Wolfratshausen dabei.

Beide Frauen führten ein für ihre Zeit sehr freies Leben: Sie waren anerkannte Schriftstellerinnen und in finanzieller Hinsicht eigenständig, und beide waren starke, intellektuell ausgerichtete Persönlichkeiten – weswegen es auch des öfteren zu Grundsatzdiskussionen zwischen ihnen kam. Aber solche Auseinandersetzungen belasteten ihre Freundschaft nicht, sie bereicherten sie eher – jedenfalls empfand Lou es so: »Mit Frieda lebte ich in fruchtbaren Debatten infolge unserer Verschiedenheit, die ich jedoch dankbarer vertrug als sie, die uns unabdingbar gleich haben wollte.« (LRB S. 110). Eine dieser »fruchtbaren Debatten« fand sogar den Weg in die Öffentlichkeit: In ihrem 1899 in der *Zukunft* erschienen Essay *Männerurtheil über Frauendichtung* beklagte sich Frieda von Bülow, daß männliche Kritiker die Attribute »fraulich« oder »weiblich« immer als Synonyme für schlecht und oberflächlich verwendeten und Dichtungen von weiblichen Autoren nur gelten ließen, wenn sie sich stark an männlichen Vorbildern orientierten. Frieda, die auch in ihren Romanen und Erzählungen aus verschiedenen Blickwinkeln zu Fragen der Frauenemanzipation Stellung nahm, war der Meinung, daß die literarischen Produkte von Frauen als Dokumente ihrer weiblichen Eigenart gewürdigt werden müßten und nicht männlichen Maßstäben unterworfen werden dürften. Dieser Auffassung ihrer Freundin trat Lou Andreas-Salomé mit Nachdruck entgegen in ihrem ebenfalls in der *Zukunft* erschienenen Aufsatz mit dem provokanten Titel *Ketzereien gegen die moderne Frau*. Sie wies darauf hin, daß in Friedas Artikel »eine Verwechslung zwischen den Begriffen von Kunst und Berichterstattung vorliegt«. Lou bemerkte, daß die Produkte weiblicher Federn, die im Zuge und zum Zwecke der Emanzipation entstehen, zwar als Stationen auf dem Weg der Selbstfindung und eigenen Standortbestimmung ihre Berechtigung haben, daß sie dadurch aber nicht den Rang eines literarischen Kunstwerks beanspruchen könnten: »Denn alle ›Dokumente‹, die sie [die Frauen] jetzt über sich selbst vom Stapel lassen und die mit einigermaßen unkluger Plauderhaftigkeit recht interessante Berichte über das Weib erstatten, sind schon diesen innersten Motiven nach unkünstlerisch.« Lou spricht sich aus gegen die »vehemente Art der heutigen Frau, sich auch schriftstellerisch mit Ellenbogenstößen auf den Kampfplatz zu schieben. Sie verbraucht dadurch jetzt so viel, so entsetzlich viel von ihrer intimsten Kraft zu ihren Wesens-Wiederholungen auf Papier.« Das heißt aber nicht, daß hier eine Frau, die selbst als Schriftstellerin einen Namen hatte, ihren Geschlechtsgenossinnen das Schreiben ausreden will – Frauen können durchaus zur Feder greifen, »wie sie überhaupt Alles thun mögen, wozu es sie treibt«, wie Lou Andreas-Salomé meint. »Nur so entsetzlich ernsthaft und wichtig sollen sie es nicht nehmen. Sie sollen ihre literarische Tätigkeit als das Accessorische, nicht als das Wesentliche ihrer weiblichen Auslebung betrachten« (*Ketzereien gegen die moderne Frau*, S. 237 ff.). Eine eigenwillige, aber bezeichnende These für ihr Frauenbild, die nur scheinbar in Widerspruch zu ihrer eigenen schriftstellerischen Tätigkeit steht:

Schreiben war für Lou Andreas-Salomé immer ein »Privatvergnügen« (von der Zweckbestimmtheit ihres ersten Buches *Im Kampf um Gott* einmal abgesehen), veröffentlicht hat sie ihre Romane und Novellen hauptsächlich aus pekuniären Gründen. Man kann ihr durchaus Glauben schenken, wenn sie sagt: »In einem Banksafe bewahrte ich meine Manuskript-Bibliothek auf und entnahm ihr aus dem ›unedelsten‹ Motiv, nämlich aus schmählichen Geldgründen – und oft wie ungern! – ein verkäufliches Stück.« (LRB S. 172). Es waren hauptsächlich die theoretischen Arbeiten – Essays, Kritiken, Rezensionen etc. –, die ihr ihre Existenzgrundlage und die finanzielle Unabhängigkeit von ihrem Mann sicherten.

Die Freundschaft von Frieda von Bülow und Lou Andreas-Salomé währte siebzehn Jahre, bis zum Tode Friedas, und ihrer Intensität tat auch räumliche Distanz keinen Abbruch. Als Lou bereits in Göttingen lebte und sie sich nicht mehr so häufig sehen konnten, notierte sie nach einem Treffen am 9. Oktober 1904 in ihrem Tagebuch: »Und raffte in den paar Stunden bei F. im herbstbunten Lankwitz alles zusammen, was wir uns sonst in Wochen und Monaten gaben. F. kam noch mit zum Bahnhof. Es war schön.« Auch für Frieda war die Beziehung zu Lou von großer Bedeutung, sie hat »diese Freundschaft und den Menschen, der sie gab, gerne den ›Sonntag‹ ihres Lebens genannt«[8].

Im Frühjahr 1907 machte sich bei der 50jährigen Frieda eine Unterleibserkrankung bemerkbar. Im September des gleichen Jahres mußte sie sich einer schweren Operation unterziehen, bei der ein Tumor entfernt wurde. Es hatten sich aber bereits Metastasen gebildet, und Anfang 1908 wurde sie todkrank in die Universitätsklinik Jena eingeliefert. Im Anhang zum *Lebensrückblick (S. 260ff.)* hat Ernst Pfeiffer zwei der zahlreichen Briefe veröffentlicht, die Lou ihrer sterbenden Freundin geschrieben hat – Dokumente einer großen Freundschaft. Und Ausdruck einer großen Persönlichkeit, denn wenn Lou Andreas-Salomé der Todkranken Mut und Trost zuspricht, so ist das kein weinerliches Jammern, keine wehleidige Hilflosigkeit gegenüber der

Sterbenden und kein Selbstmitleid über den bevorstehenden Verlust. Hier vielmehr wird fast wissenschaftlich zergliedert und erörtert, es wird im Geiste Spinozas philosophiert, wie sich Körper und Geist, Leben und Tod zueinander verhalten. Lou berichtet der Freundin brieflich auch von ihren Physik- und Chemiestudien und von ihren Reflexionen dazu, die sie gerne mit ihr besprochen hätte: »Besonders die hochmerkwürdige Gewißheit, bis zu welchem Grade der Prozeß den wir Leben nennen, ein Todesprozeß ist, und umgekehrt auch, beide ganz dasselbe im Wesen.« Mit solchen Gedanken sucht sie der Sterbenden Mut zuzusprechen: »keine Angst aufkommen lassen, sondern sich zusammenreißen zum siegenden Glauben, daß solche Krankheiten Geburten sind. Sie sind das Schwerste was man erleben kann.« Und neben dem Bemühen, der Todkranken durch gedankliche Durchdringung des Phänomens der Vergänglichkeit zu helfen, klingt auch noch einmal die ganze Wärme und Tiefe ihres Gefühls für die Freundin durch: »Dies ›Gefangensein‹ [im Körperlichen] ist es, was Du jetzt durch Krankheit so grauenhaft zu fühlen bekommst, und so eng, so eng um Dich wird es gewiß oft und oft, daß mir vor Mit-Angst und -Schmerz der Schweiß manchmal ausbricht. Halten möcht ich Dich! Ausgehalten werden muß es, wir mögen thun was wir wollen! Was über Dir ist, mein über alles Liebes, Geliebtes, verlangt danach, Du selbst bist es, die daraus hervorgeht, Wehen sind es, – aber nichts Grausames, Unedles erlegt sie Dir auf, wie alte Träume Dich manchmal das ahnen ließen, sondern das Leben, das unendliche, will es so, des Lebens ›stirb und werde!‹, darin wir alle eins sind, – Ein hinaufstrebender Mensch! Ich kann nicht mehr schreiben, ich bin ja so ganz, ganz mit Dir.«

Lou äußerte sich der Freundin gegenüber rational-philosophisch, zuversichtlich und souverän – wie tief sie aber die Krankheit und der Tod Frieda von Bülows traf, zeigt folgende Tagebucheintragung: »Gleich darauf die fürchterliche Nachricht von Frieda's Todkrankheit. Sie hatte, ehe jemand den Ernst der Sache ahnte, meinen Besuch aufgeschoben, bis sie wieder in

Dornburg sei; nun keine Möglichkeit, sich, zwischen Schmerzen und Morphiumrausch, zu sehen, zu sprechen. Hin und wieder ein Bleistiftzettelchen von ihr; ich schreibe oft, viel, auf diese Weise ohne Anfrage doch etwas von ihrem Befinden zu erfahren. Und was schreibt man! Es ist, als kniete man neben ihr, sie fest in den Armen haltend, – manchmal noch scherzend beinah, weil sie noch scherzt, – und öfter noch mit diesem zitternden Versuch, dem Ernst seine tödliche Schwere zu nehmen, – es muß ja möglich sein! möglich sein, daß zwei Menschen, die sich nahe sind, sich sehr weit geleiten. Sehr weit, – wohin? Bewundrungswürdig, wie sie zwischendurch Interessen noch hat, nicht nur für Andre, sondern sogar für Allgemeines, keine Spur von Wehleidigkeit. Etwas von der Tapferkeit, mit der Albrecht im Kampf fiel. Wir fallen ja alle im Kampf. – Wir haben uns noch so viel zu sagen. Überströmende Erinnerungen. Ich schreibe nichts mehr davon hierher.« (TB Oktober 1908).

Am 12. März 1909 starb Frieda von Bülow an den Folgen ihrer Krankheit. Ihre Urne wurde auf der Dornburg in Thüringen, ihrem Wohnsitz seit 1907, beigesetzt. Lou, die Frieda in ihren letzten beiden Lebensjahren nicht mehr gesehen hatte, ging auch nicht zu ihrer Beerdigung.

Die zweite Frau, mit der Lou eine lebenslange Freundschaft verband, war in Wesen und Ausstrahlung das genaue Gegenteil Frieda von Bülows und stellte quasi deren Ergänzung dar: Hatte jene einige männliche Charakterzüge, so war diese durch und durch weiblich; war die eine unabhängig, unverheiratet und ruhelos, so war die andere auf ihr häusliches Dasein als Frau und Mutter zentriert – »Helene und Frieda unterschieden sich wie ein brauner Junge von einer blonden Jungfrau«, charakterisierte Lou ihre beiden Freundinnen. Diese »blonde Jungfrau«, mit der Lou »irgendeine verborgen-tiefe Verwandtschaft« (LRB S. 109 f.) verband, war Helene von Klot-Heydenfeldt (1865–1943), eine aus Riga gebürtige Livländerin. Lou lernte sie kennen, als sie sich 1896 mit Frieda in München aufhielt. Wie und durch wen diese Bekanntschaft zustande kam, ist nicht bekannt – wie überhaupt diese Freundschaft durch Briefe oder ähnliches leider kaum dokumentiert ist. Aber die Worte, die Lou im *Lebensrückblick* für Helene findet, und die sie betreffenden Tagebuchnotizen machen deutlich, daß diese ganz andersgeartete Freundschaft an Intensität der zu Frieda von Bülow nicht nachstand.

Als Lou ab Mai 1897 wieder in München war, besuchte sie Helene häufig, und die um vier Jahre Jüngere kam auch für zwei Tage zu Lou, Rilke und Frieda in die Sommerfrische nach Wolfratshausen. Im selben Jahr heiratete Helene den Architekten Otto Klingenberg und zog 1899 mit ihm nach Berlin; bald darauf bekam sie zwei Kinder, Reinhold und Gerda. Durch diese Freundin, die »wie innerlichst vorbestimmt in der Allgewalt der Liebe zu Frau- und Mutter-sein« (LRB S. 110) schien, erlebte Lou, was ihr selbst fehlte: ein glückliches, harmonisches Familienleben. Während der Schwangerschaft Helenes freute sich Lou an ihrer »herrlichen Muttererwartung«, und in ihrer »Sehnsucht nach Helene« (TB 16. und 29. 5. 1903) konnte sie es nach der Geburt kaum erwarten, Mutter und Kind zu sehen. Wenn Lou sich – nach ihrer Übersiedlung nach Göttingen – längere Zeit in Berlin aufhielt, wohnte sie fast immer bei den Klingenbergs. Auch als sie von einer Skandinavienreise zurückkehrte, machte sie wieder kurz Station in Berlin und nutzte die Gelegenheit zu einem Besuch ihrer so unterschiedlichen Freundinnen (die übrigens untereinander keinen eigenständigen Kontakt hatten). Es waren schöne Tage, »heimisch durch Helene und Frieda. [...] ich [saß] bei Helene wie zu Hause, sättigte mich an ihrem Kinderglück und alldem, was nur sie für mich hat.« (TB 9.10.1904). An diesem »Kinderglück«, am Aufwachsen von Reinhold und Gerda Klingenberg nahm Lou regen Anteil, interessierte sie die kindliche Psyche doch ebenso wie die des Erwachsenen. Besondere Aufmerksamkeit verwandte sie auf die Entwicklungsphase der Pubertät. Diese wichtige und schwierige Umbruchszeit hatte sie ja bereits literarisch bearbeitet, zum Beispiel in den Erzählungen des 1902 erschienenen Novellenbandes *Im Zwischenland*, die sie nach dem Wiederfinden ihrer eigenen Kindheit in Rußland geschrieben hatte. Nun entdeckte sie bei den Klingenberg-Kindern auch ihre pädagogischen Ambitionen. Da sie aber damals nicht mehr in Berlin wohnte, schrieb sie an »Bubi« und »Schnuppi«, wie die beiden Kinder genannt wurden, zahlreiche Briefe.

Lou Andreas-Salomés *Drei Briefe an einen Knaben*, die 1917 in Buchform erschienen, haben die Korrespondenz mit Reinhold Klingenberg zur Grundlage. Die Briefe – im Druck datiert aus den Jahren 1907, 1911 und 1913 – versuchen, dem heranwachsenden Jungen stufenweise das Geheimnis von Zeugung und Geburt nahezubringen. Lou übernahm also die sexuelle Aufklärung. Im ersten Brief[9], der noch an beide Geschwister gerichtet ist, enttarnt sie in Märchenform ganz nebenbei die Legende vom »Klapperstorch«. Der zweite Brief – *Antwort auf eine Frage* überschrieben – geht auf die durch »wissende« Schulkameraden entstandenen Unsicherheiten ein. In der Wortwahl ist Lou keineswegs zimperlich, wenn sie Reinhold zu erklären versucht, wo die Wurzeln seiner jugendlichen Verunsicherung und Ablehnung zu suchen sind. Gedanken ihres großen psychoanalytischen Aufsatzes »›Anal‹ und ›Sexual‹« klingen hier schon an, denn in diesem Jahr (1911) lernte sie die Lehre Sigmund Freuds kennen: »es verwirrt Dich, und erniedrigt die Geschlechtlichkeit in Deinen Augen, daß der Ausgang, durch den der Leib sich seines toten Abfalls entledigt, so wenig unterschieden sein soll vom Zugang zum Kostbarsten und Lebendigsten, das sich in ihm zusammenschließt. Aber auch wenn für den äußeren Blick der räumliche Abstand zwischen beidem noch so groß wäre: es würde trotzdem für Dein Gefühl das Ungeheure des Abstandes von ›Lebensspende‹ und ›Auswurf‹ sich nicht genügend kennzeichnen können, bevor nicht dieses Gefühl selber dafür gereift wäre.« (*Drei Briefe an einen Knaben* S. 45f.). Im dritten Brief, *Geleitwort*, der Reinhold die Gründe für seine Gemüts- und Stimmungsschwankungen während der »Flegeljahre« klarlegen sollte, beruft sich Lou dann direkt auf Freud. Dabei befaßt sie sich vor allem mit dem Inzesttabu und der Sexualität des Kindes. Hier übernahm sie Freuds Thesen, die so viele Zeitgenossen empört hatten. Aber auch viel von Lous allerpersönlichstem Empfinden fließt ein, wenn sie den Jungen auf den »seelischen« Anteil an der geschlechtlichen Liebe vorbereitet. Sie will ihm den ihr wichtigen Gedanken nahebringen, daß die körperliche Vereinigung zweier Menschen eine der wenigen Möglichkeiten sei, dem anthropologischen Faktum des Einsamkeitsgefühls zu entkommen und wieder in einem ursprünglichen Allzusammenhang aufzugehen. Wie Reinhold Klingenberg diesen Aufklärungsversuch aufgenommen hat, ist nicht bekannt. Rilke, der seine eigene Pubertät als äußerst bedrückend empfunden hatte, war – als er die »Knabenbriefe« im Manuskript las – begeistert.[10] Und erst nach seinem positiven Urteil war sich Lou sicher, daß es richtig und wichtig sei, sie zu publizieren.

Zehn Jahre nach Abfassung der *Drei Briefe an einen Knaben* berichtete die 64jährige Lou Rilke von einem Wiedersehen mit den Klingenbergs nach längerer Zeit. Die Beziehung zu Helene war ungebrochen herzlich: »Helene ist die Alte, wunderschön aus lauter Liebeskraft, so daß das Leben, davon überredet, immer wieder selber dran glauben muß und mittut. Ich sehe sie und die Ihren nur bei Durchreisen (im vorigen Winter länger), es ist aber immer wie lang, weil es ein Sich-in-die-Arme-stürzen ist.« (RMR-Brw S. 474 f.). Bewunderte Lou an ihrer Freundin vor allem die Fähigkeit, ihr Glück in Mutterschaft und Familienleben zu finden und darin mit ihrer ganzen Persönlichkeit aufzugehen, so empfand Helene Klingenberg die temperamentvolle Lou als »tanzenden Stern; sie war für sie eine lachende, schwebende Festfreude über dem Alltag des Lebens, so siegend wirksam, weil sie ihr Lachen noch dem schmerzlichsten und qualvollsten Ernst des Lebens entrang und dadurch sicher und schwindelfrei ward zum Schweben über den Gipfeln, zum leichten Spiel fast mit dem Leben«[11].

Vom Charakter Helene Klingenbergs, die sich an anderen so

freuen konnte, von ihrer »Liebeskraft«, zeugen auch ihre erhalten gebliebenen Briefe an Lou aus späten Jahren. Sie war immer bereit, alles zu verstehen und zu verzeihen, auch z. B. daß Lou das ursprünglich Helene zugedachte Buch *Ródinka* später Anna Freud widmete oder als sie Helene kommentarlos die eigenen Briefe zurückschickte – »es machte nichts, weil diese liebesstarke Natur mich restlos tolerierte, wie ich war, auch wo ich ein Unhold war« (LRB S. 110). Als ihr Lou ihre Briefe Anfang 1932 zurückgeschickt hatte (der Briefwechsel ging aber trotzdem weiter, wohl bis zu Lous Tod), faßte Helene ihre Angst um das Ende der Beziehung und ihre Gefühle für die Freundin und ihre Dankbarkeit nochmals in herzliche Worte: »Was es auch sei, Lou, ich beuge mich jedem Wunsch von Dir, Du bist u. bleibst mir lebenslang gegenwartsnah, bist ein unauslöschlicher u. immer fortwirkender Bestandteil meines Lebens. Was ich Dir zu danken habe, kann ich nie sagen, ich kann es nur hineingeben in meine Beziehung zu meinen nächsten Menschen. Du hast mich sehr reich gemacht, Lou!« (LRB *S. 266*).

Nachdem durch die Freundschaft mit Frieda von Bülow das Eis gebrochen war, das auf Lous Beziehungen zu Frauen gelegen hatte, taute es durch die Freundschaft mit Helene Klingenberg vollständig auf: In den 90er Jahren lernte Lou als namhafte Schriftstellerin, die sie war, viele interessante Frauen kennen, die meistens ebenfalls mehr oder weniger bekannt waren. Da waren vor allem die Schriftstellerkolleginnen, von denen etliche in regem persönlichem oder brieflichem Kontakt mit Lou Andreas-Salomé standen. So z. B. die unter dem Pseudonym Emil Marriot schreibende Emilie Mataja oder Lulu von Strauß und Torney, die spätere Frau des Verlegers Eugen Diederichs (bei dem Lou einiges veröffentlichte), die der Frauenbewegung nahestehende Gabriele Reuter und schließlich die von Lou nicht nur als Schriftstellerin hochverehrte Marie von Ebner-Eschenbach. Im Mai 1895 besuchte sie die in Wien lebende Dichterin zum ersten Mal. Und immer wenn sie in der österreichischen

Hauptstadt war, suchte sie sie auf. »Unvergeßlich bleiben mir die Stunden bei ihr – die Stille und, wie soll ich Bezeichnung dafür finden: die Wesenhaftigkeit, die von ihr ausging.« (LRB S. 107). Die Verehrung der dreißig Jahre Jüngeren blieb von Marie von Ebner-Eschenbach nicht unerwidert, auch sie schätzte Lou sehr und äußerte sich lobend und herzlich über ihre literarischen Arbeiten.

Auch der Schriftstellerin, Sozialpädagogin und Frauenrechtlerin Ellen Key (1849-1926) stand Lou nahe. Sie hatte 1898 in der Zeitschrift *Die Frau* Ellen Keys Buch *Mißbrauchte Frauenkraft* besprochen, woraufhin sich die Schwedin an sie wandte und sie in Berlin aufsuchte. Lou machte sie mit Rilke bekannt, für dessen Dichtung Ellen Key dann regelrechte »Public Relations« betrieb und dem sie in Skandinavien einige Mäzene vermittelte. Der Briefwechsel der beiden Frauen, der anfänglich über längere Zeiträume immer wieder ruhte, ist vor allem gekennzeichnet von Ellen Keys originellem, manchmal alberndem Humor und der großen Achtung voreinander, die später in herzliche Zuneigung überging. »Ellen Key war mir menschlich so gut, daß sie sogar meine Abneigung wider ihre Bücher humoristisch ertrug, auch wenn sie mir drohte: ›Du Ochs, dann komme ich nächstesmal nicht zu Dich nach Göttingen, sondern gehe gleich weiter per Fuß zu Italien.‹« (LRB S. 175). Den Mai 1909 verbrachten die beiden Freundinnen gemeinsam in Paris, wo sie Rilke trafen. Im August 1911 besuchte Lou Ellen zu Hause, in Alvastra in Schweden, genoß die Sonne, badete mit der Freundin nackt und ließ sich abends von ihr am Feuer Märchen erzählen. Hier machte Lou auch die Bekanntschaft des Arztes Poul Bjerre, durch den sie eine erste Einführung in die Psychoanalyse erhalten sollte.

Zu den Schriftstellerinnen in Lous Bekanntenkreis gesellten sich im Laufe der Jahre auch immer häufiger Exponentinnen der damaligen Frauenbewegung – sei es in Berlin, Wien oder München. Die Bekanntschaft der wohl namhaftesten Repräsentantin der deutschen Frauenbewegung, Helene Lange, machte

Lou durch Frieda von Bülow, die deren Lehrerinnenseminar in Berlin besucht hatte. In der von Helene Lange herausgegebenen Monatszeitschrift *Die Frau* veröffentlichte Lou einige Gedichte, ihre Rezension von Ellen Keys Buch und die Erzählung *Ein Wiedersehen*. Auch für eine andere, von einer Frau geleiteten Zeitschrift schrieb Lou Aufsätze: für *Die neue Generation*, herausgegeben von Helene Stöcker, mit der Lou seit der Jahrhundertwende persönlich bekannt war und in regem Meinungsaustausch stand. In ihrem Tagebuch finden sich zwar nur zwei Stichwortnotizen, aber sie belegen, daß Lou auch ihre scharfzüngigste Kritikerin, die Schriftstellerin Hedwig Dohm, persönlich kannte, die in ihren Kampfschriften dem radikalen Flügel der Frauenbewegung das Wort redete. Eine andere Feministin unter ihren Bekannten, die ebenfalls mit Lous Ansichten über Weiblichkeit und deren Auslebung in vielen Punkten nicht übereinstimmte, war die Österreicherin Rosa Mayreder. Während ihres Wien-Aufenthalts um die Jahreswende 1896/97 lernte Lou im Hause Mayreder mit Marie Lang eine weitere Frauenrechtlerin kennen, die sie Jahre später wieder besuchte und in der Psychoanalyse-Vorlesung von Viktor Tausk 1912/13 wiedertraf.

Auch in München stieß Lou auf kompromißlose Geister. Vermutlich 1896 begegnete sie Anita Augspurg, der Führerin des radikalen Flügels der Frauenstimmrechtsbewegung. Die promovierte Juristin betrieb damals gemeinsam mit ihrer Freundin Sophia Goudstikker und deren Schwester Mathilde das Fotoatelier »Elvira«. Die berühmte, leider nicht mehr erhaltene Jugendstilfassade des »Hofateliers« in der Von-der-Tann-Straße, die damals vielen Bürgern ein Dorn im Auge war, hatte der Architekt August Endell entworfen, der ebenfalls – über Jahrzehnte hinweg – zu Lous engerem Bekanntenkreis zählte.

Lou fühlte sich besonders zu Sophia Goudstikker hingezogen, und auch Frieda von Bülow, mit der sie damals in München war, mochte die erfolgreiche Fotografin und Gründerin der ersten bayerischen Rechtsschutzstelle für Frauen. In einem Brief von Frieda an Lou wird deutlich, daß Sophia Goudstikker, die

»der Puck« genannt wurde und mit ihrer Lebensgefährtin Ika Freudenberg zusammenwohnte, aus ihrer lesbischen Neigung keinen Hehl machte. Sophia Goudstikker war es übrigens auch, die die bekannteste Aufnahme von Lou Andreas-Salomé gemacht hat.[12]

Lou war vor allem im Mai 1897 häufig mit dem Puck zusammen; aus ihrem Tagebuch geht hervor, daß sie sich mit der Fotografin fast täglich getroffen hat und im Englischen Garten, im Theater oder einer »Abendkneipe« mit ihr und anderen zusammen war. Die beiden Frauen unterhielten sich oft bis zum Morgengrauen; Lou übernachtete dann manchmal bei Sophia. Als sie sich in jenem Sommer mit Frieda und Rilke aus München nach Wolfratshausen zurückzog, kam der Puck mit dem Fahrrad zu Besuch – radfahrende Frauen waren damals ein Bürgerschreck, die Frauen selbst aber sahen im Fahrrad ein Vehikel ihrer Emanzipation.

Daß Lou Andreas-Salomé mit ihrer selbstbestimmten Lebensführung, ihrer Unabhängigkeit und Mißachtung von Konventionen den Feministinnen als Person willkommen war, steht außer Frage. Wie aber werteten diese ihre literarischen Schriften und theoretischen Äußerungen zum Thema »Frau«? Und: Wie stand Lou selbst zu den Forderungen und Idealen der zeitgenössischen Frauenbewegung, mit deren Vertreterinnen sie doch zum Teil in sehr engem Kontakt stand? Lou, die sich schon den Vorstellungen einer Malwida von Meysenbug nicht hatte beugen wollen – ist sie denkbar als Galionsfigur der damaligen oder auch der heutigen Frauenemanzipationsbewegung? Was die Person und ihre Lebensführung angeht, kann man die Frage unstreitig bejahen. Hinsichtlich ihrer literarischen und theoretischen Äußerungen ist jedoch Vorsicht geboten: Lou war eine viel zu undogmatische Denkerin, als daß sie sich je vor den Karren einer wie auch immer gearteten Bewegung hätte spannen lassen.

Schon ein oberflächlicher Blick auf Lou Andreas-Salomés literarisches Werk – etwa ihre 1899 erschienene Novellensammlung *Menschenkinder* – macht deutlich, daß sie keineswegs der Frauenemanzipation das Wort reden oder mit ihren fast durchweg weiblichen Hauptfiguren Vorbilder schaffen wollte. Zwar gibt es einige Frauen in ihrem Werk, die im Beruf »ihren Mann« stehen und erfolgreich und unabhängig sind; aber diesem emanzipierten Verhalten ist immer ein kompensatorisches Moment beigemischt, meist die unerfüllte Liebe zu einem Mann. Wenn z. B. Marfa aus *Ein Wiedersehen* – nicht umsonst die einzige Erzählung, die Helene Lange in der *Frau* veröffentlichte – den Mann zurückweist, um sich ganz ihrem Beruf als Ärztin in Ostrußland zu widmen, so hängt dies mit ihrer Vorgeschichte zusammen. Sie hatte nämlich ihre ursprünglichen Lebenspläne denen des geliebten, aber verheirateten (also unerreichbaren) Mannes angepaßt und untergeordnet und war auf seine Suggestion hin Ärztin geworden. Das Engagement im Beruf ist also die Kompensation unerfüllter Liebe: Eros wird zu Agape.

Zwar etikettiert Lou auch einige ihrer Figuren dezidiert als emanzipierte Frauen, aber diese sind dann entweder unglücklich, so Renate in *Das Haus*, oder von Lou negativ überzeichnet, z. B. Frau Dr. Fuhrberger aus *Zurück ans All* (in *Menschenkinder*). Die überwiegende Mehrheit ihrer Frauengestalten kennzeichnet eine Grundhaltung, die gemeinhin nicht als Kardinaltugend einer emanzipierten Frau angesehen wird und die sich am besten mit dem Begriff »Demut« beschreiben läßt. Und zwar Demut gegenüber dem Mann, dem sie sich freiwillig und bereitwillig unterordnen. Entsprechend der devoten Haltung der weiblichen Figuren sind die Männer fast ausschließlich patriarchalische Charaktere. Immer sind sie es, die die Frau formen, leiten und bilden wollen – und nahezu immer gehorcht die Frau willig.

Natürlich gibt es Ausnahmen, so z. B. Fenitschka aus der gleichnamigen Erzählung, die eine der interessantesten Frauengestalten Lou Andreas-Salomés ist, eben weil sie einem etwas anderen Muster folgt. Fenitschka, die promovierte Akademikerin, brachte Lou von den Feministinnen einigen Beifall ein.[13]

Man sah (und sieht) in dieser Erzählung zumeist nur die Problematik dargestellt zwischen einerseits der Selbständigkeit und dem beruflichen Erfolg der Frau und andererseits ihrer Verbindung zu einem Mann, durch die diese Selbständigkeit unterlaufen wird. Tatsächlich aber ging es Lou hier im wesentlichen um den Konflikt zwischen sinnlicher und geistiger Liebe – einen Konflikt, der sie ja auch im realen Leben sehr beschäftigte.

In der im selben Band wie *Fenitschka* veröffentlichten Erzählung *Eine Ausschweifung* wird das typische Rollenverhalten zwar aufgebrochen, aber nur unfreiwillig. In dieser Erzählung stellt Lou das Thema Unterwerfung am tiefgründigsten dar, indem sie die Protagonistin den Zusammenhang von Devotion und Sexualität reflektieren läßt und ihr masochistische Züge verleiht. Dennoch bleibt die Rollenverteilung nach alten Mustern der Angelpunkt in Lou Andreas-Salomés literarischem Werk. Dies ist erstaunlich, wenn man bedenkt, daß das Verhalten der weiblichen Figuren in krassem Gegensatz zum »gelebten Leben« derjenigen steht, die es schildert.

»Sklavenglück« (so lautete der ursprüngliche Titel der Erzählung *Eine Ausschweifung*) versus »Frauenbefreiung« – man sollte glauben, daß ein Schrei des Entsetzens durch die Reihen der Gleichberechtigungskämpferinnen gehallt sei. Was aber zu vernehmen war, war allenfalls ein leises Murren. Die Seelenschau, auf die es Lou ankam, die Einfühlsamkeit ihrer Darstellung, bestrickte offensichtlich auch die Radikalen. Die meist wertfreie psychologische Subtilität ihrer literarischen Werke ließ außerdem genügend Interpretationsspielraum offen, so daß unterschiedliche Positionen sich darin wiederfinden konnten.

Lou Andreas-Salomé hat ihre Vorstellungen von Wesen und Sein der Frau nicht nur literarisch dargestellt, sondern sich auch theoretisch dazu geäußert, z. B. 1899 in ihrem großen Essay *Der Mensch als Weib*. Bereits der erste Satz[14] kündigt an, daß auch hier kein Dogma nachgebetet, sondern etwas gesagt wird, was »aller Frauen-Emanzipation und was sich so nennt zum Entsetzen« gereichen kann. Einer damals weitverbreiteten Methode entsprechend nehmen Lous Reflexionen über die weibliche bzw. männliche Psyche ihren Ausgang von naturwissenschaftlichen Erkenntnissen. Sie leitet den grundsätzlichen Wesensunterschied der Geschlechter von physiologischen Merkmalen ab, wie sie bereits kennzeichnend sind für Samen- und Eizelle: Das »männliche Fortschrittszellchen« gleiche »einer immer weiter vorwärts laufenden Linie, [...] während die weibliche Eizelle einen Kreis um sich geschlossen hält, über den sie nicht hinausgreift«. Für Lou ist demnach der Mann von vorneherein das differenziertere Wesen, er muß seine Kräfte teilen und sich spezialisieren, er ist extrovertiert. Die Frau hingegen ruht in sich selbst, sie ist introvertiert, und die ihr zugesprochenen Tugenden, wie etwa die »Selbstgenügsamkeit«, scheinen dem traditionellen Frauenklischee verpflichtet. Doch die im selben Atemzug genannte »Selbstherrlichkeit« läßt bereits die Vielschichtigkeit von Lous Frauenbild erkennen, leitet sie doch aus der geringeren Differenziertheit der Frau die »intaktere Harmonie« (Weib S. 9) ab – also eine implizite Abwertung des Mannes. In ihrem Freud-Tagebuch geht sie im Zusammenhang kulturhistorischer Überlegungen sogar noch weiter: »Kultur durch Lebensmangel, Kultur durch die Schwachen. Das wären in diesem Fall die Männer. Sie wären das schwache Geschlecht, betrachtet vom kulturlos narzißtischen Standpunkt des Weibes, das die letzten Intuitionen des Geistes vielleicht nicht erreicht, jedoch dafür als solches aus Lebens- und Geistesintuition heraus sein Wesen hat. Die Frau als das Glückstier.« (Schule S. 125). In *Der Mensch als Weib* beschreibt sie die Frau als den »physischeren Menschen«. Die Frau ruht und wurzelt in sich selbst. Der Mann verfügt aufgrund seiner größeren Differenziertheit über einen »isolierten Sinnentrieb«, während bei der Frau das »geschlechtliche Leben [...] mehr im ganzen physischen Sein, wie als isolierter Einzeltrieb« auftritt. Diese »intime Wechselwirkung aller Triebe untereinander« sichere der »weiblichen Erotik die tiefere Schönheit«. Aus diesem Grund hat die Frau mehr Anteil am »Alleben« (Weib S. 16ff.), der

Mann stellt deshalb für Lou auch in »voller Schärfe den tragischen Typus des Menschengeschöpfes« (Weib S. 37) dar – Tragik hier verstanden als Erleiden einer metaphysischen Einsamkeit.

»Ein Sinnbild der weiblichen Psyche in allen ihren Äußerungsformen auf allen Gebieten« ist für Lou Andreas-Salomé »das Mütterliche«. An anderer Stelle wertet sie Mutterschaft als die menschliche Beziehung überhaupt: »Unter allen menschlichen Verhältnissen ist es darum die Mutterschaft, der es gestattet ist, eine Beziehung vom tiefsten Ursprungsquell bis zum letzten Höhepunkt voll zu verwirklichen.« (Erotik S. 122). – Erstaunliche Worte aus dem Munde einer Frau, die auf die Frage, ob sie sich Kinder gewünscht habe, geantwortet haben soll: »Ich nicht! [...] wie kann ich es verantworten, die Existenz eines Menschen zu veranlassen, den vielleicht das größte Elend erwartet? Ich kann ja nicht wissen, was ich ihm mitgebe. Ich zeichne da für etwas, das ich nicht kenne.«[15]

Lous gedankliche Gratwanderung zwischen patriarchalisch-konservativen Auffassungen einerseits und weiblicher Selbstsicherheit, ja Überheblichkeit andererseits entzieht sie jeder Zuordnung oder Etikettierung. Entsprechend vorsichtig und zweifelnd war auch die Rezeption ihres Frauenbildes durch die Vertreterinnen der Frauenbewegung. Man blieb zurückhaltend und nahm möglichst nicht Stellung.[16] Hedwig Dohm sprach zwar klar aus, daß sie Lou Andreas-Salomés Gedanken über das »Weib« für reaktionär hielt, aber auch bei ihr ist eine Verunsicherung durch die undogmatische Ambivalenz dieser Position spürbar: Sie fand bei Lou »Sätze zum Haarsträuben für eine Emanzipierte und wieder andere Sätze, die als stärkste Argumente für die Frauenemanzipation gelten könnten«[17]. Lou jedoch kümmerte sich herzlich wenig um die Stellungnahmen zu ihrer Sicht der Dinge: »Den Aufsatz von Hedwig Dohm habe ich nicht gelesen. Ich lese nichts dergleichen, weil ich finde, daß es so sehr stört.«[18] An anderer Stelle verlieh sie ihrem Desinteresse an der Emanzipationsdiskussion noch deutlicher Ausdruck: »Meine Stellung zur Frauenfrage kann ich in wenigen Worten nicht präzisieren, ich nehme überhaupt nicht eigentlich Stellung zu ihr und weiß wenig von ihr.«[19] Lous Engagement galt – schon zu Zeiten ihrer Bekanntschaft mit Malwida von Meysenbug – nicht übergeordneten Interessen, nicht der Allgemeinheit, nicht sozialen oder gesellschaftlichen Veränderungen und Verbesserungen. Sie richtete ihre Konzentration grundsätzlich auf sich selbst und den engen sie umgebenden Kreis, auf das einzelne Individuum, nicht auf die Gruppe. Auch in dieser Hinsicht war sie Individualistin – abseits und unabhängig von jeglichen Theorien und Richtlinien *lebte* sie ihre Emanzipation.

Die Metropolen Europas

Wenige Tage nach ihrem dreiunddreißigsten Geburtstag – sie hatte in intensiver, knapp zweimonatiger Arbeit ihren Roman *Ruth* in die endgültige Fassung gebracht, Georg Ledebour kurz vorher zum letzten Mal gesehen und mit ihrem Mann in langem, für beide Seiten qualvollen Ringen neue Bedingungen für ihre Ehe erkämpft – reiste sie am Abend des 27. Februar 1894 nach Paris. Dort wurde sie am Bahnhof von Therese Krüger abgeholt, einer befreundeten Übersetzerin (die Teile von Lous Nietzsche-Buch ins Dänische übertragen hatte). Mit ihr wohnte Lou in der ersten Zeit in Paris zusammen, in einem Hotel in der Rue Monsigny.

Dank ihres großen Berliner Bekanntenkreises und der engen Verzahnung der kulturellen, besonders der literarischen Avantgarde in den europäischen Metropolen lernte Lou auch in Paris sehr schnell eine Reihe von prominenten Persönlichkeiten kennen. So z. B. – wohl durch Vermittlung Therese Krügers – den dänischen Schriftsteller Hermann Bang, den Norweger Knut Hamsun oder den jungen Albert Langen, der gerade mit dem dänischen Maler und Kunsthändler Willy Gretor einen Verlag gegründet hatte. Zu ihrem weiteren Bekanntenkreis gehörte unter anderem Leopold von Sacher-Masoch, sie verkehrte bei der ungarischen Gräfin Nemethy, kannte einige Amerikaner und faßte auch »in der russischen Kolonie« sehr schnell Fuß. Besonders häufig war sie mit dem Journalisten Paul Goldmann zusammen – und wenn man zu Lous kargen Tagebuchnotizen die Andeutungen in Frieda von Bülows Briefen addiert, so scheint es sich hier um eine kleine Romanze, wenn auch nicht um eine Liebschaft, gehandelt zu haben.[20] Goldmann hat Lou übrigens auf die Werke Arthur Schnitzlers aufmerksam gemacht, von denen sie derart begeistert war, daß sie sich im Mai 1894 brieflich an Schnitzler wandte.

An Paris gefiel Lou vor allem die »lebhafte Gemeinschaftlichkeit des literarischen Verkehrs, der Interessen« (LRB S. 98), woran sie regen Anteil nahm. Man traf sich im Theater, im Louvre, in den Cafés des Quartier Latin, in den Brasserien der Halles, bei Gesellschaften. Lou machte viele Besuche und wurde häufig besucht. Am 10. Mai traf auch Frieda von Bülow, über Kairo aus Tanga kommend, in Paris ein. Nachdem die beiden Freundinnen »einen herrlichen Tag verschwatzt« (TB 19. 5. 1894) hatten, kam einen Tag später noch Friedas Schwester Sophie. Gemeinsam mit Sophie von Bülow hatte Lou ein besonderes Erlebnis: Lou, die auch mit einfachen Leuten gerne Bekanntschaft schloß, hatte eine aus dem Elsaß stammende Blumenhändlerin kennengelernt. Diese Frau, die ihren an Schwindsucht erkrankten Sohn pflegen mußte, hatte Lou sofort ins Herz geschlossen, und sie besuchte sie häufig – so auch am Pfingstsonntag, gemeinsam mit Sophie von Bülow. Sie fanden Madame Zwilling jedoch krank in ihrer Wohnung, inmitten der Körbe mit frischen Frühlingsblumen, die sie zum Verkauf aus den Halles geholt hatte. Kurz entschlossen zogen Lou und Sophie die elsässische Tracht der Blumenhändlerin an, griffen nach den Körben und verkauften »mit gutem Überschuß« (LRB S. 102) bis nachts um halb drei in den Cafés des Quartier Latin Blumen – wobei die Generalstochter und die Freifrau von Glück reden konnten, daß sie – ohne Gewerbeschein – nicht im Untersuchungsgefängnis landeten.

Während einer Soiree bei der Gräfin Nemethy lernte Lou Mitte Juli auch Frank Wedekind (1864-1918) kennen. Offensichtlich verstanden die beiden sich auf Anhieb ausgezeichnet: Noch am gleichen Abend zog Lou mit Wedekind durch die Brasserien und kam, nachdem sie im Morgengrauen noch in der Nähe der Halles Zwiebelsuppe gegessen hatten, erst am Vormittag des nächsten Tages in ihr Hotel zurück. Vorher aber war es noch zu einem heiter-peinlichen Mißverständnis gekommen. Für Lous Umgang mit Männern ist es bezeichnend, daß sie sich nichts dabei dachte, in angeregter Unterhaltung mit dem Schriftsteller durch die nächtliche Stadt zu streifen. Das hatte sie ja schon Jahre zuvor mit Rée in Rom so gehalten. Wedekind verstand dieses für sie ganz selbstverständliche, aus der Situation geborene Verhalten jedoch anders – und so fand sich Lou, wohl in Wedekinds Hotelzimmer, unversehens in einer heiklen Situation, die sie aber nicht ohne Eleganz rettete: »Die Schuld liegt an mir, Herr Wedekind, denn ich bin noch keinem unanständigen Mann begegnet.« (LRB *S. 258*). Wedekind erschien, feierlich gekleidet, zwei Tage später bei Lou im Hotel und entschuldigte sich in aller Form für seinen Fauxpas. Die Situation war somit geklärt, und einem weiteren gemeinsamen Flanieren auf den Boulevards von Paris, manchmal bis zwei, drei Uhr nachts, stand nichts mehr im Wege – ebensowenig ihrer schnell geschlossenen Freundschaft. Lou und Wedekind flanierten aber nicht nur, sie arbeiteten auch zusammen. Lous Tagesnotizen lassen erkennen, daß sie den Plan zu einem gemeinsamen Drama faßten und bald mit dem Schreiben begannen. Während Lous Aufenthalt in der Schweiz, wohin sie von Paris aus fuhr, arbeitete sie an diesem – anscheinend dreiaktigen – Stück weiter und schrieb es offenbar auch zu Ende. Das Drama ist jedoch nicht mehr erhalten, es gibt auch keinerlei Hinweise auf Konzeption und Inhalt.

Die erwähnte Reise in die Schweiz unternahm sie im August. Gemeinsam mit dem russischen Arzt Ssawelij, einem Pariser Freund, hatte Lou – wie so oft spontan und kurz entschlossen –

die gebotene Gelegenheit ergriffen, mit einem verbilligten Ferienzug der sommerlichen Großstadthitze zu entkommen. Ihr Begleiter, der im Verdacht gestanden hatte, an der Ermordung Alexanders II. beteiligt gewesen zu sein, war nach vierjähriger Zwangsarbeit in Sibirien nach Paris emigriert. Ihn, einen jungen Mann »von baumstarker Gesundheit« (LRB S. 102), bezeichnet Lou im Tagebuch als »feinen Gefährten« – und ein derartig kameradschaftlicher Ton dürfte wohl kaum Ausdruck einer »spontanen Liebesbeziehung«[21] gewesen sein, wie spekuliert worden ist.

In Zürich verließen Lou und Ssawelij den überfüllten Zug, wanderten auf eine Alm und bezogen eine Hütte. Sie ernährten sich von Brot, Käse und Eiern, tranken frische warme Kuhmilch, machten Bergtouren und genossen nach der Hektik der Großstadt die Idylle. Lou lag oft im Wald oder im Heu, arbeitete an ihrem Drama und fühlte sich »dick und rund wie [eine] Kuh auf der Weide« (TB 30. 8. 1894). Manchmal stiegen sie ins Tal hinunter, um dort mit doppelten Portionen ihren »Luxushunger« (LRB S. 102) zu stillen und Freunde zu treffen. Unter anderem kam Wilhelm Bölsche aus Berlin. Nach drei Wochen zog es die beiden wieder zurück in den »Strudel der einzig schönen Stadt« (LRB S. 103), wo Lou aber nur noch für kurze Zeit blieb. Nachdem Ende September ihr Freund Goldmann Paris verlassen hatte, packte auch Lou kurz entschlossen ihre Koffer und reiste still und leise, ohne sich zu verabschieden, nach Hause.

Der überraschende Aufbruch aus Paris ist typisch für sie: Auch wenn sie sich noch so wohl fühlte, es kam doch immer »die Stunde, da etwas oder jemand mir, in irgendeiner Nacht, zuzuwinken scheint – und ich fort muß. Nie hab ich verständlich ergründet, warum und wann das jedesmal geschieht – ob ich auch mit noch so offenen Sinnen und bereiter Seele mich der Umgebung freute. Es rückt etwas uneingeladen an deren Stelle und tut ungeduldig.« (LRB S. 103).

Die Schilderung ihrer Heimkehr nach Berlin, die sie drei Wochen später einer Freundin gab, läßt ahnen, welch warmes Verhältnis Lou und Andreas trotz aller Auseinandersetzungen und Schwierigkeiten hatten. Nach halbjähriger Abwesenheit kam Lou spätabends in Charlottenburg an: »Ich ließ mein Gepäck am Bahnhof, fuhr hinaus und ging den stillen Weg über die dunklen Felder ins Dorf. Dieser Gang war schön und sonderbar; ich spürte den Herbst im Blättersinken und im stürmischen Wind, ohne was zu sehen und es gefiel mir; in Paris war noch ›Sommer‹ gewesen. Im Dorf schlief alles, nur bei meinem Mann brannte die scharfe Lampe, die er zur Benutzung der Bücher auf den hochreichenden Regalen braucht. Ich konnte von der Straße aus seinen Kopf deutlich erkennen. In der Tür steckte, wie immer, der Drücker, ich trat sehr leise ein. [...] In dieser Nacht zu Hause gingen wir nicht schlafen; als es hell wurde, da machte ich Herdfeuer in der Küche, putzte die blakende Lampe und schlich mich in den Wald. [...] Ich zog Schuh und Strümpfe aus (was man in Paris nicht kann) und wurde sehr froh.« (LRB S. 104).

Obwohl sie die Rückkehr so genossen hatte, hielt Lou es nicht lange zu Hause aus. Bereits über Weihnachten und Neujahr war sie wieder verreist,[22] und nachdem sie im Februar 1895 ihren bedeutenden religionsphilosophischen Aufsatz *Jesus der Jude*[23] beendet und einige Novellen konzipiert hatte, fuhr sie am 5. März zu ihrer Familie nach St. Petersburg, wie fast jedes Jahr. Eine knappe Woche später kam Frieda von Bülow nachgereist. Lou stellte die Freundin ihrer Familie vor, führte sie durch ihre Geburtsstadt und ging mit ihr in die Kirche zu Hendrik Gillot. Ihn besuchte sie häufig, wenn sie in Petersburg war, in der Kirche oder auch privat, wie sie überhaupt viele Besuche bei Bekannten und Verwandten machte.

Nach sechs Wochen packten Lou und Frieda wieder ihre Koffer und brachen nach Wien auf, wo sie am 26. April bei strömendem Regen ankamen. Drei Tage später reiste Frieda bereits wieder ab. Vorher aber hatte sie noch Arthur Schnitzler (1869–1931) kennengelernt, der mit Lou seit ihrem Paris-Aufenthalt in brieflichem Kontakt stand und sie nach Wien eingeladen hatte. Schnitzler suchte die beiden Damen im Hotel auf, und Frieda vermutete gleich richtig, daß sich Lou mit dem Schriftsteller schnell anfreunden würde. Durch Schnitzler war Lou innerhalb kürzester Zeit auch mit den anderen Literaten des »Jungen Wien«, mit Richard Beer-Hofmann (1866-1945), Felix Salten (1869-1947), Hugo von Hofmannsthal (1874-1929), bekannt und verbrachte die meiste Zeit mit ihnen. Man machte Ausflüge in die Umgebung, besuchte Schönbrunn und den Prater, ging auf Gesellschaften, ins Theater oder Konzert und vor allem ins »Griensteidl«, das Literatencafé am Michaelerplatz. Dieses Zentrum der Wiener Kaffeehauskultur erreichte als Treffpunkt genialer oder sich für genial haltender Geister des Fin de siècle einen legendären Ruhm. Und wie schon in Paris, so sog Lou auch die Wiener Luft – intensiv am kulturellen Leben der Stadt teilnehmend – in vollen Zügen ein. An den speziellen Flair der österreichischen Metropole erinnerte sie sich später: »Wenn ich die Wiener Atmosphäre im Vergleich zu der anderer Großstädte schildern sollte, so erschien sie mir damals am meisten gekennzeichnet durch ein Zusammengehen von geistigem und erotischem Leben. Neben der Konkurrenz von Liebe und Ehrgeiz blieb dadurch Spielraum für deren [der Erotik] Austragung in Männerfreundschaften untereinander, die dadurch eine besondere und, wie mir auffiel, ganz erlesene Form gewann.« (LRB S. 106). Besonders bei Schnitzler, der sich später ebenso wie sie für die Lehre Freuds interessierte, erkannte Lou diese Fähigkeit zur Freundschaft.

Lous Urteil und Meinung galt bei den jungen Literaten viel,[24] schließlich wußte man von ihrer Bekanntschaft mit den herausragenden Geistern der Zeit, vor allem das Prädikat »Freundin von Nietzsche« sicherte ihr einen besonderen Status. In diesem Sinne erkundigte sich der junge Hofmannsthal bei seinem Freund: »Hat sie über etwas von meinen geschriebenen Sachen etwas präcises geredet? Das wäre mir recht wertvoll, sie war lang in einer merkwürdigen und doch nicht unberechtigten geistig-sittlichen Atmosphäre und hat wohl ein Urteil über Dinge; denn das hat man ja immer, wenn man einen festen Punkt hat, von wo man schaut.«[25] Lous begehrtes Urteil über Hofmannsthals Texte war dann zwar positiv, aber wenig prägnant: »Über seine Sachen kann ich nichts sagen, sie sind wunderschön, die Gedichte [...] klingen mir im Ohr [...]. Von Loris [Pseudonym des jungen Hofmannsthal] würde ich so gerne mehr kennen; ich freue mich einstweilen, daß ich ihn selber kennen lernte.«[26]

Der enge und häufige Kontakt mit den Wiener Freunden und die von ihr beschriebene »erotische« Atmosphäre dieser Stadt blieben für Lou, die so gerne den rein geistigen Verkehr in den Vordergrund stellte, nicht ohne Folgen. Um sich vor einer erotischen Affäre zu schützen, sah sie sich gezwungen, ihre Zelte in Wien abzubrechen. Diesen Aufbruch aus Wien hat sie Jahrzehnte später (1933) in der Erzählung *Jutta* festgehalten. Dort reißt sich ein junges Mädchen nach schönen, gemeinsam verbrachten Tagen von ihrem »Pfingstfreund« los durch einen – von ihr selbst inszenierten – telegraphischen Rückruf ihres Bruders. Die diesem Part der Erzählung zugrundeliegenden realen Ereignisse hat Lou im Alter Ernst Pfeiffer berichtet, der dieses Gespräch folgendermaßen wiedergibt: »Der Freundeskreis um Schnitzler, zugleich ›geistig und erotisierend‹ [...] stellte sie vor keine leichte Aufgabe: ›ich dummes Ding suchte mich dem anzupassen‹. Besonders Beer-Hofmann bemühte sich um sie: ›er spielte den Verliebten und verliebte sich dabei‹; ›es war eine nicht zu Ende gelebte Liebe‹ [...]. Um sich aus der Gefahr zu retten, erklärte sie, ihr Bruder, der den Freunden bekannt ist, habe ›gedrahtet‹, sie müsse sofort nach Hause kommen (›es war eine Lüge‹).« *(Jutta S. 163f.).* Die kurzen Tagebuchnotizen Schnitzlers, der ein feines Empfinden für erotische Schwingungen hatte, erregen jedoch den Eindruck, daß Lou bei dieser Liebelei nicht das naiv-unschuldige »Ding« war (sie war vierunddreißig!), als das sie sich im Alter sah: Nachdem man sich drei Wochen lang fast jeden Tag gesehen und viel gemeinsam unternommen hatte, schreibt Schnitzler am 11. Mai: »Mit Richard [Beer-Hofmann] und Lou [im] Prater [...] Lou wird ein wenig

Weib.« Und am 23. Mai notiert er: »Sonderbar gereizte Stimmung Lous gegen Richard, aus dem Bedürfnis verlangt zu werden.«[27] Hier scheinen also auch von Lou »als Weib« erotische Signale gesendet worden zu sein. Vielleicht flüchtete sie am 24. Mai daher nicht in erster Linie vor Beer-Hofmann, der sie noch zum Bahnhof begleitete, sondern vielmehr vor ihrer eigenen Courage.

Wieder zu Hause in Schmargendorf, arbeitete Lou an einigen Aufsätzen und an einer Erzählung, die 1896 unter dem Titel *Aus fremder Seele* erschien. Die Grundkomponenten ihrer vorangegangenen Werke *Im Kampf um Gott* und *Ruth*, Glaubensverlust und Verlust des Ideals, werden auch in dieser *Spätherbstgeschichte* (so der Untertitel) thematisiert. Auch hier sind autobiographische Elemente kaum zu übersehen, wenngleich sie weniger ins Auge springen.

Bald nach Fertigstellung des Manuskripts verließ Lou Berlin wieder und fuhr gemeinsam mit ihrem Mann für einen kurzen Urlaub nach Dießen am Ammersee und von dort aus alleine weiter nach Österreich. Am 17. August 1895 schreibt Schnitzler an seinen Freund Hofmannsthal: »In Ischl bleib ich nur noch bis Montag. Dann fahre ich per Rad nach Salzburg, mit Salten. Auch Richard [Beer-Hofmann] kommt wohl hin, und die Frau Lou wird schon dort sein.«[28] Die »Frau Lou« war zwar noch nicht da, erschien aber einen Tag später. Nach vier gemeinsam verbrachten Tagen in Salzburg und einem Ausflug zum Königsee radelten Schnitzler und Salten nach München, wo alle am 3. September wieder zusammentrafen. Die Wege von Lou und Andreas hatten sich offensichtlich in Grafrath getrennt. In München traf Lou nun auch wieder auf ihren Pariser Freund Paul Goldmann, der mit den Wienern ebenfalls bekannt war. Eine Woche später verzeichnet Lous Tagebuch eine Fahrt ins Stubaital in männlicher Begleitung. Aus den Tagesnotizen kann man schließen, daß ihr Reisegefährte Richard Beer-Hofmann war. Nach diesem einwöchigen Ausflug in die Berge, der laut Tagebuch nicht ohne Streit verlief, fuhr man zurück nach München, wo Lou kurz mit Andreas zusammentraf, der bereits nach drei Tagen wieder aus München abreiste. Eine Woche später, am 25. September 1895, folgte ihm Lou nach Berlin.

Schon gut drei Wochen später zog es sie erneut in den Süden; in Brieg machte Lou bei den Bülow-Schwestern kurz Zwischenstation und reiste dann gemeinsam mit Frieda weiter – wieder nach Wien. Sie nahm zusammen mit der Freundin ihr reges Wiener Leben wieder auf und traf sich häufig mit Schnitzler, Beer-Hofmann, Salten und dem jungen Hofmannsthal. Es war ein kurzweiliges Leben, das Lou in diesen unkonventionellen Kreisen führte. Anfang Dezember reiste Frieda nach zweiwöchigem Aufenthalt ab, Lou blieb und vergrößerte ihren Bekanntenkreis. So wurde ihr im Café Griensteidl z. B. der kauzigliebenswerte Literat und Bohemien Peter Altenberg vorgestellt, der seine Existenz in Kaffee- und Gasthäusern führte und oft auch bei einem der Wiener »süßen Mädel« Unterschlupf fand. Lou mochte ihn gerne und hatte das Gefühl: »Wenn man mit ihm war, dachte man dabei weder an Mann noch Weib, sondern an eines dritten Reiches Wesen.« (LRB S. 106). Er besuchte sie manchmal in ihren zwei kleinen Zimmern im Hotel Royal am Stephansplatz.

Eines Tages kam auch Rosa Mayreder in Lous Hotel, um Bekanntschaft mit der Schriftstellerin aus Berlin zu machen. Man fand sich – trotz unterschiedlicher Einstellung zur Frauenbewegung – sympathisch, und Rosa Mayreder lud Lou häufig zu sich ein. Auf einer der Gesellschaften bei Mayreders lernte Lou kurz vor Weihnachten einen Mann kennen, der sehr bald alle anderen Wiener Freunde und Bekannten in den Hintergrund drängte: Friedrich Pineles (1868–1936). Der damals 27jährige war Arzt und hatte als Internist einen guten Ruf (unter anderen zählte Gustav Klimt zu seinen Patienten). Er wurde an diesem Abend, wie so oft, von seiner Schwester Broncia begleitet, einer Malerin. Die Geschwister und Lou waren sich sofort sympathisch, und bereits wenige Tage später besuchte Lou Broncia in ihrem Atelier. Und Pineles, den seine Freunde »Zemek« (polnisch: Erdmann) nannten, holte Lou am Heiligen Abend in die Klinik zur dortigen Weihnachtsfeier ab und begleitete sie anschließend um ein Uhr nachts noch ins Café Griensteidl. Auch Silvester 1895/96 erlebte Lou – nach einem Theaterbesuch mit Salten – mit Pineles und anderen. Auch dieser Abend endete morgens im Griensteidl.

In den darauffolgenden Wochen – bis zu ihrer Rückkehr nach Berlin Mitte Februar – war Lou fast täglich mit den beiden Geschwistern, vor allem mit Zemek, zusammen. Im Verlauf des Jahres 1896 war sie noch einige Male in Wien bzw. auf dem Familiengut der Pineles in Oberwaltersdorf zu Gast. Schnitzler, Beer-Hofmann und die anderen traf sie bei ihren Wien-Besuchen jetzt kaum mehr. Mit Pineles arbeitete sie und betrieb medizinische Studien, bei denen er sie anleitete. Im Mai 1896 unternahm sie mit ihm eine Rucksacktour zu den Seen im Salzkammergut – die erste der gemeinsamen Fußreisen, die sie später sogar bis nach Venedig führen sollten. Eine herzliche Freundschaft verband sie auch mit seiner Schwester Broncia, die inzwischen – trotz vehementen familiären Widerstands auf beiden Seiten – den aus einer reichen Familie stammenden Dr. Hugo Koller geheiratet hatte.

Das Jahr 1897 markiert jedoch eine Zäsur in Lous bisheriger knapp zweijähriger Freundschaft mit Pineles. Im Mai dieses Jahres lernte sie in München Rainer Maria Rilke kennen. Bis zur Lösung dieser Liebesbeziehung (im Januar 1901) trat Zemek in den Hintergrund.

Schon in den vorangegangenen Jahren hatte Lou – von Wien oder Dießen aus – kurze Abstecher nach München gemacht und Bekanntschaften geschlossen. Als sie Ende April 1897 in der bayerischen Hauptstadt eintraf, konnte sie Frieda von Bülow, die in München einen Vortrag über Afrika halten sollte, einige interessante und bekannte Persönlichkeiten vorstellen, so z. B. die Feministinnen aus dem Atelier »Elvira«, wo Lou den ihr dann langjährig befreundeten Architekten August Endell kennengelernt hatte. Auch den Maler Simon Glücklich, der sie in Öl porträtierte, kannte sie bereits von früher. Darüber hinaus gab es noch alte, inzwischen nach München verzogene Bekannte: Max Halbe, Albert Langen oder Frank Wedekind. Diese wiederum stellten ihr unter anderem auch den jungen Dichter Jakob Wassermann vor.

Frieda und Lou wohnten in den sogenannten »Fürstenhäusern«[29] in der Schwabinger Schellingstraße, schräg gegenüber dem heute noch existierenden italienischen Restaurant »Osteria«, wohin sie häufig zum Essen gingen (und das übrigens später ein Stammlokal Adolf Hitlers wurde). Ihr Bekanntenkreis in München war kleiner als etwa in Paris; das gesellschaftliche Leben der Stadt, fand Lou, pulsierte weniger als in den anderen kulturellen Zentren, die sie kannte: »In München stand man nicht in so breiter Allgemeinsamkeit wie in Paris oder Wien etwa, wie die Breite und Schönheit seiner Straßen auch leerer dalag, als riefen sie, man möge sich auf ihnen sammeln. Hier fand man sich nicht im ›Münchnerischen‹ der Eingeborenen, sondern im Gemeinsamen aller Nationalitäten Deutschlands ringsum; zu Geselligkeit kam es in einzelnen literarischen Familien und Schwabinger Winkeln.« (LRB S. 110). In die Schwabinger Winkel der damaligen Boheme, in das »Wahnmoching« der »tollen Gräfin« Franziska zu Reventlow, die – ebenfalls aus adeligem Elternhaus stammend – ihr exzessives Leben fernab der Konvention führte, drang Lou jedoch nicht vor. Sie verkehrte – wenn sie nicht im Atelier »Elvira« bzw. beim Puck war – im Café Luitpold oder im Ratskeller, besichtigte die Pinakotheken, unternahm Ausflüge zum Starnberger See, ging ins Theater oder besuchte ihre Bekannten. Bei einem dieser Besuche – bei Jakob Wassermann – traf sie am frühen Abend des 12. Mai 1897 auf einen jungen Mann, der ihrer Bekanntschaft erwartungsvoll entgegengesehen hatte: René Maria Rilke.

LEBENSMITTE

>»Aber der Schrecken, den absolute Dauer mir auch erotisch einflößte, erscheint mir jetzt so: ein Absetzen elementarischen Durchbruchs gerade infolge seiner Intensität [...] trat mir als das schlechthin Naturgegebene ins Gefühl.« (*Eintragungen* S. 63)

Rainer Maria Rilke

René Maria Rilke (1875–1927) war im September 1896 als Student von Prag nach München gekommen und hatte sich an der Universität für Philosophie immatrikuliert – realiter aber folgte er seinen schriftstellerischen Ambitionen, knüpfte Kontakte und suchte nach Veröffentlichungsmöglichkeiten. Lou Andreas-Salomé war ihm als Schriftstellerin bereits ein Begriff, als Verfasserin des Romans *Ruth*, von dem er begeistert war.[1] Vor allem aber hatte ihn ihr religionsphilosophischer Essay *Jesus der Jude* beeindruckt, der im April 1894 in der *Neuen Deutschen Rundschau* erschienen war. Hier fand er all das »mit der gigantischen Wucht einer heiligen Überzeugung so meisterhaft klar ausgesprochen« (RMR-Brw S. 7), was er in seinen *Christus-Visionen* hatte ausdrücken wollen. Voll Bewunderung sandte er der Autorin anonym Gedichte zu. Lou, die diese lyrischen Ergüsse nicht weiter beachtet hatte, erkannte später – an der Handschrift eines Dankesbriefs im Anschluß an ihre erste Begegnung bei Wassermann im Mai 1897 –, wer der Verfasser dieser Gedichte war.

Die erste persönliche Begegnung mit dem schmächtigen jungen Mann hatte Lou jedoch nicht weiter beeindruckt; in ihrem *Lebensrückblick* vermag sie sich erst an das zweite Zusammentreffen mit ihm zu erinnern; und auch dieses Mal ist Rilke noch einer unter anderen, mit denen sie den Abend verbringt. Rilke jedoch war von Lou sofort fasziniert. Drei Tage später suchte er sie auf und las ihr drei seiner *Christus-Visionen* vor. Bald darauf widmete er ihr das erste Gedicht[2], und alle nun folgenden Liebesgedichte gelten bis in den Herbst 1900 immer ihr.

Lou zeigte sich von Rilkes frühen Dichtungen wenig beeindruckt, sie waren ihr zu überspannt, zu sentimental. Sie sah in ihm nicht den Dichter, sondern den Menschen: »Der blutjunge Rainer [...] wirkte in seinem Wesen doch nicht vorwiegend als der zukunftsvoll große Dichter, der er werden sollte, sondern ganz von seiner menschlichen Sonderart aus.« (LRB S. 114). Aber nicht nur die menschliche, auch die männliche »Sonderart« dieses sie glühend verehrenden 21 jährigen zog Lou an, erkannte sie doch in seiner unauffälligen, schmächtig-jugendlichen Erscheinung eine »unantastbare Herrenhaftigkeit«; ihr gefiel seine »männliche Anmut« (LRB S. 114 f.) und die trotzig-selbstsichere Vehemenz, mit der er sie bestürmte und zu erobern suchte, wenn er beispielsweise mit Rosen in der Hand durch Schwabing und den Englischen Garten irrte und Lou aufs Geratewohl suchte, »zitternd vor lauter Willen, Ihnen irgendwo zu begegnen« (RMR-Brw S. 10).

Lou war nun gelegentlich mit Rilke beim Abendessen oder in einer Ausstellung von Lenbach; am 31. Mai unternahm sie mit ihm und Frieda von Bülow einen Ausflug nach Wolfratshausen, das bei den Münchnern als Sommerfrische beliebt war, besonders seit Eröffnung der Eisenbahnlinie 1891. Auch den drei Freunden gefiel es dort, und so bezogen sie am 14. Juni ihr Sommerquartier in dem kleinen Ort an der Loisach. Lou und Frieda mieteten am Berghang ein kleines Häuschen mit zwei Stuben, das nach seinem Besitzer etwas hochtrabend »Lutzvilla« genannt wurde. In diesem Häuschen, das – umgebaut und vergrößert – heute noch steht und bewohnt wird,[3] übernachtete auch Rilke gelegentlich; er hatte sich im sogenannten »Fahnensattlerhaus« eingemietet.[4] Noch heute hat das »Lutzhäuschen« Fensterläden, in denen ein Stern ausgesägt ist: Rilke sandte Lou, als sie sich für einige Zeit in Hallein aufhielt, eine schwarz gefärbte Karte nach, auf der nur ein Stern ausgespart war – und Lou verstand dieses Symbol: »Du hattest mahnen wollen an unser kleines Erdgeschoß-Stübchen, wo Du, um dem Einblick Unbefugter von der Straße her, zu wehren, am Fenster den Holzladen zuzuschieben pflegtest, so daß nur der ausgesparte Holzstern darin uns ein bißchen Tageslicht gönnte.« (LRB S. 140). In Wolfratshausen erfüllte sich, was Rilke schon vorher zur Gewißheit geworden war:

»Ich bin Dir wie ein Vorbereiten
Und lächle leise, wenn Du irrst;
Ich weiß, daß Du aus Einsamkeiten
Dem großen Glück entgegenschreiten
Und meine Hände finden wirst.« (RMR-Brw S. 9)

Die 36jährige Lou wurde Rilkes Geliebte. Und mehr als das, denn der Einfluß der vierzehn Jahre älteren Frau auf den jungen Dichter sollte tiefgreifend und umwälzend sein. Lou führte ihn auf einen Weg, der seine ganze Lebensart, seine Dichtung, ja sogar seine Handschrift veränderte. Sie vermittelte dem exaltierten Literaten ein Gefühl für die Natur, sie sensibilisierte ihn für alles Kreatürliche. Bei ihren langen Spaziergängen lenkte sie seinen Blick auf die Schönheiten der Umgebung und entwickelte in dem verweichlichten Poeten ein Bewußtsein für das Wesentliche und Natürliche. Sie kleideten sich einfach und zweckgemäß, aßen vorzugsweise vegetarisch, gingen barfuß, badeten in der Loisach. Auch Rilkes Lyrik entkam Lous Zugriff nicht, denn sie konnte mit seiner jugendlichen Überspanntheit nicht viel anfangen, und manchmal gingen ihr seine Schwärmereien regelrecht auf die Nerven: »Mich bekümmerte es, daß ich den Überschwang Deiner Lyrik in den meisten seiner Äußerungen nicht voll genug mitempfand; ja sogar, als ich für kurz von Wolfratshausen nach Hallein reisen mußte, zur Erledigung früher getroffener Verabredung, mißfiel mir die Überschwenglichkeit in Deinen tagtäglich mir folgenden Briefen mit den blaßblauen Siegeln.« (LRB S. 140). Ein großer Teil von Rilkes früher Lyrik wurde von den beiden rigoros vernichtet; von dem wenigen, das übrigblieb, bewahrte Lou bis zuletzt ein Gedicht auf, das sie an ihr erstes Liebeserlebnis erinnerte:

»Dann brachte mir Dein Brief den sanften Segen,
Ich wußte, daß es keine Ferne gibt:
Aus allem Schönen gehst Du mir entgegen,
Mein Frühlingswind Du, Du mein Sommerregen,
Du meine Juninacht mit tausend Wegen,
Auf denen kein Geweihter schritt vor mir:
Ich bin in Dir!« (RMR-Brw S. 22)

Rilke nahm die Anregungen der reifen Frau mit dem Enthusiasmus des Liebenden entgegen. Er war sich bewußt, daß er von Lou viel für seine persönliche und dichterische Entwicklung lernen konnte: »Die Welt verlor das Wolkige für mich, dieses fließende Sich-Formen und Sich-Aufgeben, das meiner ersten Verse Art und Armuth war; Dinge wurden, Thiere, die man unterschied, Blumen, die waren; ich lernte eine Einfachheit, lernte langsam und schwer wie schlicht alles ist, und wurde reif, von Schlichtem zu sagen.« (RMR-Brw S. 124f.). Und wie Louise von Salomé ihren Namen von einem Menschen bekommen hatte, der sie an entscheidender Stelle in ihrem Leben gelenkt und geformt hatte, so nannte sich auch Rilke nun nicht mehr René, sondern identifizierte sich mit dem Namen, den Lou ihm gab: Rainer.

Aber auch für Lou hatte dieses Liebeserleben eine existentielle Bedeutung; fast vierzig Jahre später formulierte sie: »War ich jahrelang Deine Frau, so deshalb, weil Du mir das erstmalig Wirkliche gewesen bist, Leib und Mensch ununterscheidbar eins, unbezweifelbarer Tatbestand des Lebens selbst.« (LRB S. 138). Körper und Geist, Eros und Intellekt fließen für Lou bei Rilke in eins, hier gibt es kein »Leibfremdes« mehr wie damals bei Paul Rée. Jetzt konnte sie endlich Sexualität zulassen und gleichzeitig Freundin im intellektuellen Sinne sein. Ausgerechnet diesem jungen – wenn auch ungewöhnlichen – Mann war es also gelungen, den Bann zu brechen, der auf Lous Liebesleben gelegen hatte.[5] Ein Grund hierfür war sicher auch, wie bereits erwähnt, daß sich Lou in dieser Beziehung gewiß sein konnte, die Führung zu behalten, so daß sie trotz der »Intensität« des »elementarischen Durchbruchs« (*Eintragungen* S. 63) nicht fürchten mußte, sich auszuliefern. In der Beziehung zu dem jungen Mann konnte sich das ganze Spektrum ihrer Persönlichkeit entfalten, sie konnte alle Schattierungen ihrer Weiblichkeit ausleben – war sie für Rilke doch Geliebte und Schwester, Muse und Mutter, Kameradin und Mentorin, und in allem wurde sie von dem geliebten Mann gefordert, anerkannt und bewundert.

Es war eine glückliche Zeit in Wolfratshausen, und viele Freunde besuchten das zufriedene Trio. Manche kamen für ein, zwei Tage – Helene von Klot-Heydenfeldt oder der Puck –, andere blieben länger und quartierten sich im Dorf ein, z. B. August Endell, der im August für ein paar Tage den Schweizer Jugendstilbildhauer Hermann Obrist mitbrachte; auch Akim Volinskij, ein russischer Schriftsteller, ließ sich für einen Monat in Wolfratshausen nieder. Lou hatte ihn vermutlich im Winter 1895/96 kennengelernt, als sie sich während eines Aufenthalts in St. Petersburg um eine Mitarbeit bei der avantgardistischen Zeitschrift *severnyj vestnik* bemühte, für die Volinskij als Kritiker arbeitete.[6] Hier in Wolfratshausen arbeiteten sie zusammen. Lou schrieb zwei Essays über russische Literatur,[7] zu denen sie die Gespräche mit Volinskij angeregt hatten, und sie übersetzte fünf Aufsätze von ihm über Leskow ins Deutsche. Ihm verdankte sie auch die Anregung zu der Novelle *Amor*, die sie in Wolfratshausen überarbeitete.[8]

Nach gut einem Monat kam Bewegung in das Idyll: Am 13. Juli 1897 reiste Frieda von Bülow aus Wolfratshausen ab und fuhr in das holländische Seebad Scheveningen. Lou, Rilke, Volinskij und Endell brachen am 16. Juli nach München auf; von dort fuhr Lou für zwei Tage nach Kufstein mit dem Russen, der dann nach Wien weiterreiste. Später kam es aus unbekannten Gründen zum Bruch zwischen Lou und Volinskij, er blieb ihr »unguten Andenkens« (LRB S. 114).

Bereits am 20. Juli war man wieder in dem Dorf an der Loisach, wo Lou und Rilke nun in »einem an den Berg gebauten Bauernhaus [...] die Stätte überm Kuhstall« bewohnten. Über diesem einsamen, hoch über dem Ort gelegenen Haus[9] wehte dann bald die von Endell gefertigte Flagge, »handgroß mit ›Loufried‹ schwarzgemalt«. Endell, der Jugendstilkünstler, half auch bei der Einrichtung der »drei ineinandergehenden Kammern, die er durch schöne Decken, Kissen und Geräte anheimelnd« (LRB S. 113 f.) machte.

Ein Telegramm kündigte am 22. Juli die Ankunft von Friedrich Carl Andreas an, der dann tatsächlich einen Tag später in Wolfratshausen eintraf und für die Dauer von über einem Monat im »Loufried« wohnte. Häufig wurde die Frage gestellt, wie es Lou gelungen sein mag, in dem bekanntlich temperamentvoll-eifersüchtigen Andreas keinen Verdacht über die Natur ihrer Beziehung zu Rilke aufkommen zu lassen. Mit Sicherheit hatte sie die Situation und sich selbst im Griff – sowohl zu diesem Zeitpunkt als auch in den nachfolgenden Berliner Jahren mit Rilke –, schließlich war ihr die Konstellation als Frau zwischen zwei Männern mittlerweile hinreichend bekannt. Entsprechend dürfte sie Rilke instruiert haben. Und mit Sicherheit war sie diskret und taktvoll. Aber es lag wohl auch an dem großen Altersunterschied zwischen ihr und Rilke, daß Andreas nicht der Gedanke kam, in diesem jungen Mann einen Rivalen zu sehen. Auch später in Berlin akzeptierte er in Rilke den Hausfreund und hatte gegen seine Anwesenheit nichts einzuwenden. Außerdem geht aus Lous Tagesnotizen hervor, daß Rilke nach Andreas' Ankunft nicht mehr im »Loufried« wohnte und auch in den Wolfratshauser Wochen nicht immer zugegen, sondern zweimal für einige Zeit in München war. Auf jeden Fall war das Zusammensein ungetrübt; sie unternahmen gemeinsam lange Spaziergänge, machten Ausflüge, saßen in der Gartenlaube zusammen und unterhielten sich – oder jeder arbeitete für sich allein. Lou beschäftigte sich mit Kunstgeschichte und schrieb an den Novellen *Ein Wiedersehen* und *Inkognito*.

Nachdem Andreas am 29. August abgereist war, blieb auch sie nicht mehr lange in Wolfratshausen. Am 31. August war sie bereits für einen Nachmittag nach München gefahren, um sich dort mit Broncia und Hugo Koller zu treffen. Und Kollers besuchte sie dann auch am 3. September für knapp zwei Wochen in Hallein, während Rilke -- Lou vermissend -- noch für einige Tage in Wolfratshausen blieb. Bei diesem Besuch sah Lou, die von Rilke kam und zu Rilke fuhr, auch Zemek wieder, ohne ihm jedoch besondere Aufmerksamkeit zu schenken: »Allerlei Spaziergänge und Schwatzstunden, die durcheinander gehen«, charakterisierte sie in ihrem Tagebuch vereinheitlichend das Zusammensein mit den Familienmitgliedern.

Am 15. September war Lou wieder in München, von Rilke bereits sehnlichst erwartet. Nach ruhigen Tagen, in denen sie viel las, wiederholt die Alte Pinakothek und den Glaspalast besuchte und weite Spaziergänge im Englischen Garten machte, reiste sie am 1. Oktober zurück nach Berlin – zusammen mit Rilke, der nicht mehr von ihrer Seite weichen wollte und seine Zelte in München einfach abgebrochen hatte, ohne sich von seinen Freunden und Bekannten zu verabschieden.

In Berlin fand er mit Lous Hilfe schnell ein möbliertes Zimmer in der Rheingaustraße, nicht allzuweit von der kleinen Schmargendorfer Wohnung von Lou und Andreas entfernt. Hier besuchte er Lou fast täglich – von Andreas, der manchmal den Abend mit Lou und Rilke gemeinsam verbrachte, nicht nur geduldet, sondern ganz offensichtlich gern gesehen. Da der einzige wohnliche Raum Andreas' Bibliothek beherbergte, hielten sich Lou und Rilke meist in der Küche auf; sie saßen am Küchentisch, an dem Lou auch ihre Aufsätze und Novellen verfaßte, und betrieben verschiedene Studien, die hauptsächlich der Vorbereitung von Reisen dienten: Rilkes italienischer und der geplanten russischen zu dritt mit Andreas. Rilke half Lou bei der Hausarbeit, spaltete Holz, trocknete Geschirr ab und ging ihr überhaupt zur Hand, vor allem, wenn sie seine Leibspeise, russische Topfgrütze und Borschtsch, kochte. Er paßte sich ihrer einfachen Lebensweise vollständig an und »verlor alles Verwöhnerische, das ihn früher an geringsten Beschränkungen hatte leiden lassen«. Er begleitete sie auf ihren weiten Spaziergängen im Grunewald, »vorbei an zutraulichen Rehen, die uns in die Manteltaschen schnupperten« (LRB S. 116).

Als arrivierte Schriftstellerin führte Lou den jungen Dichter auch bei ihren Berliner Freunden und Bekannten ein; sie verschaffte ihm Kontakte und Anregungen und vermochte, ihm manchen Weg zu ebnen. Durch sie erlangte Rilke auch Zutritt zum auserlesenen Kreis derer, die Mitte November im Haus des Malerehepaars Sabine und Reinhold Lepsius einer Lesung Stefan Georges beiwohnen durften, einer Lesung, die Rilke stark beeindruckte. Sabine Lepsius erinnerte sich an die Gäste: »Um 5 Uhr hatte George zu lesen begonnen. Als er geendet, blieben noch etliche Zuhörer beisammen. Unter ihnen befand sich Lou Andreas-Salomé, die Freundin Nietzsches, die George mit großer Andacht lauschte. Sie brachte ihren jungen Freund Rainer Maria Rilke mit, dessen ätherisches Sein sich in dem Jugendlichen ausdrückte, ohne ihn seiner geistigen Männlichkeit zu berauben. Seine Erschütterung konnte man nur ahnen, denn sie verbarg sich unter einem so ausgewogenen Wesen, daß man nicht dazu angeregt wurde, über seine Bereitschaft zum Leiden nachzudenken, sondern ihn vielmehr als einen durchaus harmonisch zusammengehaltenen Jüngling empfand.«[10]

Lou hatte damals schon erkannt, wie wenig ausgewogen das Wesen des hochsensiblen, fast labilen jungen Rilke war. Um ihn zu stärken, ihm durch neue Erfahrungen und Eindrücke zu größerer Festigkeit und tieferem Selbstbewußtsein zu verhelfen, durchaus aber auch, um Rilkes Fixierung auf ihre Person zu lockern, schickte sie ihren jungen Freund im Frühsommer 1898 nach Italien. Sie hatte ihm zur Auflage gemacht, ein Tagebuch für sie zu führen, um den schwärmerischen Dichter zu rationaler Reflexion des Erlebten zu zwingen. Bei seiner Rückkehr war sich Rilke dann auch sicher, daß der Aufenthalt in Italien – innerlich vorbereitet durch die Freundin – ihn weitergebracht hatte.[11] Er hatte sich vorgenommen, der geliebten Frau ebenbürtig zu werden, und wollte fähig sein, auch den aktiven Part des Mannes in dieser Beziehung zu übernehmen. Aber als er nach seiner Reise Anfang Juni mit Lou in Danzig wieder zusammentraf, bemerkte er sehr schnell, daß er keineswegs so weit gereift war, wie er es ersehnt hatte. Lou begegnete ihm nach wie vor nur mit »Nachsicht und Milde«, sie ließ ihm keinen auch noch so kleinen Triumph. Rilkes Enttäuschung machte sich in wütenden und resignierenden Worten Luft: »Ich haßte Dich wie etwas zu Großes. Ich wollte diesmal der Reiche, der Schenkende sein, der Ladende, der Herr, und Du solltest zu mir kommen und, von meiner Sorgfalt und Liebe gelenkt, Dich ergehen in meiner Gastlichkeit. Und nun Dir gegenüber war ich wieder nur der kleinste Bettler an der letzten Schwelle Deines Wesens, das auf so breiten und sicheren Säulen ruht.«[12] Aber er sah schließlich ein, daß er die soviel reifere und souveränere Frau nie würde einholen können – bis zu seinem Tod blieb sie diejenige, bei der er Rat und Trost suchte und nicht umgekehrt.

Russische Reisen

Nachdem Rilke im August 1898 ganz in Lous Nähe umgezogen war, in die Hundekehlestraße, intensivierten Lou und Rilke ihre russischen Sprach- und Literaturstudien als Vorbereitung auf die nächste Reise. Und am 25. April 1899 war es dann soweit: Gemeinsam mit Andreas brachen Lou und Rilke nach Rußland auf und kamen zwei Tage später in Moskau an. Hier blieben sie eine knappe Woche und knüpften einige Bekanntschaften. So ging Rilke am 28. April mit einem Empfehlungsschreiben zu dem Maler Leonid Pasternak, der den drei Ausländern noch am selben Abend einen zweistündigen Besuch beim Grafen Leo Tolstoj in dessen Moskauer Haus ermöglichte. Beim Tee unterhielt sich Tolstoj vor allem mit Andreas über dessen Forschungen zur persischen Sekte der Babis; Rilke scheint er keine Beachtung geschenkt zu haben, und mit Lou war er uneins über die Bedeutung der Religion: Die Frömmigkeit des russischen Volkes, deren ungebrochene Intensität Lou faszinierte, kritisierte Tolstoj als Aberglauben; er wollte Aufklärung für das russische Volk. Am nächsten Tag gingen sie zu dritt zu Leonid Pasternak und besuchten auch den Bildhauer Fürst Pawel Trubetzkoj.

Abends begannen dann die Osterfeierlichkeiten, deren Faszination Lou und ihre Begleiter zwei Nächte lang im Kreml erlebten. »Obgleich Tolstoj uns auf das heftigste ermahnt hatte, abergläubischem Volkstreiben nicht noch durch dessen Mitfeier zu huldigen, fand die Osternacht uns doch, direkt von ihm kommend, unter der Gewalt der Kremlglocken.« (Rilke S. 19). Vor allem Rilke war durch das andachtsvolle Feiern in dieser großen Gemeinschaft, in der das Individuum restlos aufging, beeindruckt.

Am 2. Mai reiste Lou mit den beiden Begleitern zu ihrer Familie nach St. Petersburg; sie und Andreas wohnten bei den Salomés, Rilke im Hotel. Der Besuch ihrer Heimatstadt galt wie immer hauptsächlich der Familie, doch sie fand genügend Zeit, gemeinsam mit Andreas und Rilke die Sehenswürdigkeiten der Stadt zu besichtigen. Sie versuchte auch, Rilkes Wunsch gerecht zu werden, möglichst viele Bekanntschaften zu schließen, und besuchte mit ihm z. B. den bekannten Übersetzer Friedrich Fiedler, der russische Literatur ins Deutsche übertrug. Er hielt diesen Besuch vom 11. Mai in seinem Tagebuch fest: »Soeben ist die Lou Andreas-Salomé und Rilke (die beiden duzen sich) von uns gegangen. Sie sah wenig ästhetisch aus: ohne Kragen, in schlodderndem Kleide, das ihre Schenkel hervortreten ließ, – doch sonst nichts dekadentisch-symbolisch-Überspanntes. Gegen die Vierzig; im Abwelken begriffen. Ein ganz klein wenig schnippisch.«[13]

Nach sechswöchigem Aufenthalt in Rußland traten die drei am 17. Juni von St. Petersburg aus die Rückreise an. Das Ehepaar

Andreas kam nach einer Zwischenstation in Danzig am 22. Juni 1899 wieder in Berlin an, Rilke blieb noch sechs Tage länger in Oliva.

Lou und Rilke schmiedeten umgehend neue Pläne für eine weitere Rußlandreise und stürzten sich auf vorbereitende Studien; Rilke widmete sich vor allem der Verbesserung seiner russischen Sprachkenntnisse. Als sich Frieda von Bülow in der Nähe von Meiningen aufhielt, beschlossen Lou und Rilke, sie dort zu besuchen, um in der Abgeschiedenheit ungestört arbeiten zu können. Sie blieben dort vom 29. Juli bis zum 12. September und studierten mit hingebungsvoller Energie, so daß ihnen die Zeit wie im Fluge verging und sie nichts anderem mehr Aufmerksamkeit schenkten. Frieda, die Rilke auch als den »Jünger« Lous bezeichnete, fühlte sich zwangsläufig zurückgesetzt und klagte einer Freundin: »Von Lou und Rainer hab ich bei diesem sechswöchigen Zusammensein äußerst wenig gehabt, nach der längeren russischen Reise, die sie im Frühjahr (inkl. Loumann) unternommen, hatten sie sich mit Leib und Seele dem Studium des Russischen verschrieben und lernten mit phänomenalem Fleiß den ganzen Tag: Sprache, Literatur, Kunstgeschichte, Weltgeschichte, Kulturgeschichte von Rußland, als ob sie sich für ein fürchterliches Examen vorbereiten müßten. Kamen wir dann bei den Mahlzeiten zusammen, so waren sie so erschöpft und müde, daß es zu anregender Unterhaltung nicht mehr langte.«[14]

Am 7. Mai 1900 reisten Lou und Rilke erneut nach Rußland, diesmal ohne Andreas. Die erste Station war für drei Wochen wieder Moskau, wo sie von Sophia Schill empfangen und betreut wurden, einer russischen Schriftstellerin, die ihnen bereits aus Berlin bekannt war. »Schillchen«, wie Lou und Rilke sie nannten, leitete literarische Abendkurse für Arbeiter und Bauern, zu denen die beiden sie möglichst oft begleiteten, waren sie doch immer auf der Suche nach dem originären, unverfälschten Russentum. »Sie interessierten sich nicht für die ersten Versuche der russischen Arbeiter, aktiv in der Politik aufzutreten, sondern für ihr Sein, ihr ländliches Wesen, die gesunden Wurzeln [...].«[15] Tatsächlich ist es für die ganze Reise und für Lou und Rilkes idealisierendes Rußlandbild kennzeichnend, daß sie soziale und politische Probleme kaum wahrnahmen, wie es in der Décadence und dem Kulturpessimismus ihrer Zeit weitverbreitet war. »Und sie sahen über das Grobe, den Schmutz und die Elendshütten hinweg. Überall sprachen sie mit dem Volk [...]. Sie suchten allerorts das ›echte Antlitz Russlands‹. Je weiter es von der Literatur und dem Europäertum entfernt war, um so besser.«[16] So gingen sie auch gerne in die Kneipen der Lastenträger, lauschten deren Gesprächen und unterhielten sich mit ihnen. Sie hatten ein vorgefaßtes Bild vom urwüchsig gesunden, ungebrochenen und natürlichen russischen Volksleben im Kopf, an dem sie auch um den Preis eines eingeschränkten Blickwinkels festhielten.

Moskau besichtigten sie diesmal ausführlich, sie besuchten Kirchen und Museen, den Kreml, die Uspenski-Kathedrale, die Tretjakow-Galerie, das Historische Museum. Sophia Schill erzählt: »Die beiden bummelten durch Moskau, über den Arbat, durch Gassen und Gässchen und hielten sich wie Kinder bei der Hand. Sie zogen Lächeln und Blicke auf sich, doch ließen sie sich davon nicht stören.« Und sie berichtet auch, warum die Fremden Aufsehen erregten: »Die beiden Freunde waren schon ein auffallendes Pärchen. Die stattliche, etwas füllige Luisa Gustawowna im selbstgenähten Reformkleid von eigenartiger Farbe und daneben der schlanke, mittelgroße junge Dichter in einer Jacke mit unzähligen Taschen und einem originellen Filzhut.«[17]

Am 31. Mai verließen sie die Hauptstadt. Am Bahnhof trafen sie zufällig Leonid Pasternak, der mit seiner Familie in denselben Zug stieg.[18] Von Pasternak erfuhren sie, daß sich Tolstoj auf dem Gut Jasnaja Poljana aufhielt, und sie beschlossen, den verehrten Dichter dort aufzusuchen. Rilke hatte – nach dem ersten kurzen Zusammentreffen im Jahr zuvor – dem Grafen einen Dankesbrief geschrieben und ihm Andreas' Studie über die

Babis in Persien, Lous Novellenband *Menschenkinder* und von sich selbst die *Zwei Prager Geschichten* gesandt. Tolstoj hatte freundlich gedankt.

Der zweite Besuch bei dem großen russischen Dichter am 1. Juni verlief – wenngleich die Schilderungen Lous und Rilkes dies eher vertuschen[19] – allerdings weniger erfreulich als der erste. Als sie – nur kurzfristig durch das Billett eines Bekannten angekündigt, das der Graf nicht zufällig unbeantwortet gelassen hatte – auf dem Gut erschienen, erkannte der greise Tolstoj zwar Lou wieder und ließ sie ein. Rilke jedoch schlug er erst einmal die Türe vor der Nase zu. Kaum hatte er sie begrüßt, entschuldigte er sich sofort wieder und zog sich zurück. Lou und Rilke gingen daraufhin im Park spazieren. Die Gräfin gab ihnen schließlich unmißverständlich zu verstehen, daß sie ungelegen kämen, der Graf fühle sich unwohl. Die beiden Besucher ließen jegliches Taktgefühl außer acht, wünschten Tolstoj unbedingt nochmals zu sprechen und warteten unverdrossen. Nach einer halben Stunde erschien Tolstoj dann tatsächlich nochmals und unternahm mit ihnen einen kurzen Gang durch den Park. Die Unterhaltung war zäh, Tolstojs Laune keineswegs die beste. »Nach einer Frage an Rainer: ›Womit befassen Sie sich?‹ und dessen etwas schüchterner Antwort: ›Mit Lyrik‹, war eine temperamentvolle Entwürdigung jeglicher Lyrik auf ihn niedergeprasselt [...].« (LRB S. 117).

Ungeachtet aller Hindernisse und Unfreundlichkeiten empfanden Lou und Rilke diese Begegnung mit Tolstoj als Bereicherung. Dankbar erinnerte sich Lou an diesen Besuch mit den Worten: » – daß wir Dich noch gesehen. – « (LRB S. 118).

Nach dem Abstecher zu Tolstoj fuhren Lou und Rilke in der Pfingstwoche nach Kiew, wo Rilke Eindrücke empfing, ohne die sein *Stundenbuch* nicht denkbar wäre. Allerdings vermißten sie in Kiew das »typisch Russische«, das ihnen in Moskau so gut gefallen hatte und nach dem sie so sehr suchten. Aber sie badeten hier jeden Tag im Dnjepr, besuchten unter anderem die Wladimir-Kathedrale, die Sophienkathedrale und vor allem das

Höhlenkloster Pjetscheskaja und die Katakomben. Die Atmosphäre in den unterirdischen Gewölben schildert Lou in ihrem Roman *Ródinka* sehr anschaulich. Am 17. Juni gingen sie zum Abschied auf den Sonntagsmarkt, bevor sie mit dem Schiff dnjeprabwärts nach Kresl fuhren und von dort, mit dem Zug, durch die ukrainische Nacht nach Poltawa. In Saratov erreichten sie die Wolga, schifften sich am 24. Juni auf dem Dampfer »Alexander Newskij« ein und legten bei herrlichem Wetter im Abendrot ab. Am nächsten Tag waren sie in Samara; danach begann der schönste Teil ihrer Wolgafahrt, und Lou war so von der Schönheit der Landschaft gefesselt, daß sie sich nicht einmal die Zeit nahm, ihre knappen Tagesnotizen fortzusetzen. Am 28. Juni legten sie morgens in der Tatarenstadt Kasan an, zu deren Besichtigung sie fast einen Tag Zeit hatten. Abends bestiegen sie den Schnelldampfer »Großfürstin Olga«, mit dem sie am 30. Juni Nischni-Nowgorod erreichten, wo sie wiederum einen knappen Tag verweilten. Am frühen Morgen des 2. Juli endete die Wolgafahrt in Jaroslawl.

Die Fahrt auf der Wolga gehörte für Lou, die bislang von ihrem Geburtsland wenig gesehen hatte, zu den beeindruckendsten und beglückendsten Erlebnissen dieser Reise. Sie empfand eine tiefe Verbundenheit mit der Landschaft, hier fühlte sie sich geborgen und mit dieser Umgebung gleichsam präexistent verwandt. In ihrem Reisetagebuch hielt sie diesen für sie überwältigenden Eindruck fest: »Die Wolgalandschaft schien mir zu sagen: ›ich bin für dich nicht nur da, um dich etwa in mir anzusiedeln und in mir den edelsten Boden für dein Leben zu finden, ich bin an mir selber Erfüllung für dich, d. h. in einer Landschaft verkörpert alles das, was dir vorgeschwebt und was du nur deshalb nicht als Landschaft im Traum gesehen hast, weil du zufällig kein Maler bist, sondern in anderer Weise deine Träume bildest, sonst würdest du mich längst gekannt, längst im Bild vorweg genommen haben. [...] Denn was du je wolltest, je betetest, je lachtest, was je in dir sang oder träumte oder weinte, – das alles als Landschaft bin ich.‹ Das alles sagte mir die Wolga wo sie am weitesten ist und ihre Ufer ansteigen.« (Rußland S. 91).

Von Jaroslawl aus fuhren Lou und Rilke in das nahegelegene Dorf Kresta-Bogorodskoje und mieteten sich dort eine Isba, eine Bauernhütte, die sich ein jungvermähltes Paar erbaut hatte. Die Einrichtung war einfach: »umlaufende Bank, ein Samovar, breiter, frisch für uns gefüllter Heusack am Boden machten den Innenraum fertig.« Lou bat die Bäuerin, »im leeren Stallraum daneben eine zweite Strohschütte« zu plazieren, »obzwar die Nachbarbäuerin treuherzig zu bedenken gab, daß die erste ausreichend breit geraten sei« (LRB S. 119). Lous Wunsch, für sich allein zu sein, kam nicht von ungefähr: Je mehr sie von Rußland sah, je besser sie ihre Heimat kennenlernte, desto mehr fand sie sich selbst in ihr, fand sie die eigene Kindheit und frühe Jugend wieder, die sich so unberührt von der russischen Realität vollzogen hatte. Zu dieser Rückkehr und Wiederfindung brauchte sie innere Ruhe – Rilke trat an den Rand.[20] Die emotionale Beziehung, die Lou nun zu ihrem Heimatland entwickeln konnte, ist dennoch im Zusammenhang mit Rilke zu sehen. Denn obwohl Lou jedes Jahr zu ihrer Familie nach Rußland gereist war, hatte sie bis dato nicht das Bedürfnis gehabt, ihre Heimat kennenzulernen. Erst durch Rilke, erst durch die umfassende Liebesbeziehung zu ihm, war sie fähig geworden, ihren Panzer aufzubrechen und Empfindungen zuzulassen, die an ihr Innerstes rührten. Auf dieser Reise konnte sie nun auch die verschütteten Emotionen ihrer Kindheit aufarbeiten. Zahlreiche Reflexionen in ihrem Reisetagebuch belegen dies.[21]

In dem kleinen Dorf genossen sie für ein paar Tage das einfache Leben der Bauern, mit denen sie sich anfreundeten und von denen sie sich Geschichten erzählen ließen, »wenn wir in aller Morgenfrühe schon auf der Schwelle saßen, den dampfenden Samowar vor uns am Boden, und heiter den Hühnern zusahen« (LRB S. 119f.).

Diese Idylle währte aber nicht lange, denn bereits am 6. Juli waren Lou und Rilke wieder in Moskau, das Lou bei diesem Besuch besonders gefiel. Inzwischen hatten die meisten Bekannten die sommerlich heiße Stadt verlassen, so daß viel Zeit für den Besuch von Museen blieb. Oft wurden sie vom Fürsten Sergej Schuchowskoj begleitet, der ihnen eine Reise nach Ostrußland vorschlug. Aber sie mußten ablehnen: »Unter Thränen aufgeben müssen, Geld langt nicht.« (Rußland S. 105). Statt dessen wollten sie nochmals einige Zeit in einem Dorf wohnen. Rilke dachte dabei an das Dorf des russischen Bauerndichters Spiridon Droschin, für dessen Lyrik[22] er sich begeisterte – sehr zur Verwunderung von Leuten, die die russische Sprache besser beherrschten als er, so z. B. Sophia Schill. Dennoch bemühte sich »Schillchen«, dem Wunsch der Freunde nachzukommen, und verschaffte ihnen eine Einladung nach Nisowka zu Droschin, wohl in der Hoffnung, daß ihnen dort die neoromantische Verklärung des einfachen Rußland endlich vergehen würde: »Dort werden Sie das wahre russische Leben kennenlernen«, schrieb Sophia Schill an Rilke und wollte ihn auf die sozialen Aspekte der russischen Realität aufmerksam machen, »das einfache, unkultivierte Dorf, seinen ganzen Schmutz, seine Armut und Unsauberkeit. Wenn Sie dort gewesen sind, werden Sie ganz bestimmt Ihre Meinung über Rußland in vielem ändern, Sie werden sich über Ihre Begeisterung entsetzen und vielleicht mit einem ganz anderen Gefühl auf Ihre Heimat schauen, wo die Leute trotz alledem wenigstens wie Menschen leben und nicht wie Tiere.«[23] Aber Sophia Schill unterschätzte die Begeisterungsfähigkeit der beiden Reisenden, deren »Unbehagen in der Kultur« das archaische Leben verklärte und sie jegliche sozialen Probleme übersehen ließ.

Am 18. Juli trafen Lou und Rilke in Nisowka ein; sie gingen abends am Wolgaufer spazieren und ließen sich von Droschin Gedichte vorlesen. Die nächsten Tage vergingen mit Barfußgängen, Gesprächen mit dem Bauerndichter und seiner Familie, Pilzesammeln und Besuchen auf dem nahegelegenen Gut des Grafen Nicolai Tolstoj, einem entfernten Verwandten des Dichters, in Nowinki. Dort übernachteten Lou und Rilke und erhielten so auch einen Einblick in das feudale Leben auf dem Lande. Mit ihrem Fotoapparat machte Nicolai Tolstoj noch einige Aufnahmen von seinen Gästen; dann aber hieß es Abschied nehmen. Ein Abschied, der Lou sehr schwerfiel, denn auf dieser Reise hatte sie Rußland erkannt als »lebendige Heimath, ja als meine liebe, liebe Heimath durch und durch!« (Rußland S. 80).

Am 23. Juli 1900 abends brachen Lou und Rilke nach St. Petersburg auf; dort kamen sie, nach einem Zwischenaufenthalt in Nowgorod Wliki, am 26. Juli abends an. Bereits am 28. Juli reiste Lou jedoch weiter nach Rongas in Finnland, ihrer Familie nach, die sich dort auf dem Gut von Alexander von Salomé zum Sommerurlaub aufhielt. Rilke blieb allein in St. Petersburg zurück, arbeitete fast täglich in der Bibliothek, trieb kunstgeschichtliche Studien, besuchte Bekannte – und fühlte sich einsam in der fremden Stadt ohne Lou, nach der er sich heftig sehnte. Lou hingegen war glücklich im Kreis ihrer Familie, durchstreifte die Wälder von Rongas, zog drei kleine Eichhörnchen auf – und wurde nur beunruhigt durch Rilkes Briefe, in denen sie erschrocken die alte Überschwenglichkeit wiederfand, die sie und Rilke »längst lächelnd die ›vor-wolfratshausensche‹ genannt« hatten und die ihr nun »wie ein unbegreiflicher Rückfall erschien« (LRB S. 146).

Während dieser zweiten russischen Reise, deren Eindrücke Rilke überwältigten, hatte er bereits einige neurotische Anfälle. So konnte er z. B. in Kiew bei dem gewohnten Spaziergang durch einen schönen Akazienwald an einem bestimmten Baum plötzlich nicht mehr vorbeigehen. Immer häufiger bekam er Weinkrämpfe, »Angstverfassungen und körperliche Anfälle« (LRB S. 145). In ruhigen Phasen sprach Lou mit ihm ausführlich über diese Symptome, und beide suchten nach Gründen dafür. Sie erklärten sich Rilkes Anfälle schließlich aus der Diskrepanz zwischen Schaffenwollen und Nicht-Schaffenkönnen. Wenn Lou rückblickend erklärte: »die Wucht Deiner inneren Problematik riß mich zu Dir hin, und nie hat die Wirkung nachgelassen« (LRB S. 145), so bezog sich das vor allem auf den leidenden Menschen und führte zu ihrem Interesse an den unbekannten psychischen Vorgängen und ihrem Wunsch, ihm seine Qualen zu erleichtern. Was ihre Liebesbeziehung zu Rilke betraf, so empfand sie gegenteilig: »Und doch – und doch: riß es mich nicht zugleich von Dir fort –? Aus jener Wirklichkeit Deiner Anfänge, in der wir wie von Einer Gestalt gewesen waren.« (LRB S. 146).

Aber auch Lou hatte sich durch die intensive Berührung mit ihrem Geburtsland, durch den Aufbruch in die emotionale Offenheit verändert. Für sie hatte das »Erlebnis Rußland« eine ganz andere Bedeutung als für Rilke. Es schloß sich ein Kreis: Die Lücken ihrer Jugend füllten sich, der Bruch, den die frühe und radikale »Nestflucht« manifestiert hatte, wurde gekittet. Durch die Erlebnisse und Erfahrungen dieser Reise, durch das Auffinden ihrer Kindheit, hatte sie eine neue Dimension an innerer Freiheit und Unabhängigkeit gewonnen und war nun in der Lage, die »unabänderlich obwaltenden Lebensverhältnisse«, die ihr in der Ehe mit Andreas auferlegt waren, »bereit und freudig« (LRB *S. 291*) zu akzeptieren.

Was ihre Beziehung zu Rilke anging, so kam Lou während ihres Aufenthalts in Finnland die beiderseitige Veränderung und ihre daraus erwachsende Distanz zu ihm mehr und mehr zu Bewußtsein: »Den Kopf in die Hände gebückt, rang ich damals oft um Verstehen dafür in mir selber.« Und sie erinnerte sich an einen alten Satz aus einem ihrer frühen Tagebücher, der, wie sie jetzt wieder feststellen mußte, Geltung hatte für ihr Leben: »Ich bin Erinnerungen treu für immer; Menschen werde ich es niemals sein.« (LRB S. 147). Die Tagebucheintragung »Splitter im Nagel und in den Nerven« (Rußland S. 83) aus Kresta-Bogorodskoje, als sie einen eigenen Strohsack wollte, ließ bereits ahnen, daß für Lou die Liebesbeziehung zu Rilke dem Ende zuging. Damals schon hatte sie ihm einen Aufenthalt in Worpswede bei dem Maler Heinrich Vogeler vorgeschlagen, den Rilke in Florenz kennengelernt hatte. In Rongas reifte nun der Entschluß, sich von Rilke zu trennen. Sie war der Meinung, daß er

Freiraum brauchte, um sich menschlich und künstlerisch entfalten zu können. Es wurde ihr klar, daß sie ihm nicht länger die entscheidende Stütze in seinem Leben sein durfte – und vor allem nicht sein wollte.

Am 22. August 1900 trat sie zusammen mit Rilke von St. Petersburg aus die Rückreise nach Deutschland an. Am 26. August trafen sie nach fast vier Monaten wieder in Berlin ein. Und einen Tag später reiste Rilke tatsächlich nach Worpswede auf den Barkenhoff zu Heinrich Vogeler, wo er bis zum 5. September blieb. Eine gute Woche später war er wieder in Berlin. Ende Oktober zog er dann nochmals um, in die Misdroyer Straße – er wohnte also wieder in unmittelbarer Nähe von Lou und besuchte sie nach wie vor häufig. Auch ihre gewohnten langen Spaziergänge durch den Grunewald nahmen sie wieder auf, oft barfuß, und besprachen ihre russischen Erlebnisse und Eindrücke. Aber der innere Bruch in Lous Verhältnis zu Rilke war nicht mehr zu kitten. Lou fühlte sich durch die Nähe Rilkes immer mehr eingeengt. Am »Altjahrsabend« von 1900 notierte sie in ihrem Tagebuch: »Was ich will vom kommenden Jahr, was ich brauche, ist fast nur Stille, – mehr Alleinsein, so wie es bis vor 4 Jahren war [vor ihrer Begegnung mit Rilke]. Das wird, muß wieder kommen. Im Uebrigen blicke ich heut nur zurück auf das Erlebniß von 1900 für mich, auf Rußland.« (Rußland S. 145).

Dieses Erlebnis verarbeitete sie nun auch literarisch: Um die Jahreswende begann sie mit ihrem Roman *Ródinka*, um sich »das Heimweh nach Rußland aus der Seele« (LRB S. 172) zu schreiben, kurz darauf mit der Novelle *Wolga*. Von der Arbeit vollständig vereinnahmt, war sie in solchen Phasen intensiver schriftstellerischer Produktivität immer äußerst unwirsch: »Aber in den Arbeitskämpfen dieser Tage bin ich zu Hause gewiß manchmal abscheulich gewesen. Hinterher tut es mir immer furchtbar weh. Ich möchte Meere von Liebe haben, um das wieder auszulöschen. Ich bin ein Scheusal.« Nach dieser Selbsterkenntnis folgt jedoch der vielsagende, einschränkende Zusatz: »Schlecht war ich auch gegen Rainer, aber dies tut mir nie weh!« (RMR-Brw S. 50). Eine Woche später, am 17. Januar, liest man in ihrem Tagebuch: »Damit R. fortginge, *ganz* fort, wär ich einer Brutalität fähig. *(Er muß fort!)*«. Und vier Tage später heißt es dann: »Mich vor R. mit Lügen verleugnet.« (RMR-Brw S. 51).

Nachdem es kurz vorher wohl zu einer mündlichen Aussprache zwischen ihr und Rilke gekommen war, schickte sie ihm am 26. Februar 1901 mit der Post einen Abschiedsbrief – *Letzter Zuruf* überschrieben –, in dem sie einen endgültigen Schlußstrich unter ihre bisherige Beziehung zu Rilke zieht. Hier spricht sie auch von ihren Befürchtungen bezüglich Rilkes seelischer Krankheitszustände. Voll Sorge hatte sie Zemek um seinen ärztlichen Rat gefragt und gab nun dessen Warnung, Rilke könne »in's Geisteskranke« abrutschen, an diesen weiter. Gleichzeitig betonte sie aber: »Dies braucht jedoch nicht zu sein!« – wenn sich Rilke nur in voller Konsequenz seiner Existenz als Künstler stellen würde. Lou erwähnte auch ganz offen die Belastung, der sie sich durch Rilkes neurotische Anfälle ausgesetzt sah: »Allmählich wurde ich selber verzerrt, zerquält, überanstrengt, ging nur noch automatisch, mechanisch neben Dir, konnte keine volle Wärme mehr dransetzen, gab die eigene Nervenkraft aus! Immer öfter stieß ich endlich Dich fort, – aber daß ich immer wieder mich von Dir an Deine Seite zurückziehn ließ, das geschah jener Worte Zemek's halber [der wohl vor einem zu radikalen Bruch gewarnt hatte].« (RMR-Brw S. 53 f.). Ihre eigene persönliche Entwicklung, die durch die zweite russische Reise katalysiert worden war, führt sie als ergänzende Erklärung für ihre innere Entfernung zu Rilke an.

Beim persönlichen Abschied von Rilke hatte Lou im Hinausgehen noch folgende Worte in eiliger Schrift auf die Rückseite einer Milchrechnung Rilkes geschrieben: »Wenn einmal viel später Dir schlecht ist zu Mute, dann ist bei uns ein Heim für die schlechteste Stunde.« (RMR-Brw *S. 508*). Gleichzeitig hatte sie ihm aber das Versprechen abgenommen, ihre Beziehung auch schriftlich nicht mehr fortzusetzen. Rilke sollte ihr keine Briefe mehr schreiben, »es sei denn in der Stunde höchster Not« (LRB S. 147). Seine Trauer über das Ende der Beziehung brachte Rilke u. a. in folgendem Gedicht zum Ausdruck:

»Warst mir die mütterlichste der Frauen,
ein Freund warst Du wie Männer sind,
ein Weib so warst Du anzuschauen,
und öfter noch warst Du ein Kind.
Du warst das Zarteste, das mir begegnet,
das Härteste warst Du, damit ich rang.
Du warst das Hohe, das mich gesegnet –
und wurdest der Abgrund, der mich verschlang.«
(RMR-Brw S. 55 f.)

Zwei Monate nach der Trennung ging Rilke – obwohl ihn Lou davor gewarnt hatte – eine neue Bindung ein und heiratete die Bildhauerin Clara Westhoff.

Auch Lou wandte sich kurze Zeit später einem anderen Mann zu. Zuerst einmal aber versank sie in ihren Rußlanderinnerungen. Der Stoff für *Ródinka* begann Gestalt anzunehmen. Dieses Buch, das größtenteils 1901 bis 1904 konzipiert, jedoch erst 1923 veröffentlicht wurde, spannt den Bogen von Lous Kindheit in Rußland bis zur Wiederbegegnung mit ihrer Heimat während der zweiten russischen Reise: Margot, die in Ichform ihre Erlebnisse erzählt, wächst in Rußland auf. Sie lernt den jungen Russen Witalii kennen, einen Revolutionär, dessen politisch-soziale Ziele der tiefen Liebe zu seinem Volk entspringen. Margot siedelt schließlich nach Deutschland über; sie heiratet und bekommt ein Kind, das jedoch bald stirbt. Bei ihrer Rückkehr nach Rußland begegnet sie auf dem Gut »Ródinka«[24] Witalii und seiner Familie wieder. Margots Verhältnis zu Rußland, ihre Liebe und Achtung für die russischen Menschen, ihre Empfindungen für die Schönheit des Landes, aber auch ihr Unverständnis für die russische, bis zum Aberglauben übersteigerte Religiosität und auch die von ihr wahrgenommene Diskrepanz von westeuropäischer und russischer Denkweise spiegeln viel wider von Lous eigener »russischer Erinnerung« (so der Untertitel des Buches). Auch eng mit ihrer Biographie verbunden, aber absolut ungewöhnlich für Lou, ist die historische Fixierung des Romangeschehens, das im Winter 1879/80 einsetzt. Daraus ergibt sich ein – in Lou Andreas-Salomés Werk einmaliger – politischer Hintergrund, der bis in Handlung und Figurenkonzeption hineinwirkt. An eigentlicher Handlung geschieht nicht viel in *Ródinka*, dramatische Ereignisse werden nur am Rande und kurzgerafft erzählt; die Konflikte sind figurenimmanent. Der Autorin geht es neben der Schilderung der russischen Atmosphäre auch hier wieder um psychologische Darstellung. Im großen und ganzen ist *Ródinka* auch heute noch eines der lesbarsten und lesenswertesten Bücher von Lou Andreas-Salomé. Zwar ist die Darstellung stilistisch keineswegs innovativ oder auch nur zeitgemäß, aber die psychologische Durchdringung ist gelungen und wirkt nur selten aufgesetzt. Schließlich war es Lou ja nicht darum zu tun, Kunstwerke zu schaffen – sie schrieb zu ihrem Vergnügen. Und vor allem in ihrem »russischsten« Buch ging es ihr um ganz Persönliches: um die Bindung an ihre Heimat, zu der sie auf den russischen Reisen mit Rilke zurückgefunden hatte.

Reisen und Rasten

Durch die Sorge um Rilkes seelische Nöte war Lou – inzwischen vierzigjährig – wieder mit einem Mann in engeren Kontakt getreten, dem sie schon seit einigen Jahren freundschaftlich nahestand und der nun sehr schnell eine wichtige und in ihrer Art neue Rolle in ihrem Leben spielen sollte: Friedrich Pineles. Zwei Monate nach der Trennung von Rilke traf sie ihn Ende April oder Anfang Mai 1901 in Nürnberg; im Juni reisten sie gemeinsam ins Riesengebirge. Und im September desselben Jahres fuhr sie für eineinhalb Monate zu Zemek nach Wien bzw. Oberwaltersdorf. Der Familiensitz der Pineles in Oberwaltersdorf war auch im darauffolgenden Jahr für einen längeren Zeitraum Lous zweites, vielleicht sogar ihr eigentliches Zuhause. Hier wurde ein offenes, gastfreundliches Haus geführt: Broncia Kollers Malerkollegen gingen ein und aus, und Lou fühlte sich heimisch. Sie war dort gerne gesehen und in den Familien- und Freundeskreis integriert. Nur Klara und Saul Pineles, die Eltern, bekämpften sie heftig, da sie – als orthodoxe Juden – das Verhältnis ihres Sohnes aufs schärfste mißbilligten. Broncia hatte inzwischen zwei Kinder bekommen – und auch Lou wurde schwanger! Anders als bei Rilke, dem sie auch Mutter und Helferin war, erfuhr sie nun an Zemeks Seite in einer eheähnlichen Verbindung eine weitere Dimension ihrer Weiblichkeit. In dieser »Ehe« lebte sie das aus, was ihr im »Lebensbund« mit Friedrich Carl Andreas nicht möglich war: »Sie gab ihren Sinnen nach«, wie Ernst Pfeiffer im Gespräch formulierte. Nach der ersten Euphorie, in der sie sich sogar insgeheim gewünscht hatte, ihre Beziehung zu Pineles zu legalisieren – wohlwissend jedoch, daß Andreas dies nie zugelassen hätte –, begann sie, sich über die vorwiegend sexuelle Natur dieses Verhältnisses klarzuwerden. Ihr wurde bewußt, daß sie kein Kind von ihm wollte, sie erkannte – da es ihr nicht möglich war, sexuelle und seelische Übereinstimmung in einer Beziehung in vollem Maße zu erfahren –, daß sie überhaupt kein Kind wollte. Ein Kind hätte auch die Art der Beziehung offensichtlich gemacht und womöglich die Übereinkunft gesprengt, die Lou und Andreas für den Fortbestand ihrer Ehe vereinbart hatten. Vielleicht unbewußt der Ablehnung eines Kindes nachgebend, verfehlte die schwangere Lou beim Apfelpflücken auf der Leiter eine Sprosse, stürzte und verlor das Kind. Mutmaßungen über eine mögliche, vom Arzt Pineles vorgenommene Abtreibung entbehren der Grundlage. Schließlich hätte er, der Lou sehr liebte und gerne geheiratet hätte, mit einem solchen Schritt die intensivste Bindung der Geliebten an ihn verhindert. – Pineles blieb übrigens zeitlebens unverheiratet.

In ihrem *Lebensrückblick* erwähnt Lou Friedrich Pineles mit keinem Wort, und auch alle ihn betreffenden Tagebücher und Briefe hat sie vernichtet. Sein Name taucht nur am Rande in ihren kurzen Tagesnotizen und in den posthum veröffentlichten Briefwechseln mit Rilke und Freud auf. Daß Lou den Mann in ihre Lebenserinnerungen nicht aufnahm, der für einen längeren Zeitraum ihr Liebhaber und ihr Arzt war, der ihr Begleiter auf großen Reisen wurde und von dem sie schließlich ein Kind erwartete, hängt zum einen mit dem philosophischen Duktus des *Lebensrückblicks* zusammen, den sie als Dokument ihrer Weltanschauung und nicht als exhibitionistische »Memoiren« konzipiert hatte. Zum anderen nahm sie, wie Ernst Pfeiffer, der Freund ihrer späten Jahre, im Gespräch berichtet, im Alter eine Umwertung ihrer Beziehung zu Pineles vor und hat sie im Rückblick – mit tieferem Wissen um sich selbst – stark relativiert, ja abgelehnt.

Die Beziehung zu Pineles, die Erfahrung der bloß körperlichen Anziehung und einer ins Physische vereinseitigten Erotik wird sie bald darauf theoretisch verarbeiten. Nachdem sie bereits in ihren *Gedanken über das Liebesproblem* (1900) über dieses Thema reflektiert hatte, brachte sie ihre Überlegungen im Jahre 1910 – also noch vor ihrer Begegnung mit Freud – in dem großen Essay *Die Erotik* zu Papier.

Der Ausgangspunkt ihres theoretischen Interesses ist die physische Seite der Erotik. Sie betont den körperlichen Ursprung der Liebe ausdrücklich – ist »doch, was am Menschen geliebt werden kann, Tiermaterial« (Erotik S. 135). Man verliebt sich also nicht in die Seele eines Menschen, sondern in den Körper, »und dieses bedeutet einen sehr indirekten Weg vom einen Menschen zum anderen« (Liebesproblem S. 80). Insofern ist »alle Liebe tief in ihrem Wesen eine heimliche Tragödie [...]« – »Ein ewiges Fremdbleiben im ewigen Nahesein ist daher jeder Liebe als solcher ihr ureigenstes Merkmal und weicht nicht von ihr.« (Liebesproblem S. 81). Jedoch der »Ur-Traum« einer Gesamtverschmelzung läßt sich durch das »geschlechtliche Verlangen als die *Totalkundgebung*« verwirklichen, da nur hier »alle gesonderten

Organe in seine Aufregung« (Erotik S. 98) mithineingerissen werden. So wird bei der geschlechtlichen Vereinigung auch die ursprünglich nicht vorhandene Trennung von Körper und Geist wieder aufgehoben. Nur im »erotischen Rausch« kommt es im gespaltenen Menschen zu einem »jubelnden Ineinanderwirken der höchsten produktiven Kräfte seines Körpers und seiner höchsten seelischen Steigerung« (Liebesproblem S. 57). »Totalergriffenheit« (Erotik S. 95) ist somit die essentielle Wirkung der Erotik – also die Fähigkeit, einen ursprünglichen integrativen Daseinszustand, der im historischen Entwicklungsprozeß des Menschen in Geist und Körper aufgesplittert wurde, wiederherzustellen – wenn auch nur temporär. Denn da die Basis der Erotik »nur« ein instinktiver Trieb ist, unterliegt auch sie dem Gesetz »alles Animalischen, wonach die Reizstärke abnimmt mit ihrer Wiederholung« – sie verlangt »nach dem *Wechsel*« (Erotik S. 93). Auf diesem Gedanken aufbauend scheut Lou auch nicht vor den radikalen Konsequenzen ihrer These zurück: »Man kann sagen: das natürliche Liebesleben in allen seinen Entwicklungen, und in den individualisiertesten vielleicht am allermeisten, ist aufgebaut nach dem Prinzip der Untreue.« (Erotik S. 93). Hinzu kommt, daß es laut Lou den Liebenden im Grunde gar nicht interessiert, »wie der Andere eigentlich ist« (Liebesproblem S. 72), sondern der Partner vor allem zum Gegenstand von Projektionen wird. Deshalb »fürchtet man so berechtigt eines Liebesrausches Ende durch allzu gründliches Sichkennenlernen« (Erotik S. 104). Eine dauerhafte Beziehung, was auch soviel heißt wie: die Realität, fordert unaufhaltsam ihren Tribut im Abklingen des Rauschzustands; es kommt zur Entsubjektivierung. Auf den Trümmern des erotischen Rausches wird durch »Arbeit an sich selbst« (Erotik S. 142) eine neue Lebens- und Liebesrealität aufgebaut, die ihre Erfüllung im Sozialen findet: Durch Zeugung und Geburt eines Kindes sozialisiert sich »die Brunst in der Brut« (Erotik S. 118).

Das Phänomen »Erotik« kennzeichnen also drei Phasen, die aufeinander aufbauen: Zuerst unterliegt der Mensch dem »erotischen Rausch«, darauf folgt Ernüchterung durch den Einbruch der Realität auf zwei Ebenen: Zum einen nimmt die körperliche Reizstärke ab, zum anderen führt das fortschreitende Kennenlernen des Gegenübers in die Desillusionierung. Schließlich aber wirkt der menschliche Geist als Vermittler zwischen Rausch und Realität. An dieser Stelle wird deutlich, daß Lou zwischen physischer, seelischer und geistiger Liebe differenziert. Unter Erotik im engeren Sinne versteht sie nur die Wechselwirkung von Körper und Seele – Seele wiederum definiert als unreflektierte psychische Regung. Der Geist – verstanden als Ratio – ist bei einer erotischen Beziehung nicht beteiligt. Er gewinnt Gewicht erst dann, wenn diese zu einem dauerhaften, »vernünftigen« Beisammensein von Frau und Mann ausgebaut wird. Und nur wenn alle diese drei Bereiche: Körper, Seele und Geist – unter der Herrschaft des Geistes – zusammenkommen, kann im emphatischen Sinne von Liebe gesprochen werden!

Dieses vollendete Zusammenspiel aller menschlichen Regungen wird jedoch nur sehr selten erreicht, und sie gibt für sich selbst zu: »Auch in meinem Leben blieb es unvollendet. So muß ich von allen drei Arten der Liebesvollendung (in der Ehe, im Muttertum, im puren Erosbund) das gleiche bekennen, daß ich es mit dem, was hie und da jemandem gelungen sein mag, nicht aufnehmen kann.« (LRB S. 38 f.). Es ist somit nicht weiter verwunderlich, wenn Lou in ihrem Aufsatz über *Die Erotik* den Begriff der »Ehe« meidet und statt dessen den damit nicht vorschnell gleichzusetzenden Ausdruck »Lebensbund« wählt. Es gibt für sie zwei mögliche Begegnungsarten: die erotische und die geistige, wobei sie – als Grundlage eines »Lebensbundes« – der geistigen den Vorrang gibt. Die erotische Komponente, als Basis oder Teilbasis einer dauerhaften Beziehung, ist also für Lou zweitrangig. Sowohl ihre Verbindung mit Friedrich Carl Andreas als auch ihr Verhältnis mit Friedrich Pineles wird vor diesem Hintergrund klarer. Sie liefert hier theoretisch nach, was sie real gelebt hat.

Vorher aber unternahm sie mit Pineles in den folgenden Jahren zahlreiche Reisen. Er war der ideale Reisebegleiter, zumal er ihr – die häufig unter Unwohlsein und später auch unter Herzschwäche zu leiden hatte – als Arzt zur Seite stand und ihr manche Luftveränderung geradezu verordnete. So erholte sie sich unter seiner Obhut im August/September 1903 im Riesengebirge. Im folgenden Jahr waren sie in Venedig, im August 1904 auf einer großen Skandinavienreise, die Lou – ohne Pineles – mit ihrem fast alljährlichen Besuch in St. Petersburg abschloß. Ein Jahr später ging es über Paris, Bordeaux und Südfrankreich nach Spanien, wo ihr die Grausamkeit des Stierkampfes das ganze Land verleidete. Die letzte große gemeinsame Reise unternahmen sie 1908; sie führte sie durch Bosnien, die Herzegowina, Dalmatien, Bulgarien, Montenegro und Albanien bis in die Türkei nach Skutari[25]. Lou war begeistert von der Schönheit der Menschen, besonders der slawischen Frauen; in der archaischen Urwüchsigkeit auf dem Balkan spürte sie eine faszinierende Verwandtschaft zum russischen Volk.

Lou liebte diese langen Reisen; sie sammelte Eindrücke, studierte Menschen und Natur und kehrte jedesmal angeregt und voll neuer Vitalität zurück. Zwischen solchen Reisen lagen immer wieder längere Ruhepausen, Phasen des bewußten Zurückziehens mit langen Spaziergängen, Naturerleben und Erholung; vor allem aber widmete sie sich dann ihrer schriftstellerischen Arbeit. Denn zum einen galt es, Geld zu verdienen (für die nächsten Reisen), zum anderen schrieb sie auch mit Hingabe und großem Glücksgefühl an ihren literarischen Werken. Ihre Tagebücher belegen, daß sie oft wie im Rausch tage- und nächtelang, fast ununterbrochen, an ihren Romanen und Novellen schrieb. Und sie litt sehr, wenn sie »unfruchtbare« Phasen, in denen sie nicht arbeiten konnte, durchzustehen hatte und kein neuer Erzählstoff sich formen wollte. Die schriftstellerische Arbeit, die eine solch beachtliche Fülle von Veröffentlichungen hervorgebracht hat, war von großer Bedeutung für sie, obwohl sie in ihren theoretischen Abhandlungen Künstlertum für das weibliche Selbstverständnis konsequent ablehnte.

Wenn also keine künstlerische, welche Funktion hatte dann ihr literarisches Arbeiten? Man muß sich erinnern an die Tagträume ihrer Kindheit, ihr Geschichtenerzählen für den »Lieben Gott«: Für sie bedeutete das Fabulieren, der realen Welt einen phantasierten Überbau hinzuzufügen, der eine Einheit von Mensch, Welt und Gott erschafft. Auch nach ihrem Gottverlust behielt, wie sie selbst vermutet, das Geschichtenerzählen diese universale Bedeutung: »Vollzug und Feier der Einheit« (LRB *S. 284*) – eine Einheit, die sie immer wieder und in allen Lebensbereichen suchte. Ein Vehikel war ihr das Schreiben auch insofern, als sie hier versuchte, psychische Dispositionen und seelische Vorgänge darzustellen und in gewisser Hinsicht auch Selbstanalyse zu betreiben. Es kann also durchaus mit ihrem Bedürfnis gleichgesetzt werden, seelische Strukturen und Probleme (auch die eigenen) zu durchleuchten und zu erkennen: Schreiben als Experiment mit psychischen Variationsmöglichkeiten, oder auch: Schreiben als eine Vorstufe zur Psychoanalyse. Als sie dann mit der Lehre Freuds ein Instrumentarium an die Hand bekam, das anwendbar war und tatsächlich helfen konnte, gab sie ihre schriftstellerische Tätigkeit fast völlig auf. Auch hieran läßt sich ermessen, was die Psychoanalyse für sie und ihr Leben bedeutete!

Wenn Lou ihrer schriftstellerischen Neigung nachging, brauchte sie Ruhe und Gleichmaß; effektiv arbeiten konnte sie nur zu Hause. Im März 1903 zogen Lou und Andreas, unterstützt von der seit 1901 in ihren Diensten stehenden Haushälterin Marie, aus der kleinen Schmargendorfer Wohnung nach Berlin-Westend in ein schönes, geräumiges Haus in der Rüsternallee. Fast gleichzeitig wurde Andreas eine Professur in Berlin in Aussicht gestellt. Aber dieses Angebot wurde sehr bald wieder zurückgezogen, weil er, der so ungern »vorschnell« veröffentlichte, eine wissenschaftliche Publikation nicht rechtzeitig fertiggestellt hatte. Nach dieser Enttäuschung erhielt er im Juni des gleichen Jahres einen Ruf an die Universität Göttingen, den der 55jährige Gelehrte freudig und beglückt annahm, schließlich war eine akademische Laufbahn immer sein Wunsch gewesen. Für Lou, die schon zu Beginn ihrer Ehe mit ihrem Mann bereitwillig Europa verlassen hätte und nach Armenisch-Persien gezogen wäre, war es selbstverständlich, Andreas in die kleine Universitätsstadt zu folgen. Ihr machte es nichts aus, Berlin zu verlassen, wenn Andreas dadurch endlich eine seinen Fähigkeiten entsprechende Tätigkeit ausüben und sein Wissen an Studenten weiterreichen konnte. Für ihn, sagte sie, war es »wie Mord, daß er fünfzehn seiner besten Mannesjahre ohne Schüler von Format hatte bleiben müssen« (LRB S. 189).

Einen Tag nach ihrem sechzehnten Hochzeitstag, den sie sonst immer feierten, in diesem Jahr jedoch beide vergessen hatten (bis Andreas am Abend dann doch noch Rosen brachte), am 21. Juni also fuhr der angehende Professor nach Göttingen; er wollte die Lage sondieren und sich nach einer Wohnung umsehen. Sein pessimistisches Telegramm rief Lou zwei Tage später ebenfalls in die Stadt an der Leine. Auch sie war erschrocken über die kleinstädtische Enge. Auf der Suche nach einer Bleibe fanden sie »nur Theures, Unbehagliches, im konventionellen Gartenviertel, wo man über Kollegen stolperte«, wie sie am 27. Juni Frieda von Bülow berichtete. Lou entschied schließlich, daß man die Stadt verlassen und außerhalb suchen müsse. Und tatsächlich entdeckte sie nach einiger Zeit auf dem Hainberg ein Haus, das ihren Vorstellungen genau entsprach und in das sie sich sofort verliebte. Man sagte den Fremden jedoch, daß dieses Haus unvermietbar und unverkäuflich sei. Sie fuhren weiter, aber Lou, die das Gefühl hatte, daß dieses Haus in der Herzberger Landstraße geradezu auf sie wartete, wollte die Unerfüllbarkeit ihres Wunsches nicht akzeptieren. Sie schimpfte, tobte, weinte – bis Andreas schließlich umkehrte. Als sie mit den Besitzern, einer alten Dame und ihrem Sohn, sprachen, stellte sich heraus, daß sie gerade im richtigen Augenblick gekommen waren, denn die beiden wollten eventuell nach Berlin ziehen, um dem Sohn bessere Studienbedingungen zu ermöglichen. Aber ihre Anhänglichkeit an das Haus und fehlende finanzielle Mittel hatten einen Umzug bisher verhindert. Lou setzte nun all ihre rhetorischen Fähigkeiten ein, versprach, das Haus und den Garten, einschließlich des dazugehörigen Hühnerhofes, sorgsam zu pflegen; sie war auch gerne bereit, einige Möbel zu übernehmen und den beiden, die ihr sehr sympathisch waren, in der »Entwöhnungsphase« den Aufenthalt im Garten zu gestatten. Neben Lous Überredungskünsten gab auch der Kaufpreis den Ausschlag für die endgültige Zusage der beiden Vorbesitzer, die im Auftauchen der zwei Fremden einen Wink des Schicksals sahen. Lou hatte also gesiegt und war glücklich! Sie wußte, daß dieses Haus am Hainberg, das umgeben war von einem großen Garten mit alten Obstbäumen und das einen herrlichen Blick bot auf die zu Füßen des Berges liegende Stadt, ihr wirkliches Zuhause werden würde. Einen Tag nach ihrer Rückkehr nach Berlin, am 27. Juni, schrieb sie an Frieda von Bülow: »Jetzt ist Göttingen mir nun wirklich was es sein mußte, um sich schön zu erfüllen: ein Wendepunkt und Markstein, eine neue Lebensepoche. Im Häuschen will ich auch sterben, und nur von dort aus noch leben.«

Am 1. Oktober begann der Umzug. Das Haus am Hainberg, das ebenso abgeschieden oberhalb des Ortes lag wie das kleine Bauernhaus damals in Wolfratshausen, erhielt auch den Namen »Loufried«. Und Lou, die bei der Raumverteilung bisher immer zugunsten von Andreas verzichtet hatte, bekam hier zum ersten Mal ein eigenes Arbeitszimmer mit einem schönen, alten Schreibpult und einem Birnbaum vor dem Fenster. Sein Wachsen, Blühen und Verblühen beobachtete sie aufmerksam Jahr für Jahr, ebenso wie sie sich immer wieder über die dort nistenden Vögel freute. Lou liebte die umliegende Landschaft, die sie mit ihren sanften Linien an die Wolgalandschaft erinnerte. Sie genoß den Garten, erntete Obst, pflanzte Gemüse und freute sich über jedes Ei, das ihre Hühner legten. »Hier bin ich eine Bäuerin geworden und mein Mann ein Professor« (RMR-Brw S. 123), stellte sie fröhlich fest. In die Stadt hinunter ging sie selten, statt dessen durchstreifte sie auf langen Spaziergängen die weiten Wälder des Hainbergs. Das Ehepaar Andreas hielt sich überhaupt, so gut es ging, vom gesellschaftlichen Leben der akademischen Kreise Göttingens fern. Und Lou, die nach wie vor lange Reisen unternahm und so gar nicht dem Klischee einer Professorengattin entsprach, war insbesondere den Ehefrauen der Göttinger Ordinarien äußerst suspekt.

Auch Andreas wollte sich nicht ins gängige Bild vom Professor fügen; seine Gewohnheit, nachts zu arbeiten und tagsüber zu schlafen, behielt er weiterhin bei. Auch unterrichtete er seine Studenten nicht in den Räumlichkeiten der Universität, sondern zu Hause in seinem Arbeitszimmer. Er empfing sie gegen Abend, bewirtete sie mit Kuchen und Tee, den er mit orientalischer Sorgfalt zubereitete, oder aber mit belegten Brötchen und Wein – je nach Art des Kollegs. Besonders interessante Gespräche mit seinen Studenten, denen er sich mit persönlicher Anteilnahme zuwandte und die ihn bewunderten und verehrten, konnten sich bis gegen vier Uhr morgens hinziehen. Im Sommer streifte er dann noch im Morgengrauen durch den Garten, ganz in Gedanken über seine Arbeit versunken, und weckte mit leisen Lockrufen die Amseln in den Bäumen. Wenn er dann endlich ins Bett ging, stand Lou zumeist gerade auf.

Trotz unterschiedlicher Lebensrhythmen und trotz langer Phasen räumlicher Trennung lebte das Ehepaar Andreas doch nicht aneinander vorbei. Sein nach außen hin distanziertes Verhältnis, dieser Modus vivendi, der die Erfahrungen der frühen Ehejahre widerspiegelte, hatte sich über die Jahre hin bewährt. Der alltägliche Umgang miteinander war indes von liebevoller Aufmerksamkeit geprägt. Es gibt in Lous Tagebuchnotizen Passagen, die ein sehr warmes Licht auf die Beziehung der beiden werfen. Als Andreas einmal nach Berlin fahren mußte, bekümmerte es Lou z. B., daß sie vergessen hatte, ihm »das kalte Rebhuhn in die Manteltasche zu stecken« (TB 4.1.1904). Oder dies: »Am 27. hat Alterchen Kaisers Geburtstag mitfeiern müssen mit Talar und Barett; abends aber, während ich so tief in der Arbeit saß, stand er noch im Frack mit den Orden, mir in der Küche Ka-

kao zu kochen: dies tat ihm wohl niemand nach von den Talarherren.« (TB 29.1.1904).

Trotz der unterschiedlichen Wege, die beide gingen, bestand eine grundsätzliche seelische Verbundenheit: »Seine innern Tatsachen waren immer wach in mir« (LRB S. 214), umreißt Lou ihre Beziehung zu Andreas. Unabhängig von äußeren Lebensumständen und von anderen Menschen, die ihren Weg kreuzten, blieben sich Lou und Andreas verbunden. Deswegen kehrte sie auch immer wieder zu ihm zurück, und deswegen konnte sie ihm zeit ihrer Ehe »die beste und schönste Geliebte« (LRB S. 211) wünschen. Diese tolerante Haltung leistete Gerüchten Vorschub, wonach Andreas der Vater des älteren Kindes der Haushälterin Marie gewesen sein soll.[26]

Als Marie 1905 niederkam, begleitete Lou sie in die Klinik. Ihre Tochter Maria, genannt Mariechen, wuchs im Haus »Loufried« auf, und Lou und Andreas brachten dem Kind fast elterliche Gefühle entgegen. Wenn Lou in Berlin war, kaufte sie Spielzeug für Mariechen, auch Andreas brachte ihr von einer Dänemarkreise zwei Puppen mit und spielte den Weihnachtsmann für sie. Marie, die Haushälterin, übernahm die Pflichten der Hausfrau und schlüpfte auch in die Rolle der Hausherrin, wenn Lou auf Reisen oder für längere Zeit – wie etwa 1906/07 – in Berlin war.

Max Reinhardt, seit Oktober 1905 Leiter des Deutschen Theaters in Berlin, hatte – wohl auf Vermittlung Gerhart Hauptmanns – Lou zum Besuch von Theaterproben und Premieren eingeladen. Lou, die sowieso oft bei Frieda von Bülow und Helene Klingenberg zu Besuch war, nahm eine solche Einladung gerne an: Sowohl im Januar als auch von Mitte Februar bis Mitte April und dann nochmals im November und Dezember des Jahres 1906 verkehrte sie im Kreis um Max Reinhardt, ebenso im ersten Viertel des folgenden Jahres. Sie besuchte die Theaterproben und war von Reinhardts Arbeitsweise begeistert. Unter anderem sah sie die Uraufführung von Wedekinds *Frühlings Erwachen* (und besprach das Stück dann in der *Zukunft*). Nach und nach lernte sie alle bekannten Schauspieler des damaligen Theaters kennen: Gertrud Eysoldt und Tilla Durieux, Camilla Eibenschütz und Reinhardts spätere Frau Else Heims, Albert Bassermann, Friedrich Kayssler und Alexander Moissi, mit dem sie sich besonders gut verstand. In diesen rastlosen Berliner Wochen und Monaten wurde Lou außerdem bekannt mit dem Kritiker Alfred Kerr, dem Dichter und Übersetzer Henry von Heiseler, dem Schriftsteller Rudolf Borchardt und der Malerin Käthe Kollwitz. Auch alte Bekannte traf sie natürlich wieder: Frank Wedekind, Gerhart Hauptmann, Maximilian Harden, August Endell und viele, viele andere.

Obwohl Lou solch turbulente Zeiten sehr genoß und sich von den Begegnungen mit unterschiedlichsten Menschen gerne anregen ließ, zog sie sich ebenso gerne wieder in ihr ruhiges Göttinger Haus zurück, wo sie ihren Garten und die Schönheit der Landschaft genoß. Das Haus »Loufried« und Umgebung bilden den Rahmen für Lou Andreas-Salomés Roman *Das Haus*. In dieser *Familiengeschichte vom Ende des vorigen Jahrhunderts* (so der Untertitel) beschreibt sie nicht nur »Loufried«, den Hund und ihren Garten mit den dort nistenden Vögeln; sie zeichnet auch ihre Figuren nach realen Vorbildern – und zwar in sehr interessanten Konstellationen: Der emanzipierten Renate, als Freundin zu Gast im *Haus*, stand Frieda von Bülow Modell; Frank, der Hausherr, von Beruf Arzt – übrigens einer der Lieblingsberufe ihrer literarischen Figuren –, hat einige Ähnlichkeit mit Friedrich Carl Andreas: gebildet, temperamentvoll, ähnlich weitschweifig in seinen Forschungen und vom Wuchs her etwas kleiner als seine Frau[27]. Seine Gattin Anneliese, deren Darstellung im Klischee vom Dasein einer Ehefrau, vom Mutterglück und -unglück steckenbleibt, hat jedoch mit Lou nichts gemein. Sich selbst porträtiert sie in Annelieses temperamentvoller Tochter Gitta, die den Juden Markus Mandelstein heiratet, der Friedrich Pineles zum Vorbild hatte. In Gittas empfindsamem Bruder Balder schließlich hat Lou Züge des jungen Rilke festgehalten. Balder, den heranwachsenden Dichter, läßt sie sogar einen Brief an seine über alles geliebte Mutter schreiben, der fast wörtlich einem Brief von Rilke an Lou entnommen ist. Und zwar einem Brief allerjüngsten Datums, den sie im Entstehungsjahr des Romans (1904[28]) erhalten hatte – denn: Rilke hatte das »Schreibverbot« durchbrochen.

Bereits 1903 hatte er mit einem Brief aus Paris versucht, den Kontakt wiederherzustellen, und sie um ein Wiedersehen gebeten. Lou lehnte jedoch eine persönliche Begegnung knapp und klar ab, bot ihm aber an, ihr brieflich alles mitzuteilen, was er auf dem Herzen habe. Dankbar nahm Rilke an – und nun folgten die seitenlangen Briefe, in denen er von seinen seelischen Nöten und Qualen, von seinen Schaffenshemmnissen, seinen Ängsten und Problemen berichtete und sie um Rat und Hilfe bat. Lou versuchte zu helfen, tröstete und machte Mut; auf seinen langen Brief aus Paris vom 13. Juli 1903, von dem er nicht zufällig große Partien in den *Malte Laurids Brigge* aufnahm, hatte sie geantwortet: »Nie warst du der Gesundheit so nahe wie jetzt!!« (RMR-Brw S. 78), um ihm zu bedeuten, im dichterischen Schaffensprozeß – verstanden als Kompensation und Aufarbeitung – Erlösung von seinen Qualen zu suchen.

Nachdem Rilke, der zwar nicht drängte, sich aber nach einem Wiedersehen sehnte, Lou auf Reisen sowohl in Venedig als auch in Kopenhagen knapp verfehlt hatte, bat er sie im März 1905 um die Übersendung seiner *Gebete*, die sich handschriftlich im Besitz Lous befanden. Lou, die diese Gedichte des *Stundenbuchs* daraufhin noch einmal las, stimmte nunmehr seiner Bitte nach einem Wiedersehen zu und lud ihn in der Pfingstwoche nach Göttingen ein. Rilke sagte jubelnd zu, und so kam es vom 13. bis 24. Juni 1905 zu einem Wiedersehen nach über vier Jahren. Lou, die während ihrer Liebesbeziehung in Rilke nur den Menschen gesehen hatte, anerkannte jetzt auch den Dichter in ihm und die Last, die ihm sein Künstlertum auferlegte: »Zum ersten Mal wurde das ›Werk‹ – welches es nun durch Dich werden würde und was es von Dir auch würde heischen müssen – mir klar als der berechtigte Herr und Befehl über Dir.« (LRB S. 148).

Im Anschluß an seinen Aufenthalt in Göttingen fuhren sie Ende Juni 1905 zu Helene Klingenberg in den Harz, bevor Rilke nach Paris zurückkehrte. Zusammen mit Ellen Key besuchte Lou ihn dort im Mai 1909.

In der Zwischenzeit schrieb Rilke ihr lange klagvolle Briefe, in denen er minutiös seine Leiden und kleinen Gebrechen schilderte. Mit fast all seinen Sorgen wandte er sich an sie. War sie ihm früher primär die Geliebte gewesen, so sprach er jetzt vor allem das Mütterliche in ihr an; hatte er vormals in ihr seine erste Kritikerin gesehen und ihr strenges Urteil akzeptiert, so schickte er ihr seine Dichtungen nun, damit sie daran seine Verfassung und seinen Gesundheitszustand ablesen könne. Und Lou war unerschütterlich davon überzeugt, daß seine Dichtungen, ja sogar seine Briefe, Ausdruck seiner psychischen Gesundheit waren und daß er durch diese – sollte er es schaffen, alle seine kleinen und großen Sensationen in Literatur umzusetzen – auch seine körperlichen Beeinträchtigungen in den Griff bekommen könne. Aber obwohl sie der Meinung war, daß er sein Leiden innerhalb seiner Künstlerexistenz würde lösen können, suchte sie nach anderen Möglichkeiten, die Ursachen seiner Probleme zu verstehen und vielleicht auch heilen zu können. Ihre zahlreichen verbürgten medizinischen Studien, vor allem mit Pineles, bezeugen dies. Aus ihrer Sicht gab es jedoch beim damaligen Stand der medizinischen und psychologischen Wissenschaft nichts, was ihm hätte helfen können. So war es denn auch nicht Lou, sondern Rilke selbst, der auf Anregung Viktor-Emil von Gebsattels als erster die Möglichkeit einer Psychoanalyse für sich ansprach.[29] Nur wenige Monate zuvor hatte auch Lou zum ersten Mal von der Psychoanalyse gehört. Neugierig und wißbegierig, wie sie war, wollte sie mehr darüber erfahren – nicht zuletzt deshalb, weil Rilkes Schicksal sie sehr beschäftigte.

IN DER SCHULE BEI FREUD

> »Als ich mit seinen [Freuds] Rosen fortging, da freute ich mich, daß ich ihm auf meinen Wegen begegnet war und ihn erleben durfte: als meinen Wendepunkt.« (*In der Schule bei Freud* S. 143)

Lou Andreas-Salomé betrachtete es als eine glückliche Fügung, daß sie 1911 – während ihres Sommeraufenthalts bei Ellen Key im schwedischen Alvastra – den Psychotherapeuten Poul Bjerre (1876–1964) kennenlernte. Bjerre war erst im Januar dieses Jahrs bei Sigmund Freud in Wien gewesen und hatte sich dessen Achtung erwerben können. Freud schrieb über ihn an C. G. Jung: »Am selben Tag war Dr. Bjerre aus Stockholm bei mir, ein etwas trockener und wortkarger Mann, der sich endlich als ernsthafter und gründlicher Denker erraten ließ.«[1] Auf Freuds Anraten hatte Bjerre sich Anfang August 1911 der Berliner Psychoanalytischen Vereinigung angeschlossen – nur wenige Wochen bevor er Lou Andreas-Salomé traf.

Lou ließ sich von Bjerre in die Grundlagen der Psychoanalyse einführen und war begeistert.[2] In der leidenschaftlichen intellektuellen Auseinandersetzung kamen sich Lou und Bjerre auch persönlich näher – von der Energie und Persönlichkeit Lous erfüllt, geriet er immer tiefer in eine Abhängigkeit hinein, die sich nicht nur auf die wissenschaftliche Zusammenarbeit der beiden erstreckte.

Nach einigen gemeinsamen Tagen in Stockholm brachen sie am 20. September 1911 zum 3. Psychoanalytischen Kongreß nach Weimar auf, wo Bjerre einen Vortrag halten sollte. Im Umfeld des Kongresses gaben Lou und Poul Bjerre ein auffälliges Bild ab – wie Viktor-Emil von Gebsattel sich später erinnerte.

Gebsattel (1883-1976), selbst ein Außenseiter auf dem Kongreß, schloß sich den beiden an.[3] Lou Andreas-Salomé fand bald Zutritt zum engeren Kreis um Sigmund Freud (1858-1937). Dabei kam es zu einem amüsanten Zwischenfall: »Unvergeßlich blieb mir allerdings ein nur kurzes Aufscheinen von Lous Aufgenommensein dadurch, daß sie an einem Tisch, der hauptsächlich von Freuds näheren Freunden besetzt war, plötzlich Gegenstand allgemeiner Heiterkeit wurde, und zwar deswegen, weil sie tief in Gedanken mit ihrem Halstuch spielend aus ihm kleine Kreise bildete, durch die sie einen Bleistift steckte und wieder herauszog. Dieses Spiel, öfters wiederholt, hatte in den Augen der Umgebung einen eindeutigen Sinn. Ohne im mindesten von der allgemeinen Heiterkeit sich gestört zu fühlen, gleichsam in unschuldigem Einverständnis mit dem Sinn der Zuschauer, brach Lou völlig unberührt das Spiel ab.«[4]

Lou, Bjerre und Gebsattel verbrachten viel Zeit gemeinsam; in den hitzigen Diskussionen riß Lous Begeisterung die anderen beiden mit, »weil es in Lous Natur lag, die analytischen Funde, wo sie anfangs sich fragwürdig anfühlten, weiterzudenken und in den Freudschen Konzeptionen schon vor ihm Stellen zu erreichen, die ihr seine Erwiderung garantierten«[5]. Gelegentlich gesellte sich Freud zu dem Grüppchen. Bei aller Bereitschaft Bjerres, sich gemeinsam mit Lou auf Freuds Thesen einzulassen, so brachte er doch immer wieder den Begriff der »Psychosynthese« ins Spiel, der der medizinisch-anthropologischen Ganzheitslehre entstammt. Gebsattel erinnert sich: »Unvergeßlich ist mir diese Nuance des Gesprächs in Weimar, die beinahe einen schroffen Charakter der sonst so liebevollen, warmherzigen Lou entlockte. ›Ach was, lieber Bjerre‹, fiel sie ihm ins Wort, ›streiche doch endlich das Wort Psychosynthese: ich fühle genau, was Du meinst. Du mußt die Früchte nicht pflücken, bevor sie reif sind. [...]‹ Sehr deutlich erinnere ich mich noch an diese beschwingte Rede Lous und auch daran, daß Bjerre kleinlaut verstummte [...].«[6]

Nach dem Kongreß trennten sie sich: Er reiste nach Stockholm zurück, während sie in Berlin die Klingenbergs besuchte. Bei der nächsten Begegnung einige Monate später dürften sie wieder intensiv diskutiert und gearbeitet haben; und wahrscheinlich unterhielten sie eine Liebesbeziehung (die Tagebücher dieser Tage existieren nicht mehr). Allerdings kam es bereits in den folgenden Monaten zwischen Lou Andreas-Salomé und Bjerre zur Entfremdung. Einerseits vollzieht sich damit erneut ein Muster, das Lous Liebesbeziehungen prägt – nämlich daß sie in der Regel nur mit psychisch schwächeren und deutlich jüngeren Männern Beziehungen einging, die sie aber bald nicht mehr forderten –, andererseits hat Lou in der Psychoanalyse wirklich ihre geistige Heimat gefunden. Damit gab es einfach nichts mehr, was daneben noch zählen konnte.

Mit großer Energie arbeitete sie sich immer tiefer in die Psychoanalyse hinein: »In der Arbeit unablässig Ps. A., mit immer wachsender Bewunderung für Freuds Rückhaltlosigkeit; ich komme tiefer hinein als durch Bjerre, sehe, wo er Halt macht. Wenn man das vermeidet, rauschen Quellen auf«, notierte sie im Dezember 1911 in ihrem Tagebuch. Die theoretischen Differenzen hatten indes durchaus einen persönlichen Hintergrund. Bjerre hatte sich von Lous Begeisterung für die Freudsche Lehre und ihrer »Mitfreude oder besser Vorfreude an Bjerres Einfällen«[7] über die wahre Natur ihrer Beziehung hinwegtäuschen lassen. Er verstrickte sich immer tiefer in seine Liebe zur »gefühlswarmen, heißblütigen Freundin« und geriet in ein moralisches Dilemma, denn er war mit einer unheilbar kranken Frau verheiratet, die er als sein Schicksal betrachtete; und nun stand er vor der Notwendigkeit, sich zwischen seiner Frau Gunhild und Lou entscheiden zu müssen. Er war zwischen dem moralischen Gesetz seiner Bindung und »dem strahlenden Angebot eines freien, weiten, hemmungslosen Lebens« hin- und hergerissen. Für Lou hingegen existierten derartige Widersprüche nicht. Es lag ihr fern, von Bjerre die Trennung von seiner Frau zu verlangen, denn im »Reichtum ihrer unausschöpflichen Liebesnatur« war dies eine Grenze, »deren Berücksichtigung für sie sinnlos war«. Sie suchte in ihren Beziehungen die uneingeschränkte Begegnung. Moralische Bedenken waren dabei gegenstandslos.

»Ihr ursprüngliches Ziel war, den Eingeengten in seine Weiten einzuführen, den Gefesselten zu entfesseln, den Angehaltenen zu befreien. Zuneigung und Wunsch nach Steigerung des Partners in allen seinen durch sie angeregten Möglichkeiten unterlegten ihre Zuwendung mit der Nuance eines fast ärztlichen Befreiungsdranges. Wo dann allerdings der Ausblick auf die Unmöglichkeit einer Freilegung, einer Verlebendigung des Partners ihre Zuneigung in Abwehr umwandelte, zog im gleichen Augenblick sich ihre Zuwendung, wie ihrer Flügel beraubt, zurück.«[8]

Wieder einmal vollzog Lou den Bruch radikal. Bjerre war darüber sehr bestürzt und beklagte sich telegrafisch mehrere Male über ihr beharrliches Schweigen. Aus ihren Tagebüchern geht hervor, daß die Affäre spätestens im März 1912 ihr Ende gefunden hatte: »Briefe von und nach Stockholm, sie kommen unablässig, aber ich kann nichts tun.« (TB März 1911). Es sind sehnsuchtsvolle und verzweifelte Briefe. Auf sein unnachgiebiges Drängen hin sahen sie sich an Pfingsten 1912 in Saßnitz auf der Insel Rügen ein letztes Mal. Lou bat ihn, alle ihre Briefe an ihn zu vernichten – sie ihrerseits tat es allerdings nicht.

Als Ende Dezember 1911 dann ein Brief Rilkes kam, in dem er erwog, bei der Psychoanalyse Hilfe für seinen Gemütszustand zu suchen, hatte Lou gerade vier Monate Zeit gehabt, sich in die Psychoanalyse einzuarbeiten. Trotz ihres ungeheuren intellektuellen Engagements kann sie zu diesem Zeitpunkt noch keinen vollständigen Überblick über die Psychoanalyse gehabt haben. So griff sie auf ihre alten Überzeugungen bezüglich der Vorbedingungen künstlerischen Schaffens zurück und riet Rilke ab. Lou mag sich mit diesem Rückgriff insofern im Recht gefühlt haben, als sie beim Studium der Psychoanalyse immer wieder auf Übereinstimmungen mit ihren bisherigen Überzeugungen stieß.

Andererseits hatte auch Rilkes Formulierung bereits seine eigene, insgeheim ablehnende Haltung aufgezeigt: »Die Psychoanalyse ist eine zu gründliche Hülfe für mich, sie hilft ein für alle Mal, sie räumt auf, und mich aufgeräumt zu finden eines Tages, wäre vielleicht noch aussichtsloser als diese Unordnung.« (RMR-Brw S. 240). Lou reagierte mit einer telegrafischen Absage, gefolgt von einem ausführlichen Brief, der leider nicht erhalten ist. Rilke hatte diese Antwort allerdings erwartet. Sein Hilfesuchen und seine in diesen Briefen formulierten Zweifel sind eher rhetorische Fragen und Bitten um Bestätigung. Daß er dabei gerade die Psychoanalyse ins Spiel brachte, hängt sicherlich damit zusammen, daß Lou auf dem Weimarer Kongreß gewesen war, und ist andererseits seiner Frau Clara zu verdanken, die sich zu ebendieser Zeit bei Gebsattel in psychoanalytischer Behandlung befand: »Meine Frau [...] meint [...] eine Art Feigheit schreckte mich von der Analyse zurück, es paßte [...] zu der ›vertrauenden‹, der ›frommen Seite‹ meiner Natur, sie auf mich zu nehmen [...].«[9]

Bei Lou holte er sich Schützenhilfe gegen die Vorwürfe seiner Frau. Und er verrechnete sich nicht. Denn die Argumente, die ihm Lou geliefert hatte und die er nun in einem taktisch sehr geschickten Brief an Gebsattel benutzte, erfüllten für Rilke eine weitere Funktion: Vielleicht wollte er wirklich Gebsattels Meinung hören, aber auf eben dem gleichen Weg konnte er ihm – und damit auch Clara Rilke – zu verstehen geben, daß er in seiner Entscheidung für oder gegen die Psychoanalyse nicht gedrängt werden wollte. Und er konnte sich noch in anderer Beziehung auf Lou verlassen: Im Alter bekannte sie einmal, sie habe sich »mit Kabale« gegen die psychoanalytische Behandlung Rilkes gewandt.[10] Nachdem er Lous Ablehnungsbrief erhalten hatte, schrieb Rilke jedenfalls an Gebsattel, er dürfe sich »den Ausweg der Analyse nicht erlauben«, da mit seinen »Teufeln« auch seinen »Engeln ein kleiner, ein ganz kleiner (sagen wir) Schrecken geschähe«[11]. Eine Formulierung, die nach Pfeiffers Urteil ganz und gar der »louischen Drastik« Rechnung trägt. Rilke sandte Lou Gebsattels Antwort auf seine Anfrage, damit sie sich von dessen Einstellung ein Bild machen könnte. An Pfingsten dieses Jahres war Rilke dann in Göttingen, wo wahrscheinlich alle eventuell doch noch existierenden Zweifel ausgeräumt wurden.

Die Begründung für ihre Ablehnung, Rilke durch eine Analyse Erleichterung zu verschaffen, liegt in Lous Vorstellung vom Wesen des künstlerischen Schaffens begründet. Das Leiden des Künstlers am Leben ist eine Folge seiner Veranlagung. Jeder Künstler und jedes Genie kann im Gegensatz zu anderen Menschen sein inneres Erleben nur durch die Umwandlung in unabhängig von ihm existierende Werke bewältigen – und nicht durch Ausleben im Alltag.»Denn während die Anderen die empfangenen Lebensreize im Dasein selbst fortwährend und möglichst restlos in praktische oder theoretische Betätigungen irgend welcher Art umzusetzen bestrebt sind, stauen sich im schaffenden Menschen, sobald er nicht schafft, die meisten dieser Reize an, ohne ausgegeben zu werden, weil seine Art, das Leben zu leben, das Leben zu verdauen, eben dessen künstlerische Verwandlung ist.« (*Vom Kunstaffekt* S. 369). Das Leiden des Künstlers am Leben ist also Folge seiner Veranlagung und damit die Grundlage seiner Fähigkeit, Kunstwerke zu schaffen.

Auch auf der Basis der psychoanalytischen Erkenntnisse wandelte sich diese Einstellung nur geringfügig; der Akzent verlagerte sich von der Wechselwirkung von Leiden und Schaffen immer mehr auf den Aspekt der Selbstheilung. Lou übernahm bis zu einem gewissen Grad die psychoanalytische Vorstellung vom hysterisch veranlagten Künstler – allerdings nur im Sinn einer Analogie. So konnte sie in ihrem Freud-Tagebuch *In der Schule bei Freud* Rilke als »typischen Hysteriker« bezeichnen und gleichzeitig diese Einschätzung wieder aufheben: »er korrigierte das durch sein Genie ins Schöpferische«. Die hysterischen Zustände seines Körpers betrachtete sie als eine Analogie zum »selbstverloren preisgegebenen [Sein] in jeder Hingabe« des Schaffens, »aus solchem gelegentlichen Zusammenbruch die Geniestunde der Gnade« (Schule S. 149 ff.) ihn wieder aufrichten würde. Im Klartext heißt das: Nur dann, wenn der Künstler auch am Leben leidet, kann er auch Kunstwerke schaffen. Am 12. September 1914 schrieb sie an Rilke: »Weißt Du, dieser Punkt: warum eigentlich und wodurch Analyse für alles Produktive verhängnisvoll ist, wurde mir erst in dem letzten Monat klar; eben genau auf die an sich ganz wenigen und bestimmten Unbewältigtheiten kommt es beim Produzieren an und auf ihre, sei es noch so gefährliche, Unberührtheit. Dies ist rasend wichtig.« (RMR-Brw S. 363 f.).

Erst im Lauf der Jahre erkannte sie, daß es auch »kranke« Künstler geben könne. Aber selbst bei diesen mochte sie im Prinzip eine Analyse nicht zulassen, da man von außen nicht beurteilen könne, ob man nun schade oder nicht, da man »zweierlei mögliche Wirkungen auseinanderhalten muß: die künstlerisch befreiende, wodurch Hemmungen, Stockungen in den formentbindenden Sublimationsvorgängen beseitigt werden, und eine unter Umständen gefährdende, insofern sie ans Dunkle rühren kann, worin die Frucht keimt. Ob man sich ganz ans Personale, Außerästhetische, halten kann bei tiefer dringender Psychoanalyse, ist kaum zu beantworten bei unserem geringen Wissen um das Zustandekommen schöpferischer Vorgänge.« *(Narzißmus als Doppelrichtung S. 385)*. Freud war anderer Meinung: »Es ist nicht ausgeschlossen, daß eine Analyse die Unmöglichkeit ergibt, eine künstlerische Tätigkeit fortzusetzen. Das ist dann nicht die Schuld der Analyse, es hätte sich auf alle Fälle herausgestellt, und es ist nur ein Vorteil, davon rechtzeitig zu erfahren. Wenn aber der Trieb zur Kunst stärker ist als die inneren Widerstände, so wird die Leistungsfähigkeit durch die Analyse nur gesteigert, nie erniedrigt.«[12] Aber auch er insistierte nicht auf einer psychoanalytischen Kur um jeden Preis; immerhin hatte er selbst schon einmal die Analyse eines jungen Künstlers nicht zu Ende geführt, um ihm sein kompliziertes Innenleben zu erhalten. Der differierende Standpunkt Lous entstand dadurch, daß sie, von der Lebensphilosophie her kommend, das Genie und die Quellen, aus denen es schöpft, als qualitativ höchste Existenz- und Erlebensform betrachtete, während Freud ein nüchterner Realist war. Lou gab ihre Haltung aber niemals auf – auch wenn sie später unter dem Druck der eigenen psychoanalytischen Erfahrung zu einem anderen Urteil über Rilkes Leiden kam.

Rilke aber war es gewesen, dessen psychische und körperliche Leiden Lou über die Jahre hinweg veranlaßt hatten, sich mit Medizin und Psychologie zu beschäftigen. Seitdem ihr während der zweiten russischen Reise die Dimension von Rilkes psychischen Störungen zu Bewußtsein gekommen war, hatte sie versucht, seinem »Geheimnis« auf die Spur zu kommen. Ihre damalige Trennung war ein erstes Ergebnis intensiven Studiums der einschlägigen Fachliteratur, das sicherlich von der Furcht vor der Heftigkeit und Undurchschaubarkeit mancher Symptome motiviert war. Aber als sie – nach Rilkes Heirat und seinem völlig verzweifelten Bittbrief aus dem Jahr 1903 – einsah, daß er sie brauchte, war sie erneut in die Rolle der Tutorin und Vertrauten geschlüpft. Und bis an sein Lebensende blieb dies so: unzerstörbar und in beider Bewußtsein fest verankert.

Winter und Frühjahr 1912 nutzte Lou für eine Vertiefung ihrer Kenntnis der Psychoanalyse. Sie schrieb an einem Aufsatz *Über Sublimation*, den sie im Januar C. G. Jung für das *Jahrbuch für Psychoanalyse* in Aussicht stellte. Dieser nahm ihr Angebot bereitwillig an, da ihm sehr an einer »Verweltlichung« der Psychoanalyse gelegen war. Er spekulierte dabei auf eine Erweiterung des Leserkreises aufgrund der Bekanntheit von Lous Beziehung zu Nietzsche. Freud reagierte skeptischer: »Wir sollen uns nicht prinzipiell ablehnend verhalten, vorausgesetzt, daß sie sich mit der ›Sublimierung‹ begnügt und die ›Sublimation‹ der Chemie überläßt. Wenn es dann ein Idealgeschwätz ist, so sollen wir es ebenso höflich als entschieden abweisen.«[13] Dieser Aufsatz wurde nie gedruckt; vermutlich war er eine Vorform des 1913 in der *Imago* veröffentlichten *Von frühem Gottesdienst*, denn dieser handelt von ihrem eigenen Gotterleben, und religiöse Fiktionsbildungen sind – im psychoanalytischen Sinn –

Sublimierungen. Lou erkannte selbst, wie wenig ihre Arbeit in den Rahmen des Jahrbuchs paßte, und zog sie zurück. Erleichtert schrieb Jung im Mai an Freud: »Gott sei Dank ist Frau Lou Andreas-Salomé plötzlich von einem guten Geist erleuchtet worden und hat ihre Arbeit auf unbestimmte Frist zurückgezogen. So sind wir der Sorge ledig.«[14] In der Zwischenzeit war Lou wieder einmal in Berlin gewesen und hatte mehrfach in der Berliner Psychoanalytischen Vereinigung bei Karl Abraham vorgesprochen. Abraham fand Lou so bemerkenswert, daß er Freud schrieb, daß er »einem solchen Verständnis der Psychoanalyse bis ins Letzte und Feinste noch nicht begegnet« sei[15].

Wieder zurück in Göttingen, verzeichnete Lous Leseliste für den Mai 1912 z. B. Freuds *Über Psychoanalyse* und *Der Witz und seine Beziehung zum Unbewußten*, mehrere Hefte des *Zentralblatts für ärztliche Psychoanalyse* und der *Imago* sowie Stekels *Die Sprache der Träume*. Jetzt entstand sicherlich auch der »Gottes«-Aufsatz für die *Imago*, in dem sie – dem bewunderten Beispiel Freuds folgend – die eigene Kindheit und ihr damaliges Gottesbild in die psychoanalytische Theorie einordnete und diese dabei weiter verfeinerte.

Im September 1912 wandte sie sich dann an Freud direkt, um ihn um die Erlaubnis zur Teilnahme an seinem Universitätskolleg und an den Mittwoch-Abenden zu bitten. Und Freud stimmte in seiner unnachahmlich knapp-charmanten Art zu: »Verehrte gnädige Frau, wenn Sie nach Wien kommen, werden wir alle bemüht sein, Ihnen das Wenige, was sich an der Psychoanalyse zeigen und mitteilen läßt, zugänglich zu machen. Ich habe bereits Ihre Teilnahme am Weimarer Kongreß als ein günstiges Vorzeichen gedeutet.« (SF-Brw S. 7).

Am 25. Oktober 1912 traf Lou in Wien ein, um die Psychoanalyse – auf ihren autodidaktischen Vorstudien aufbauend – aus erster Hand zu erlernen. Während dieses Studiensemesters führte sie eine Art ausführliches Tagebuch, das posthum unter dem Titel *In der Schule bei Freud* veröffentlicht wurde. Dieses »Tagebuch eines Jahres 1912/1913«, wie es im Untertitel heißt, beinhaltet Aufzeichnungen zu verschiedenen psychoanalytischen Themen, Notizen ihrer kurzen Reise zu Sandor Ferenczi nach Budapest, nachträgliche Reflexionen zu Gehörtem und Gelesenem, einige Träume Rilkes und eine Schilderung des Münchner Kongresses 1913, auf dem die Entfremdung der Züricher Gruppe um C. G. Jung offensichtlich geworden war. Lous »Tagebuch« gehörte bis zur Veröffentlichung der *Protokolle der Wiener Psychoanalytischen Vereinigung* zu den wenigen Schriften in der Geschichte der Psychoanalyse, die den Ablauf der Sitzungen und den Umgang der psychoanalytischen Pioniere untereinander authentisch schildern. Sie kam auch auf die Hintergründe der Kämpfe und Rivalitäten zu sprechen und bezog in mancher Kontroverse selbst Position. Persönliche Begegnungen sind dagegen mit Ausnahme derjenigen mit Freud selbst kaum thematisiert. Diese ungewöhnliche Mischung aus unterschiedlichen Gegenständen, Themen und Blickwinkeln verlangt dem unbefangenen Leser große Mühe ab; Lous komplizierter Reflexions- und Schreibstil tut ein übriges. Die Angewohnheit, nur selten die Inhalte der gehörten Referate oder Vorlesungen zu notieren, statt dessen lediglich ihre eigenen darauf aufbauenden Gedankengänge darzulegen, trägt ebenso dazu bei wie ihre eigenwillige und stark symbolisierende Sprache. Namhafte Psychoanalytiker – damals wie heute – gaben offen ihre Schwierigkeiten zu, diese Texte zu lesen. Selbst Freud schrieb z. B. in einem Brief vom Juli 1931: »Nicht alles, was Sie behandeln, ist mir gleich verständlich geworden [...]« (SF-Brw S. 213). Grotjahn dagegen sprach von einem »vage[n] Gefühl von Frustration«, das auf den Leser zukommen könne (Grotjahn 1976, S. 77), und davon, daß die englische Übersetzung des Tagebuchs einfacher zu lesen sei als das deutsche Original, da sich der Übersetzer (Stanley A. Leavy) die Mühe gemacht habe, die Texte sinngemäß und nicht wörtlich zu übertragen. Vielleicht ist dies der Grund dafür, daß Lous Anteil an der Psychoanalyse bislang nur unzureichend gewürdigt wurde, obwohl sie mit fast allen Psychoanalytikern ihrer Zeit bekannt und von ihnen anerkannt war.[16]

Lou war zusammen mit Ellen Delp[17] in Wien angekommen. Am selben Abend begann das Freudsche Samstags-Kolleg, eine Vorlesungsreihe zur Einführung in die Psychoanalyse. Lou brach sogleich auf, um sich in Freuds Wohnung die Einlaßkarte zu besorgen. Bald hatte sie sich eingerichtet; sie nahm fast regelmäßig das Mittag- bzw. Abendessen in der »Alten Elster« ein, wo man sich auch außerhalb der üblichen Zeiten traf. Sie besuchte alte Freunde, so auch ihren ehemaligen Geliebten Pineles, dessen Bibliothek sie nun wieder benutzte. Anfangs traf sie sich häufig mit ihm – vielleicht flammte bei der über 50jährigen Lou – ganz sicher aber bei Pineles – etwas von der früheren Leidenschaft wieder auf. Aber im Lauf von ein paar Monaten wandte sie sich immer mehr ihrem Psychoanalytiker-Kollegen Viktor Tausk zu.

Neben Arthur Schnitzler, der etwas auf Distanz blieb, besuchte Lou am 1. November 1912 Richard Beer-Hofmann im »Cottage«, einem Wiener Sanatorium. Trotz innerer und äußerer Veränderungen fanden beide zu ihrer alten Vertrautheit zurück, die sie bei ihrem ersten Wien-Aufenthalt 1895 verbunden hatte. Lou verbrachte sogar den Weihnachtsabend bei den Beer-Hofmanns. Ihre Schilderung dieses Abends wirft ein warmes Licht auf ihre gegenseitige Zuneigung: »Man kann doch unmöglich sagen, daß er mir zusieht wie ein Erwachsener einem Kindskopf – aber als ich am Weihnachtsabend dasaß vor dem winzigen geputzten Bäumchen, das auf meinem Teller brannte wie ein Däumlingsbäumchen, da war es wirklich so, als wäre der ganze Mensch, mit jedem Blick, ein Bescherenwollen und ein Warten auf eine versäumte Freude.« (Schule S. 69 f.).

Ansonsten gehörte Lous Zeit der Psychoanalyse – so wie sie es in ihrem Brief vom 27.9.1912 an Freud angekündigt hatte: »Mich dieser Sache [der Psychoanalyse] nach allen Seiten zu widmen, ist der einzige Zweck meines Aufenthalts dort [in Wien].« (Schule S. 11). »Nach allen Seiten« ist hier wohl das Schlüsselwort: Selbstverständlich beschränkte sie sich nicht auf Freuds Publikationen und Vorlesungen zur Psychoanalyse. Sie wollte schließlich während ihres Aufenthalts in Wien soviel wie möglich von dieser neuen und sie faszinierenden Lehre kennenlernen. Sie bereitete sich auf die jeweiligen Sitzungen vor und stellte anhand des gehörten und gelesenen Materials (sie lieh sich gelegentlich auch ältere Protokolle der Mittwoch-Sitzungen aus) weitere Überlegungen an. Sie nahm sich noch nicht einmal die Zeit, den eigenen Geburtstag im Februar zu feiern.

Auch das Studium von »Gegenbewegungen« oder abweichenden Theorien gehörte zu Lous Arbeitspensum, obwohl sie sich im Lauf ihres Aufenthalts immer stärker auf die Psychoanalyse festlegte. So besuchte sie damals auch die Kollegs von Alfred Adler und Hermann Swoboda.

Mit Swoboda hatte sich Lou schon im Herbst 1910 beschäftigt; sein 1904 erschienenes Buch *Die Perioden des menschlichen Organismus in ihrer psychologischen und biologischen Bedeutung*, in dem sich Swoboda gegen die herrschende experimentell-positivistische Richtung der Psychologie wendet und eine eigene Theorie des Unbewußten entwickelt, war ihre erste Begegnung mit psychoanalytischen Positionen. Gegenwärtig beschäftigte er sich mit Träumen und versuchte, Lou für seine Anschauungen zu gewinnen. Es scheint jedoch, daß ihr diese Auseinandersetzung eher peinlich war, denn sie hatte sich zu diesem Zeitpunkt schon endgültig für Freud entschieden. Durch eine Diskussion in der Mittwoch-Gesellschaft über Swobodas »periodische« Traumdeutung, die von Wilhelm Fließ beeinflußt ist, fand sie sich in ihrem Entschluß bestätigt. Charakteristisch ist ihre Begründung für diese Entscheidung, denn sie verdeutlicht das, was sie immer gesucht und letztlich allein in der Psychoanalyse gefunden hatte: »Der Wille zum Geistreichen führt nie bis zum Letzten einer Einsicht, das tut nur der Wille zum Simplen.« (Schule S. 48). Das ist ein Leitgedanke ihres Lebens. Freud war für sie derjenige, der es mit seiner intellektuellen und kulturellen Kraft geschafft hatte, bis zu den »simplen« Urgründen vorzudringen, während Swoboda sich trotz seiner komplizierten Intellektualität an der Oberfläche treiben ließ.

Parallel zur Beschäftigung mit Swoboda und ihren Aktivitäten im Rahmen der Psychoanalyse nahm Lou auch an den Diskussionsabenden Alfred Adlers teil. Sie wußte um Freuds Auseinandersetzung mit diesem ersten »Dissidenten« der Psychoanalyse, setzte sich aber darüber hinweg. Freud erteilte ihr sozusagen erst nachträglich sein Plazet – mit der Auflage, ihr Doppelengagement hüben wie drüben geheimzuhalten. Auf Adler und seine Schriften war sie – vermittelt durch Bjerre – aufgrund ihres religionspsychologischen Interesses gestoßen. Bereits im Juli 1912 hatte sie brieflichen Kontakt zu ihm aufgenommen und um sein Buch *Über den nervösen Charakter* gebeten. Es enthielt für sie »reiche Bestätigungen und [...] verwandte Gedanken in Bezug auf [religiöse] Fiktionsbildungen« (Schule S. 14) – einem der Hauptthemen ihrer Essayistik. Von daher wollte sie sich ein eigenes Bild über die Differenzen zwischen Freud und Adler machen, die sich ständig vertieft und zu Adlers Austritt aus der Internationalen Psychoanalytischen Vereinigung kurz nach dem Weimarer Kongreß geführt hatten. Adler hatte angeboten, Beiträge von ihr in den *Monatsheften für Pädagogik und vergleichende Psychologie,* die er redigierte, zu veröffentlichen. Daran war sie aber nicht interessiert. Schon in ihren ersten Wiener Tagen hatte sie Adler besucht, war aber von seiner Persönlichkeit enttäuscht: »Er ist liebenswürdig und sehr gescheit. Mich störte nur zweierlei: daß er in viel zu persönlicher Weise von den obwaltenden Streitigkeiten sprach. Dann, daß er wie ein Knopf aussieht. Als sei er irgendwo in sich selbst sitzen geblieben.« Ihre Diskussionen waren denn auch wenig fruchtbar: »Aber sachlich kamen wir nicht sehr weit. Auch nicht, als wir beim Nachtmahl ziemlich lebhaft über Psychoanalytisches in Streit gerieten.« (Schule S. 14 f.).

Das Tagebuch kommt immer wieder auf die Hauptkritikpunkte an der Adlerschen Theorie zurück. Die gegensätzlichen Auffassungen der menschlichen Psyche, die Freud und Adler trennten, haben Lou sehr beschäftigt. Das Tagebuch berichtet von persönlichen Auseinandersetzungen mit Adler, in denen beide unnachgiebig ihre Positionen verteidigten: »Deshalb konnte mich, einige Tage später, Adler in persönlichem Streit auch nicht überzeugen, obgleich er es geistreich wandte […] Wir sprachen uns heiße Köpfe an, endlich durch alle Straßen rennend; er lief rührend und treu mit.« (Schule S. 52). Einmal sah sie sich außerstande, am Adlerschen Diskussionsabend teilzunehmen, weil am Abend vorher in der Psychoanalytischen Vereinigung sein Buch über die »Minderwertigkeit der Organe« heftig diskutiert worden war und sie Freuds Kritik vollständig zustimmen mußte (Schule S. 20). Im November 1912 besuchte Lou ein letztes Mal eine Diskussion des Adler-Kreises. Auch Wilhelm Stekel war an jenem Abend anwesend und sprach sie auf ihre Doppelmitgliedschaft sowohl im Adler- als auch im Freud-Kreis an, die bis dahin nur Freud und Adler bekannt gewesen war. Ab diesem Zeitpunkt ging Lou nicht mehr zu Adler. Sie wollte nicht in das Dreieck Freud, Adler und Stekel hineingezogen werden und wußte außerdem, daß sie bei Freud besser aufgehoben war. Sie korrespondierte noch einige Monate mit Adler, aber auch das hatte einmal ein Ende. Freud selbst hat von dieser Trennung erst Monate später erfahren (*Eintragungen* S. 118).

Welches waren nun die strittigen Punkte, deretwegen sie sich von Adler distanzierte? Ihre Einwände faßte Lou in einer Art Abschiedsbrief an Adler vom August 1913 zusammen. Sie stellte sich darin seiner Hauptthese vom psychologisch faßbaren Organ-Minderwertigkeitsgefühl entgegen, das aus einem körperlichen Defekt entstehe. In der Konsequenz müsse alles Psychische, speziell auch das Weibliche negativ bewertet werden – Bereiche, die ihr stets als das Wertvollste im Leben erschienen waren. Freud, der ihrer Meinung nach körperliche Erscheinungen bis auf ihre psychischen Ursachen zurückverfolgte, mußte ihr darum mehr gelten. Freud blieb nicht in der Vaihingerschen Konstruktion des »Als ob« stecken, in deren Konsequenz die Neurose nicht als Folge einer Verdrängung aufgefaßt wurde, sondern als mutwilliger Kunstgriff eines aggressiven Ich. Darüber hinaus warf sie Adler Inkonsequenz und mangelnde Differenzierung vor: »dann ist wiederum nichts durch eine so blasse Verallgemeinerung gesagt – so wenig etwa wie durch seine andere Bemerkung: alle körperlich Kranken sind Neurotiker, und vice versa. Denn in beiden Fällen muß man dann von neuem unterscheiden und gliedern, um aus dem vage Selbstverständlichen zu positiven Einsichten zu gelangen: es ist deshalb nichts damit erreicht als die Täuschung, man wisse nun mehr.« (Schule S. 28f.). Trotzdem hielt sie Adlers Theorie für einen fruchtbaren Ansatz – außerhalb des Terrains der Psychoanalyse. Sein Buch *Über die Minderwertigkeit der Organe* sei, schrieb sie, »außerordentlich anregend und nachdenkenswert« (Schule S. 137), noch in ihrem letzten Brief an Adler unterstrich sie, welch großen Wert dieses Buch – wie auch sein *Über den nervösen Charakter* – für sie gehabt habe; wenn auch in einem anderen Zusammenhang als dem psychoanalytischen (Schule S. 177). Deshalb betrachtete sie den Streit zwischen Adler und Freud als »Mißverständnis«, »das nie durch bloße Gegenüberstellung von Theorien ausgetragen werden kann« (Schule S. 175), und warb für den Versuch, eine philosophisch begründete gedankliche Brücke zwischen den Theorien Adlers und Freuds herzustellen. Auf der Basis der Einsicht, daß »letzten Endes Psychisch und Physisch identisch sei« (Schule S. 19, auch S. 40f.), müsse ein harmonisches Koexistieren beider wissenschaftlichen Systeme nebeneinander möglich sein.

Aber Lou hatte sich für Freud entschieden. Adlers Reaktion auf ihren letzten Brief gab ihr in dieser Entscheidung – über die theoretischen Differenzen hinaus – recht; seine Antwort spiegelte persönliche Verletztheit wider und reichte über eine Polemik gegen die Freud-Schule kaum hinaus. Adler selbst – und die Individualpsychologen in seiner Nachfolge – hat ihr diese »Abkehr« wohl nie verziehen. Freud, dem Lou die letzten Briefe dieser Auseinandersetzung mit Adler zur Einsicht überließ, verhielt sich vergleichsweise souverän. Er fühlte sich durch diesen Vertrauensbeweis geehrt und schrieb im Juli 1914 seinem Freund Karl Abraham: »Die Lou Salomé hat mir einen Briefwechsel mit Adler eingeschickt, der ihre Einsicht und Klarheit im glänzenden Licht zeigt, aber ebenso Adlers Giftigkeit und Gemeinheit; mit solchem Gesindel etc.! Manchmal verliert da auch Casimiro den Mut.«[18]

Vaterfigur und Brüdergemeinschaft

Sigmund Freud

Als Lou auf dem Weimarer Kongreß 1911 Freud von ihrem Entschluß erzählte, Psychoanalyse zu lernen, hatte er ihre spontane Begeisterung und Vehemenz belächelt. Aber da kannte er sie und ihre immense Willenskraft noch nicht. Auf dem Kongreß mußte er annehmen, sie wisse noch viel zuwenig von der Psychoanalyse, um sich überhaupt – sei es dafür oder dagegen – objektiv entscheiden zu können. Selbst zu Beginn ihres Aufenthalts in Wien hatte er wohl noch dasselbe Bild; und hatte nicht auch Jung von ihrem ersten Versuch eines psychoanalytischen Aufsatzes eher abschätzig gesprochen?

Aber schon bald nachdem er Gelegenheit gehabt hatte, sich selbst von ihrem Wissensstand zu überzeugen, schwand seine vorsichtig abwehrende Reserviertheit und wich einer respektvollen Anerkennung ihrer intellektuellen Leistungsfähigkeit, wie sie Freud bis dahin noch keiner Frau gezollt hatte. Lou war so gut vorbereitet, daß sie bereits in den ersten Kollegsitzungen bemerkte, an welchen Stellen Freuds Referat von Positionen in seinen Veröffentlichungen abwich. Die Haltung, die er bald ihr gegenüber einnahm, könnte man vielleicht als respektvolle Vertrautheit bezeichnen; ihre gegenseitige Hochachtung erhielt schon nach kurzer Zeit eine sehr warme, persönliche Färbung. Das mag zum einen damit zu tun haben, daß Lou zu diesem Zeitpunkt die einzige Frau war, die an den Mittwoch-Diskussionen teilnahm; das kann auch Teil der psychoanalytischen Politik gewesen sein, nichtjüdische – oder auch nichtärztliche – Mitglieder zu akquirieren. Schon bald jedenfalls vermerkte Freud es mit Enttäuschung, wenn sie wegen einer ihrer häufigen Krankheiten oder wegen anderer Verabredungen nicht am Kolleg oder an den Diskussionen teilnehmen konnte. Zweimal beklagte er in Briefen ihre Abwesenheit.

Daß Freud sich in dieser Zeit gerade Lou als »Fixationspunkt« aussuchte, muß noch nicht unbedingt auf eine Sonderstellung Lous unter den übrigen Psychoanalytikern hindeuten. Aber schon zu Beginn hatte er sie seinen Hörern als »Sonntag« vorgestellt, der die »üblen, harten Wochentag[e]« unterbricht (LRB S. 166 f.), und signalisiert, wieviel ihm an ihrer Anwesenheit lag. Die Gespräche mit Lou Andreas-Salomé wurden Sigmund Freud zunehmend wichtiger; und Lou hinterließ im Hotel stets, wohin sie ging, um jederzeit für ihn erreichbar zu sein. Die privaten Treffen während ihres Studiensemesters in Wien 1912/13 fanden auf Grund von Freuds Arbeitsbelastung in der Regel spätnachts statt. Die Gesprächsthemen dieser Treffen zeigen bereits dieselbe eigentümliche Mischung aus Privatem, Organisatorischem und Theoretischem, die ihren späteren Briefwechsel so anregend und abwechslungsreich macht.

Von den insgesamt sieben persönlichen Gesprächen während dieses Wintersemesters war das erste Treffen am 8.12.1912 noch von theoretischen Diskussionen über Lous vermeintliche Abweichungen von Freuds Lehre geprägt und thematisierte den Unterschied zwischen Natur- und Geisteswissenschaften – wobei Lou die Psychoanalyse trotz ihrer naturwissenschaftlichen Methoden eindeutig zu den Geisteswissenschaften zählte (Schule S. 53 ff.). Bei der zweiten Zusammenkunft am 2.2.1913 waren die Gesprächsthemen schon eher privater Natur: Freud schilderte seinen Werdegang und erzählte die Geschichte von der narzißtischen Katze, die ihr das »Allerpersönlichste« schien, was er ihr erzählt hatte. Lou sprach über ihr eigenes Verhältnis zur Psychoanalyse (Schule S. 88 ff.). Dabei kam die Rede auch auf ihre Brüder; ihre Kindheitserinnerungen waren wohl noch das Thema des folgenden Gesprächs am 9. 2.1913, das sich auf Lous Lebensphilosophie und ihr Lebensgefühl bezog (Schule S. 93 ff.). Sie erinnerte sich später, daß Freud erkannte, ihr intensives Dankbarkeitsgefühl ihm gegenüber sei letzten Endes »Kühle« (*Eintragungen* S. 64 f.). Zwei weitere Gespräche bezogen sich auf Viktor Tausk und die Zukunft der psychoanalytischen Organisation (am 13. 2.1913 und am 14. 3.1913; Schule S. 97 ff. und 120 f.). Später begann Freud ihr aus seinen neuesten Forschungspublikationen vorzulesen, am 23. 2. 1913 die Vatermordphantasie aus *Totem und Tabu* und die sogenannte Scientia-Arbeit *Das Interesse an der Psychoanalyse* am 14. 3.1913 (Schule S. 106 ff. und 120 ff.). Noch die letzte Zusammenkunft während ihres Wien-Aufenthalts gehörte genuin psychoanalytischen Themen: der Frage der Perversionen und dem Konflikt zwischen Therapie und Forschung (am 6. 4. 1913; Schule S. 141 ff.).

Freud akzeptierte diese außergewöhnliche Frau, auch wenn ihr Denken andere Ziele verfolgte und andere Methoden anwandte als er. Denn war sie nicht in der Lage, solche Unterschiede auch offenzulegen? Er sah in ihr eine vollwertige Analytikerin, obwohl sie damals noch kein Mitglied der Psychoanalytischen Vereinigung war (sie wurde erst 1922 aufgenommen), und korrespondierte mit ihr, auf deren Urteil er viel gab, über theoretische Fragen.

Neben den Familienmitgliedern war Lou die einzige Frau, mit der Freud über ein Vierteljahrhundert hinweg einen regelmäßigen Briefwechsel unterhielt. Lou bewunderte Freuds Vermögen, schwierigste und kleinste Einheiten in ihre Einzelbestandteile aufzugliedern, vorbehaltlos, meinte aber, daß ihm synthetisches Denken, das sie für das natürlichere hielt, auch ganz gut angestanden hätte. Freud konnte mit einigem Humor solche Anspielungen über sich ergehen lassen: »Haben Sie wiederum Dank für Ihre schönen Worte, in denen mir die Mahnung, anders zu denken, entgegentritt.« (SF-Brw S. 47). Wenn er aber schrieb: »Das ist vielleicht die Prosa zu Ihrer Poesie« (SF-Brw S. 125), klang dabei Respekt durch. »Seien Sie über die Anrede ›Versteherin‹ nicht böse: ich weiß wohl, daß Sie mehr leisten, aber von allem anderen ist das tiefe Verständnis – mehr verstehen, als da steht – die Grundlage.« (SF-Brw S. 53). Hinter diesem lockeren und leicht mißverständlichen Ton verbirgt sich die ernsthafte Anerkennung von Lous wissenschaftlichen Fähigkeiten. Freud gab offen zu, daß er ihre lebendigen und geistsprühenden Anmerkungen zu seinen Gedankengängen einfach genoß und auf sich wirken ließ. Und er schien sich manchmal über das Übermaß der Anerkennung, das er ihr zollte, selbst zu wundern: »Es ist wirklich langweilig und wie unaufrichtig, wenn ich auf jeden Ihrer Briefe mit Komplimenten antworten soll [...]« (SF-Brw S. 49).

Auch in seinen Arbeiten, denen Lou schon immer eine philosophische Komponente abgewinnen konnte – ob Freud das gutheißen konnte oder nicht –, zitierte Freud sie oder verwies auf sie; in den *Fünf Vorlesungen über Psychoanalyse* etwa lobt er ihren Aufsatz »*Anal*« und »*Sexual*« als »feinsinnig«[19]. Für ein derartiges Lob von seiner Seite genügte in der Regel nicht nur seine Wertschätzung des intellektuellen Leistungsvermögens; es spielte auch das persönliche, freundschaftliche Verhältnis eine Rolle. Im Briefwechsel wird die menschliche Wärme ihrer Beziehung spürbar; sie ist auch an der Enttäuschung ablesbar, die Freud zum Ausdruck brachte, als er Lou nicht wie erwartet auf dem Kongreß 1918 in Budapest traf.

Das Fundament ihrer Beziehung wurde während Lous damaligem Wien-Aufenthalt gelegt und festigte sich im Lauf der Jahre. Im Briefwechsel zwischen Freud und Lou Andreas-Salomé tauchten im Lauf der Zeit bestimmte Signale auf, die an die Vertrautheit von Ehegatten erinnern könnten. Freud gebrauchte nach Lous zweitem längeren Wien-Aufenthalt (im November/Dezember 1921) in der Regel die Anrede »Liebste Frau Lou« oder einfach »Liebste Frau«. Für Lou blieb Freud über die Jahre hinweg der »Herr Professor«. Das bedeutet nicht, daß sie zu ihm weniger herzlich gewesen wäre als er zu ihr – eher das Gegenteil ist der Fall; aber neben der zwischenmenschlichen Nähe blieb für sie von großer Wichtigkeit, daß Freud der Schöpfer der Psychoanalyse war. Manchmal ist in ihren Briefen oder Notizen nicht mehr auszumachen, ob sie gerade über Freud oder über seine Lehre spricht. Sie verehrte ihn als Schöpfer der Psychoanalyse, als Familienvater, als Führungspersönlichkeit und als Freund. In späteren Jahren – 1935 – nannte sie ihn einmal das »Vatergesicht über meinem Leben« (SF-Brw S. 227). Dementsprechend wurde ihr die Gruppe um Freud eine Art Brüdergemeinschaft – alle der gleichen Sache und demselben »Vater« verpflichtet.

Die Psychoanalytische Mittwoch-Gesellschaft

Vom 30. Oktober 1912 bis zum 2. April 1913 war Lou Gast der Mittwoch-Sitzungen der Wiener Psychoanalytischen Vereinigung, die sich als offizieller Verein im April 1910 konstituiert hatte. Sie frischte dort ihre Bekanntschaften vom Weimarer Kongreß 1911 auf (u. a. mit Paul Federn) und knüpfte neue; sie ging nach den Sitzungen mit ins Kaffeehaus, um den oft hitzigen Debatten zuzuhören. Viktor Tausk oder Paul Federn begleiteten sie von dort, nicht selten spät in der Nacht, nach Hause.

In dieser Runde war sie damals die einzige Frau.[20] Die Anwesenheit von Frauen bei den Diskussionsabenden war am Anfang nicht unumstritten gewesen. Schon bevor Lou dort das erste Mal erschien, hatte der Wiener Verleger Hugo Heller einen, leider nicht erhaltenen, Vortrag über sie und ihre schriftstellerischen Arbeiten gehalten, wohl damit sich die Runde ein Bild machen konnte von der Person, die als Gast zugelassen werden sollte. An Lous nichtärztlichem Status allerdings hatte niemand etwas auszusetzen, da es geradezu Bestandteil des psychoanalytischen Programms war, sich nicht auf das medizinische Gebiet zu beschränken.

Lou hielt nur noch zu einigen wenigen Personen engeren Kontakt: Viktor Tausk, Paul Federn, Karl Weiß, Sandor Ferenczi und, außerhalb dieses Kreises, Karl Abraham, Max Eitingon – und natürlich Sigmund Freud, der in den Sitzungen meist neben ihr saß und, wenn sie einmal etwas zu sagen hatte, ihre Diskussionsbeiträge übernahm, da sie es selbst nicht wagte. Trotz dieser Kontakte zu einzelnen Personen war für sie die Wiener Psychoanalytische Vereinigung als Gemeinschaft überaus wichtig: »Überhaupt fühle ich mich jedesmal heimischer und wohliger unter allen diesen Menschen um Freud. Geht es von ihm aus, oder von der Art der Arbeit, es ist gut da zu sein.« (Schule S. 38). Sie fühlte sich von der Gruppe anerkannt und führte ihr Gefühl des Aufgehobenseins zum größten Teil auf Freuds Persönlichkeit zurück, dem ganz selbstverständlich die Leitung der Gruppe zufiel. »Für mich lag darin manches, was ähnlich wohltuend wirkte wie unser Kreis um Paul Rée: ja sogar wie Wiederkehr jener Selbstverständlichkeit, womit ich zwischen meinen Brüdern stand – trotz unserer Verschiedenartigkeit doch von gleichen Eltern stammend. Man hatte sich, und sei's aus fernsten Weltteilen, fremdesten Ländern, gleichgesinnt gefunden.« (LRB S. 179). Im Gegensatz zum früheren Berliner Kreis, in dem sie als einzige, noch dazu junge Frau ohne Scheu ihren »Mann« in den Diskussionen gestanden hatte, blieb sie im Wiener Kreis stumm. Sogar die Abschiedsrede, die sie sich ausgedacht hatte, wurde nie gehalten, sondern nur im Tagebuch fixiert: »Meine Herren! Diskutieren hab ich nicht mögen, hab es Sie für mich tun lassen; aber danken mag ich selbst. Der Psychoanalyse danken grade dafür, daß sie mehr verlangt als nur einsame Schreibtischarbeit und daß sie mich dadurch hinführte zu einer Art von Brüderschaft: hierher […]. Und so ist, was den verschiedenen Geschlechtern in der Welt zu tun obliegt, hiermit gut geschieden und doch geeint. Denn Männer raufen. Frauen danken.« (Schule S. 140f.). Ein verwunderliches Verhalten für eine Frau, die stark genug war, ihren Weg zu gehen, ohne sich um Konventionen zu kümmern. Allerdings schwingt im Tonfall eine kleinmädchenhafte Koketterie mit, die so gar nicht zum überaus selbstsicheren Ton ihrer übrigen Notizen passen will. Man fühlt sich unwillkürlich erinnert an die unterdrückte Stellung einer jüngsten Schwester unter lauter deutlich älteren Brüdern und mit einem ehrfurchtgebietenden Greis als Vater.

Der Kreis in Wien war für sie Ersatz für eine eigene Familie, die sie sich nie »geleistet« hatte; vielleicht versuchte sie, diesen fehlenden zwischenmenschlichen Zusammenhalt, den sie als Kind nie in diesem Sinn erlebt hatte, in intellektuellen Zirkeln und als Beobachterin anderer Familien (bei den Klingenbergs oder den Freuds) zu kompensieren. Im übrigen suchte sie in allen Männern Brüder; und Freud spielte darauf immer wieder amüsiert an. Die Erinnerung und emphatische Bindung an diese Gemeinschaft hat Lou nie verloren, auch wenn sie manchmal – etwa bei der Abspaltung Jungs auf dem Münchner Kongreß – fast an der Sache verzweifelt wäre. Als Freud ihr während des Ersten Weltkriegs, der Lou daran hinderte, wieder nach Wien zu fahren, von den Aktivitäten und Sitzungen berichtete, schrieb sie am 18.5.1918: »aber daß die Vereinigung lebhaft tätig ist, macht mich, Exilierte, vollständig neidgelb« (SF-Brw S. 87). Aber trotz all dieser Begeisterung hat sie sich dabei durchaus ihren klaren und kritischen Blick bewahrt. Sie ignorierte keinesfalls die Rivalitäten, die zwischen den Mitgliedern der Psychoanalytischen Vereinigung herrschten.

Im Hinblick auf die »Familienkonstellation« genoß sie geradezu die üblichen Streitereien; bedeuteten sie doch, daß man von starren Einschränkungen ungehindert forschen konnte. Dabei übersah sie aber, daß Freud zuweilen durchaus dogmatisch und von Ressentiments belastet reagieren konnte. Vor allem seine Haltung gegenüber Viktor Tausk ist davon gekennzeichnet. Es gibt aber keinen Grund anzunehmen, daß die enge Freundschaft zwischen Lou und Viktor Tausk einen negativen Einfluß auf Freuds Einstellung zu Tausk gehabt hätte. Es ist eher das Gegenteil der Fall.

Brüder

Viktor Tausk

Viktor Tausk (1879-1919) war unter Freuds Schülern und Lous Wiener Bekannten derjenige, der ihr nach Freud selbst am nächsten stand. Sie lernten sich beim ersten Besuch der Schriftstellerin in der Mittwoch-Gesellschaft kennen. Lou war sehr zeitig hingegangen: »nur einer da, ein blonder Dickschädel (Dr. Tausk)« (Schule S. 18). Sie kamen bald ins Gespräch. Zuerst sahen sie sich nur während der psychoanalytischen Veranstaltungen und den anschließenden Kaffeehausbesuchen. Wochen später – nachdem Lou das erste private Treffen initiiert und kurz darauf seine beiden Söhne und seine Schwester Jelka kennengelernt hatte, wurde die Beziehung immer familiärer, bis sich Lou und Tausk fast jeden Tag sahen. In ihrem Tagebuch *In der Schule bei Freud* erscheint sein Name häufiger als derjenige Freuds. In der Tat übte Tausk auf Lou eine starke Anziehungskraft aus. Auch jetzt ergab sich aufgrund des angeregten intellektuellen Austauschs bald ein intensives emotionales Klima. Sie fühlte sich ihm wesensverwandt.

Tausk, der aus dem heutigen Kroatien stammte und dort zuerst als Jurist, später dann als Journalist gearbeitet hatte und philosophisch-literarisch interessiert war, besaß ein breitgefächertes Wissen – aber auch eine etwas labile Psyche. Gemeinsam entdeckten sie ein damals ganz neues Medium für sich: das Kino, dem sie begeistert ihre wenige freie Zeit opferten. Lou hatte schon früher in St. Petersburg und Berlin Filme gesehen und war von dieser neuen und – wie sie meinte – naturnäheren Darstellungsform im Vergleich zum Theater fasziniert (TB Dezember 1911). Die Kinematographie war für sie mehr als ein vergnüglicher Zeitvertreib; sie galt ihr als neue Kunstform, die viel zuwenig gewürdigt wurde, ein »Aschenbrödel der ästhetischen Kunstbetrachtung« (Schule S. 102).[21]

Lou und Tausk diskutierten auch über Tausks schriftstellerische Arbeiten, u. a. über den Dialog *Vom Leben und vom Wissen*. Dabei war für Lou weniger die literarische Qualität ausschlaggebend als die Ernsthaftigkeit von Tausks Auseinandersetzung mit Spinozas Philosophie. Dieser Philosoph spielte in ihrer Weltanschauung und ihrem Verhältnis zur Psychoanalyse schließlich eine besondere Rolle. Daß sie nun diesem »Philosophen der Psychoanalyse« bei einem Menschen begegnete, der ihr und zugleich der Psychoanalyse nahestand, war ihr ein doppelter Beleg ihrer geistigen Verwandtschaft. Diese philosophisch-weltanschauliche Übereinstimmung prägte ihr Bild von Tausks Persönlichkeit wesentlich. Sie fühlte sich von seiner persönlichen Eigenart angezogen, die ihrer Ansicht nach aus dem Antagonismus von »Innigkeit des Verstehens und der vielen, so oft naivurgesund wirkenden Kraft« (Schule S. 189) bestand. Aber wie aus dem Nachsatz »wie durchaus ungewöhnlich schön wäre es« zu ersehen ist, war sie nicht sehr optimistisch, daß er diesen Antagonismus auch wirklich leben könne. Sie diagnostizierte eine »ursprünglich neurotische Einstellung« (Schule S. 98), deren Ursache sie in einer narzißtischen Störung suchte.

Wenn das Gespräch auf Tausks psychische Probleme kam oder er aus seiner Kindheit erzählte, hörte sie ihm aufmerksam zu und versuchte behutsam, mit dem Instrumentarium der Psychoanalyse Lösungen zu finden. Deutliches Zeugnis für diese Erzähl- und Analysetaktik und ihre Interpretation des Erzählten ist folgende Notiz, die sie gegen Ende ihres Wien-Aufenthalts machte: »Es ist interessant und seltsam, wie jemand in allen Analysen (sie sind ihm alle doch Verschiebungen seiner eignen, und die Sehnsucht nach ihnen ist nur die Sehnsucht, sich analysiert zu bekommen) auf Tiefgründigstes kommen kann und doch am Naheliegenden vorbeigeht, wenn es ihn betrifft. Als ich ihm das vom ›Muttersein‹ in ihm sagte, war er erst wie erlöst – und dann die nächsten Tage gequälter noch als sonst: das Maß des Widerstandes, das die Einsicht verhindert hatte, mußte irgendwo hinaus.« (Schule S. 188f.). Gewisse Erfolge ließen sie nicht überschwenglich werden. Sie behielt die Realität im Auge, auch wenn es sie schmerzte. Vor allem mußte sie sich gegen Tausks Überschätzung ihrer Möglichkeiten und ihrer Person zur Wehr setzen; aber sie litt sehr darunter: »All das ist so weh anzusehn, daß man den Kopf wendet – hinweg möchte. Denn er täuscht sich über mich, phantasiert. [...] Und von allem Anfang empfand ich doch an Tausk grade all diesen Kampf als das, was mich an ihm tief berührte: den Kampf der menschlichen Kreatur. Brudertier[22], Du.« (Schule S. 189). Tausk überließ ihr bereitwillig die führende Rolle in diesen Analysen, aber auch in seinem Arbeiten. Er erhob sie fast zu seinem »Gott«[23] und versprach sich von einer engen Freundschaft mit ihr eine Heilung seiner Leiden und die Lösung seiner Arbeitshemmungen. Anfangs hat sich Lou auch darauf eingelassen, weil sie glaubte, etwas bewirken zu können. Nach und nach mußte sie sich jedoch eingestehen, daß sie nicht helfen konnte – und löste die Verbindung. Jahre später sollte sich Tausk über diese »Herzlosigkeit« bitter beklagen.[24]

Was ihrer Meinung nach aber ganz gewiß zu seinen positiven und hellen Seiten gehörte, war sein Verhältnis zu seinen Söhnen und zu seiner Schwester Jelka und deren Mann. Es verblüfft in der Tat, wie häufig sie sich trafen, nachdem Lou Tausks Söhne Marius und Viktor Hugo (genannt Bruzo) kennengelernt hatte. Zu dieser Zeit war Marius elf und Bruzo neun Jahre alt. Schnell schlossen sie Freundschaft; sie besuchten gemeinsam den Zoo, gingen einige Male ins Kino und spielten zusammen »Schwarzer Peter« – wobei sich Lou von den Jungen anschwärzen lassen mußte. Sie scheinen alle zusammen eine fröhliche Runde gebildet zu haben. Hier konnte sie wieder, wie mit den Kindern von Helene Klingenberg, die unerfüllte familiäre und kindbezogene Seite ihres Wesens leben. Und im Gegensatz zu Martha Tausk, der Mutter der Jungen, fand sie, daß Tausk seinen Söhnen ein guter Vater war.

All dies war aber nur ein Teil dessen, was die Beziehung zwischen Viktor Tausk und Lou im ganzen ausmachte. Der andere, mindestens ebenso wichtige Teil war die wissenschaftliche Zusammenarbeit. Ein Anfang dazu war gemacht, als sie statt zu den Adlerschen Diskussionsabenden zu Tausks Laienvorlesung zur Einführung in die Psychoanalyse ging. Nach den Vorlesungen diskutierte sie mit ihm und Karl Weiß, in dessen Räumen die Veranstaltung stattfand, weiter über die angesprochenen Probleme. Und mit der Zeit gingen Lou Andreas-Salomé und Viktor Tausk dazu über, diese Vorlesungen gemeinsam vorzubereiten.

Darüber hinaus konnte Tausk ihr einen ganz speziellen Zugang zur Psychoanalyse bieten – nämlich den Zugang über die Behandlungstechnik. Tausk war an Frankl-Hochwarths neurologischer Klinik angestellt und hatte von ihm die Erlaubnis erhalten, an den sogenannten »unbehandelbaren« Patienten psychoanalytische Versuche durchführen zu dürfen (Schule S. 62). Fast jeden Tag gingen sie dorthin und erprobten an den Kranken die psychoanalytischen Methoden. Mal war es eine Paranoikerin (Schule S. 62), mal Trunksuchtparalyse (TB 10.12.1912), ein Pollutionsjüngling (17.12.1912), ein Syphilitischer, »der erbliche« (TB 4.1.1913) usw.: alles Fälle, die heutige Analytiker nicht angehen würden, damals aber – im Vorfeld jeglicher strengen Regelung – mit zum Erprobungsfeld dieser neuartigen Behandlungstechnik gehörten.

Viktor Tausk befaßte sich mit der Psychoanalyse von Psychosen. Er hatte sich während seines Medizinstudiums – als einer der wenigen Psychoanalytiker – auf die Psychiatrie spezialisiert und scheint damit gut zurechtgekommen zu sein. Sein letztes größeres Werk, *Über die Entstehung des »Beeinflussungsapparats« in der Schizophrenie*, im Jahr 1919 – seinem Todesjahr – erschienen, wird denn auch fast übereinstimmend als seine beste Arbeit bezeichnet. Für Lou dürften diese Besuche im psychiatrischen Ambulatorium die ersten Versuche in angewandter analytischer Technik gewesen sein.

Lou und Viktor Tausk verbrachten viele gemeinsame Gesprächs- und Arbeitsstunden, deren Themen vielfältiger Art waren; z. B. über Phänomene des alltäglichen Lebens und wie sie psychoanalytisch zu fassen seien: Erziehung und Verbote, Zärtlichkeit, Untreue etc., aber auch über Grundprobleme der Psychoanalyse, wie z. B. den Sadomasochismus oder die Homosexualität. Großen Anteil nahm Lou auch an Tausks Vorträgen in den Mittwoch-Diskussionen und der Vorbereitung zu seinen Veröffentlichungen. Bis hin zum Referat auf dem Münchner Kongreß im September 1913 finden sich Notizen, die Zeugnis ablegen für eine gemeinsame Beschäftigung bzw. Erarbeitung dieser Referate und Aufsätze. Das soll aber nicht heißen, daß Tausks Schriften etwa unter Lous Regie entstanden seien. Lou hatte die Gabe, im Gespräch gedankliche Klärungen herbeizuführen.[25] Aus den unveröffentlichten Briefen wird deutlich, wie wichtig diese Zusammenarbeit für Viktor Tausk war und wie drängend er sich deren Fortsetzung wünschte. Lou dagegen registrierte seine Schwächen immer deutlicher und schonungsloser.

Freud konnte sich schon seit einiger Zeit nicht mehr mit Viktor Tausks Leistungen anfreunden. Bereits zu Beginn von Lous Aufenthalt in Wien stand es zwischen Freud und Tausk nicht mehr zum besten. Ursprünglich war Freud von Tausks intellektuellen Fähigkeiten überzeugt gewesen und erwartete für den Fortgang der Psychoanalyse viel von ihm. Drei Jahre später hatte sich sein Urteil gänzlich gewandelt. Seine Vorbehalte nährten sich zusätzlich noch dadurch, daß Tausk stets sich mit denselben Themen befaßte wie Freud selbst und er dadurch Freuds eigenen Forschungen zu nahe kam.

In diesem Hin und Her stand Lou als Vertraute Freuds und Freundin Tausks zwischen den Kontrahenten und versuchte, beiden gerecht zu werden. Ihre Vermittlungsstrategie begann sie auf Tausks Seite, indem sie mit ihm arbeitete und mit ihm seine psychische Konstellation besprach. Bei Freud dagegen wollte sie Verständnis und Geduld wecken. Freud ließ sich auf diese Diskussionen bereitwillig ein, war aber nicht zu bekehren: »Freud handelt aus bester Überzeugung, wenn er so scharf gegen Tausk auftritt, daran ist nicht zu zweifeln. Aber neben diesem ›Psychoanalytischen‹ (im Hinblick auf Tausks ursprünglich neurotische Einstellung) ist es ja auch klar, daß alle Selbständigkeit neben Freud, besonders eine aggressiv temperamentvolle, ihn in seinem forscherischen, also edelsten Egoismus unwillkürlich hetzt und schädigt, zu verfrühten Auseinandersetzungen zwingt etc. Der Wert, den ein selbständiger Kopf für die Sache hat, weist sich erst am Zukünftigen auf, und das führt durch Kämpfe in der Gegenwart, die wahrscheinlich nicht vermeidlich sind.« (Schule S. 98).

Trotzdem hielt sie auch weiterhin so getreulich zu Tausk, daß Freud ihr sozusagen als Waffenstillstandsangebot die Schadchengeschichte von der buckligen Braut aus *Der Witz und seine Beziehung zum Unbewußten* vorlas, in der der Heiratsvermittler die Vorzüge einer potentiellen Braut anpreist und der potentielle Bräutigam immer wieder einen Kritikpunkt findet – bis er am Schluß sagt: »Gar keinen Fehler soll sie haben!« Sigmund Freud ironisierte auf diese Weise seine eigentlichen Bedenken gegen Tausk. Hatte Lou sich zu Beginn ihres Wien-Aufenthalts intensiv um eine Vermittlung zwischen den beiden Männern bemüht, so eignete sie sich jedoch nach und nach Freuds Meinung an, auch wenn sie Viktor Tausk weiterhin sehr gerne mochte. Wie peinlich dies für sie selbst werden konnte, erfuhr Lou bald. Während Viktor Tausk seinen Beitrag zum »Vaterkomplex« vortrug, befürchtete Sigmund Freud Zwischenträgerei. Lou befand sich in der Tat in der sehr prekären Lage, daß Freud ihr von seiner Vaterphantasie (in *Totem und Tabu*) erzählt und sie mit Tausk die Konzeption und Ausführung seines »Vaterproblem«-Referats diskutiert hatte (Schule S. 119). Es darf allerdings als sicher angesehen werden, daß sie entgegen manch anderer Behauptung keinerlei Vermittlungsdienste geleistet hat, weder in die eine noch in die andere Richtung.[26]

Nach dem Münchner Kongreß brach sie dann den persönlichen Kontakt mit Tausk ab, da sie der Meinung war, sie könne ihm in keiner Weise mehr helfen – weder persönlich noch auf dem wissenschaftlichen Feld. Viktor Tausk dagegen schrieb ihr hin und wieder Briefe und schickte ihr Sonderdrucke seiner Arbeiten – immer mit einer handschriftlichen Widmung versehen, wie z. B.: »Auch dieses wäre nicht ohne Lou.« Auch jetzt fanden Tausks Schriften keine Gnade vor Freud. Lou hingegen meinte, nachdem sie Tausks *Diagnostische Erörterungen auf Grund der Zustandsbilder der sogenannten Kriegspsychosen* gelesen hatte, die während seines Dienstes im Ersten Weltkrieg entstanden waren, er sei bei diesem Thema »an der rechten Stelle« (SF-Brw S. 59) – vielleicht aber nur weil Freud selbst sich nicht mit diesem Thema befaßte. Aber sie konnte Viktor Tausk mit dieser Bemerkung in seinem Kampf um Anerkennung durch Freud nicht weiterhelfen. Und sie beantwortete seine gelegentlichen Briefe nicht mehr.

Viktor Tausk wählte – nach weiteren schweren Jahren – 1919 den Freitod. Als Lou Andreas-Salomé davon erfuhr, war sie sehr betroffen, aber ihr erschien dieser Selbstmord »gewissermaßen eher als ein Gesundheitsausweis als das Entgegengesetzte« – wie sie im Brief an Freud vom 25. 8. 1919 formulierte (SF-Brw S. 109), ohne die näheren Umstände zu kennen. Damit drückte sie aus, daß er – ihrer Meinung nach zu Recht – seine Unfähigkeit, sein Leben angemessen zu gestalten und echte Bindungen einzugehen, erkannt und konsequent das Ende beschlossen hatte. Sigmund Freud dagegen sah in Viktor Tausk ein »nachträgliches Opfer des Krieges«[27]. Die veränderte Haltung und die tiefe Resignation, die sich in Tausks Briefen seit Kriegsbeginn zeigen, sprechen für Freuds These.

Für Lou kam dieser Freitod überraschend. Er beunruhigte und erschütterte sie. Noch im Winter 1921, als sie wieder einmal die Mittwoch-Diskussionen besuchte, wurde ihr seine Abwesenheit als Mitglied dieser Gruppe schmerzlich bewußt. Die dort versammelten Menschen schienen ihr ohne ihn unvollständig zu sein. Ihre tiefe Trauer mag – nachdem sie ja die Beziehung schon 1913 unerbittlich beendet hatte – etwas überraschen. Aber vielleicht spürte sie, daß auch ihre abweisende Haltung ihm gegenüber zu seiner letzten großen Entscheidung beigetragen hatte. In ihrem Tagebuch schrieb sie 1919: »In der Tat ist es nicht bloß in Weltkatastrophenzeiten unmöglich, das Leben schön und gut zu finden; der Einzelne aber, gegen den es gnädig war (sei es seinem Temperament oder Geschick oder beidem nach), hat kein Recht, das Leben zu rühmen, das die Geschädigten noch tiefer verbittern muß, indem man sie beschämt. Oft und oft denk ich das: da auf mich mehr kam, als auf Einzelne an Glück kommen dürfte, reißt es mir am Herzen, daß ich das nicht künden kann als des Lebens ›wahres Gesicht‹. (Tausk, du Bruder, der du mir sagtest: ›dir fehlt es an den schäbigen Erinnerungen‹; – urteile du nicht. Nicht nur an den schäbigen, – denn weitaus das Los der Allermeisten könnt ich, würd ich, nie ertragen.)«

Sandor Ferenczi

Lou Andreas-Salomé kannte Sandor Ferenczi (1873–1933) seit dem 3. Psychoanalytischen Kongreß 1911 in Weimar. Jetzt in Wien, das Ferenczi während Lous Studiensemester dreimal besuchte, verstanden sie sich sehr gut. Bereits ab dem zweiten Wiener Treffen intensivierte sich ihr Verhältnis. Lou und Ferenczi verglichen Freuds Ansatz zum »Seelenleben der Wilden« mit einer unpublizierten Arbeit von Ferenczi. Auch für Lou war dieses Thema wichtig, gehörte es doch in den Umkreis ihrer religionspsychologischen Arbeiten, die sich allerdings von Freuds Auffassungen deutlich unterschieden. Noch Jahre später erinnerte sich Lou in einem Brief an Freud vom 26. 12. 1920 an die enge Zusammenarbeit mit Ferenczi: »Ich mußte auf das Stärkste dabei des Eindrucks gedenken, den ich [...] während kurzer gemeinschaftlicher Arbeit durch Gedanken Ferenczi's hatte: da erwies sich, daß unsere einander entgegengesetzten Auffassungen plötzlich zusammenstimmten, wenn man die Wörter Tod und Leben vertauschte, worüber wir sehr lachten.« (SF-Brw S. 117).

Ihr gefiel sein Arbeitsstil, und als Abschluß ihres Aufenthalts in Wien besuchte sie ihn für ein paar Tage in Budapest: »Mir sind diese Budapester Tage so wertvoll, nach den Wiener Stunden schon mit Ferenczi, dem ich immer näher kam. Seine Arbeiten (auch Arbeitsart) interessieren mich leidenschaftlich.« (Schule S. 147). Sie sah damals schon die Differenzen Ferenczis mit Freud voraus, die Ende der 20er Jahre zum Durchbruch kommen sollten. Sie hielt Ferenczis Erweiterungen jedoch für richtig und in die Psychoanalyse integrierenswert: »Ohne Zweifel ist in Ferenczis Gedanken vieles, was ihn z. B. von Freuds philosophischen Auffassungen entfernen wird. Und wie phantastisch manches auch in seinen Konsequenzen ihm selber noch aussehn mag: es wäre schön, wenn seine Art zu sehen auf Freuds philosophischen Blick einwirkte [...] Für das, was Freud jetzt und zunächst arbeitet, ist vielleicht das Herauskommen mit dem Ferenczischen zu früh: aber sie sind sich die Ergänzer! Und drum muß Ferenczis Zeit noch kommen.« (Schule S. 146f.). Das zeugt von erheblichem Weitblick; andererseits wird auch deutlich, daß Ferenczi mit Lou Überlegungen besprochen hat, die er zu dieser Zeit noch nicht veröffentlicht hatte.

In den folgenden Jahren wandte er sich Themen von hoher Brisanz zu, die zu seiner »aktiven Therapie« führten. Von Lou ist keine explizite Stellungnahme zu Ferenczis technischen Experimenten bekannt, sie wandte einen Teil seiner Ergebnisse jedoch an. Ob sie auch Ferenczis endgültigen Bruch mit der psychoanalytischen Grundregel nachvollzog, zärtliche Beziehungen zu den Patienten herzustellen, selbst Küsse zuzulassen, wissen wir nicht; es ist aber äußerst unwahrscheinlich. Aus einem Brief Anna Freuds an Lou Andreas-Salomé vom 29.11.1931 läßt sich schließen, daß sie Freuds Bedenken über die Verallgemeinerbarkeit von Ferenczis Forschungen zur psychoanalytischen Technik teilte. Ferenczi selbst bescheinigte sie allerdings die persönlichen Qualitäten, seine Techniken gefahrlos anwenden zu können. An den Briefen, die Gizella Ferenczi nach Sandors Tod an Lou Andreas-Salomé schrieb, läßt sich Lous Anerkennung und ihre tolerante Haltung zu Ferenczis persönlichen Erfolgen und Vorgehensweisen indirekt ablesen.

Daß sich Lou noch nach den ersten Unstimmigkeiten zwischen Freud und Ferenczi ihre positive Einschätzung von Ferenczi beibehielt, ist sehr wahrscheinlich; denn der persönliche Kontakt blieb zumindest bis in die 20er Jahre erhalten. Und schon in der »Schule« machte sie deutlich, daß sie eine allzu dogmatische Haltung für schädlich hielt: »In den Gesprächen mit Ferenczi wurde mir sehr deutlich, warum, wer Freud liebt, momentan für ihn die toleranteste Politik gegenüber den Spaltungen wünschen muß, als für seine Ruhe und Arbeit die beste und insofern, indirekt, auch für seine Sache, in der schließlich auch die Abwege-gehenden unfreiwillig seine Wege bereiten helfen d. h. auf ihn zurückweisen müssen.« (Schule S. 146). Trotzdem hat sich in Sandor Ferenczis letztem Lebensjahrzehnt genau das ereignet, was Lou vorhergesehen hatte und vermieden wissen wollte: Freud distanzierte sich von Ferenczi wegen dessen Ausweitungen der psychoanalytischen Theorie und Therapie. Allerdings erfolgte die endgültige Ablehnung im Gegensatz zu seiner Distanzierung von anderen »untreuen« Mitarbeitern erst sehr spät – die jahrzehntelange enge persönliche Freundschaft ließ ihn mit Sandor Ferenczi doch vorsichtiger umgehen als mit seinen früheren Kritikern.

Zeit des Übergangs

Nach dem Ende des Wintersemesters 1912/13 reiste Lou nach München, wo sie vom 11. bis zum 21. April 1913 blieb. Bei einem Besuch Sophia Goudstikkers traf sie Viktor-Emil von Gebsattel wieder, den sie bereits vom Weimarer Kongreß her kannte. In den zehn Tagen sahen sie sich täglich und kamen sich schnell näher. Sie schlossen sogar »Duzbrüderschaft« (TB 19. 4. 1913). Auch diesmal entwickelte sich die persönliche Beziehung aus den fachlichen Diskussionen. Daß Gebsattel die leicht falsch zu interpretierende intellektuelle Leidenschaftlichkeit Lous kannte, bewahrte ihn vor den Fehlern seiner Vorgänger. Er wußte, daß sich Lou nicht in eine Liebesbeziehung zwingen lassen würde, und verhielt sich entsprechend. Daher konnte Lou auch offener auf ihn reagieren. Möglicherweise sah Gebsattel in Lou auch weniger die Frau als vielmehr die Therapeutin. Die Liebesbeziehung jedenfalls mißlang.[28]

Lou und Gebsattel gerieten des öfteren über psychoanalytische Sachfragen – theoretischer bzw. therapeutischer Natur – in Streit; Gebsattel meinte, Freuds Lehre decke nur einen Teilbereich der menschlichen Existenz ab, und kritisierte die Instrumentalisierung psychischer Vorgänge.[29] Er mochte sich nicht so ohne weiteres dem Diktat dieser Forschungsergebnisse unterstellen und vermißte eine ganzheitliche Sicht des Menschen. Und Gebsattels kritisch distanzierte, fast schon ablehnende Haltung gegenüber Freuds Person reduzierte sie auf eine Abwehrreaktion. Sie konnte Gebsattels Sicht nicht nachvollziehen, denn sie selbst hatte ja ganz anders reagiert: »Mir ist es damit umgekehrt gegangen: z. B. als ich die ›Traumdeutung‹ las und mir die Preisgabe klar machte, zu der Freud in jener Zeit mit seinem Material gezwungen war, inmitten einer ihn verhöhnenden Gegnermenge: ich habe dadurch Respekt für den einfachen Heroismus dieses Lebens bekommen.« (Schule S. 182).

Aber es scheint, als habe sie damit die wirklichen Intentionen Gebsattels verfehlt, der sich ja gegen die – aus seiner Sicht – allzu starre, mechanistische Handhabung psychoanalytischen Wissens gewehrt hatte. In späteren Jahren hat Gebsattel die Psychoanalyse aufgegeben und sich hauptsächlich einer anthropologischen Medizin und Psychotherapie gewidmet, um die er sich große Verdienste erwarb. Die Verbindung zwischen Lou und Gebsattel brach schon 1915 wieder ab, und sie verloren jeglichen Kontakt zueinander.

Am 21. 4. 1913 verließ Lou Andreas-Salomé München und fuhr heim. Dort reflektierte sie das Erlebte und Erfahrene und schrieb die Überlegungen nieder, die im Tagebuch *In der Schule bei Freud* unter dem Kapitel »Göttingen« zusammengefaßt sind. An Freud berichtete sie: »[...] wie ich mich überhaupt nicht weniger sondern fast noch mehr als in Wien mit den Dingen beschäftige, die ich Ihnen allein verdanke« (SF-Brw S. 16). Sie genoß ihren Garten, die Wälder rings um ihr Häuschen oben am Hang und erholte sich von den Strapazen ihrer Reise. Dann kam Rilke vom 9. bis zum 21. März 1913 zu Besuch. Aber schon bald brach Lou wieder auf; sie hatte Tausk versprochen, ihm bei seinem Vortrag für den Münchner Kongreß behilflich zu sein, weshalb sie vor dem Kongreß noch einmal nach Wien fuhr. Aber sie konnte der Versuchung nicht widerstehen und machte für zwei Tage in München Station, um Gebsattel zu treffen. Die Tage in Wien – zwischen dem 20. 8. und dem 4. 9. 1913 – gehörten dann voll und ganz Tausk und seinen Vorbereitungen für den verhängnisvollen 5. Psychoanalytischen Kongreß, der am 7./8. 9. 1913 in München stattfand.

Der Münchner Kongreß

Lous Bericht vom Münchner Kongreß ist einer der wenigen überlieferten Augenzeugenberichte. Auf diesem Kongreß waren die unüberbrückbaren Differenzen zwischen Jung und Freud, die sich bereits vorher abgezeichnet hatten, für alle Teilnehmer offensichtlich geworden. C. G. Jung wurde zwar noch einmal als Präsident der Internationalen Psychoanalytischen Vereinigung bestätigt, gab aber etwas später die Herausgeberschaft des *Psychoanalytischen Jahrbuchs* auf und besiegelte im April 1914 die endgültige Trennung von Freud, indem er sein Präsidentenamt niederlegte und mit den Zürichern geschlossen die Vereinigung verließ. Zusammen mit Jung ging auch die Münchner Gruppe unter Leonhard Seif der Vereinigung verloren. Auf dem Kongreß selbst machte schon die konsequente Sitzordnung der Blöcke deutlich, wohin die Entwicklung laufen sollte.

Die Diskussionen und Auseinandersetzungen waren hart,

und auf beiden Seiten wurde mit Vehemenz gekämpft. Das Perfide an der Argumentation der Züricher war nach Lous Meinung, daß Jung die Schuld am Bruch allein Freud anlastete: »Man kann mit einem Wort sagen, was deren Verhalten zu Freud charakterisiert: nicht daß Jung von ihm abweicht, sondern daß er es so tut, als müsse er grade durch diese Abweichungen Freud und dessen Sache retten. Indem Freud sich dagegen wehrt, wird der Spieß nun so herumgedreht, als könne er keine wissenschaftliche Toleranz üben; sei dogmatisch etc.« (Schule S. 190). Ihrer Ansicht nach war gerade Freud derjenige, der – jeder anderen Meinung aufgeschlossen – dem anderen Respekt entgegenbrachte. Eine Einigung war nicht mehr möglich, alle bisherigen Versuche waren bereits gescheitert. Und Lou rekapitulierte – vielleicht auf der Suche nach einer Begründung für die Unvereinbarkeit der Positionen –, wie sehr sich Jung verändert hätte: »Wo bei Jung vor zwei Jahren eine Art robuster Lustigkeit, strotzender Vitalität aus seinem dröhnenden Lachen redete, da ist jetzt in seinem Ernst reine Aggressivität, Ehrgeiz, geistige Brutalität.« (Schule S. 190).

Doch auch die Reaktionen der Freud-Seite waren heftig. Um sie kundzutun, mußte der ungeliebte Tausk mit seinen scharfsinnigen und beißenden Argumenten herhalten – diesmal bewußt gegen den sich ablösenden Gegner eingesetzt: »Denn nun war es ja endlich aus mit aller Politik, die noch im Winter vorgeherrscht: man konnte, sollte, durfte donnern. Und darauf hat Tausk sich verstanden.« (Schule S. 191). Daß Tausk sich für diese Aufgabe eignete, mußte selbst Freud zugeben: »›gescheit und gefährlich‹, sagte Freud, ›bellen und beißen kann er‹« (Schule S. 191). Aber nicht alle Teilnehmer wollten sich der einen oder anderen Gruppierung zuordnen. Als kleine Episode am Rand schildert Lou etwa das Verhalten Emil von Gebsattels, der sich nicht eindeutig für eine Seite entscheiden mochte. »Der [Gebsattel] wandelte so unbeteiligt durch die Kongreßparteien: die Zigarette zwischen seinen Lippen sah aus wie ein sehr absichtliches Hindernis, um nicht zu glossieren oder herauszulachen.« (Schule S. 191). Diese »(weltmännische?) Überlegenheit« – man beachte das Fragezeichen – amüsierte Lou sichtlich. Nachdem auch Rilke auf dem Kongreß erschienen war, entschied sich Gebsattel dann doch für die Freud-Seite. Lou stellte auch den Kontakt zwischen Rilke und Freud her; sie verbrachten den Abend zu dritt und gingen am nächsten Tag zusammen im Hofgarten spazieren. Aus den Gesprächen, die sich dabei ergaben, ist später Freuds Studie *Vergänglichkeit* entstanden.

Freud, der von dem Bruch mit Jung und der Züricher Gruppe tief getroffen war, auch wenn er ihn vorhergesehen hatte, »verhielt nur mit Mühe die tiefe Bewegung, die in ihm war« (Schule S. 191); seine ehrgeizigen Pläne, deren Erfüllung er in Jungs Hände hatte legen wollen, waren endgültig gescheitert. Lou fühlte seine Enttäuschung. Für Freud war es darum gegangen, die Psychoanalyse von ihrem jüdischen Ursprung zu emanzipieren und als allgemein anerkannte Wissenschaft zu etablieren. Freud sah jedoch keine Möglichkeit zu einer Einigung mit dem Nichtjuden Jung mehr.

Lou, eine der wenigen Nichtjuden innerhalb der psychoanalytischen Gemeinde, setzte sich mehr auf der theoretischen Ebene mit Jung auseinander und formulierte Vorbehalte gegenüber Jungs Libido-Begriff: »er will die Libido genetisch erklären, und damit sie alles in sich fassen kann, verdünnt er sie entsprechend nach hinten und vorn. So bekommt sie ein vorsexuales Stadium, in das schon Ichtriebhaftes wie Hunger etc. hinein gehört, und sublimiert sich nachsexual zu allen geistigen Potenzen.« (Schule S. 26). Diese scharfe und fast schon polemische Kritik verwundert etwas; denn oberflächlich betrachtet scheinen ihre eigenen Vorstellungen von den Inhalten des Unbewußten bzw. des »Urgrunds« den archaischen Mustern Jungs nicht allzu fernzuliegen. Aber einerseits schiebt sich bei ihr das in den Vordergrund, was sie »echte« Synthese nennt, so daß sie trotz ähnlicher Grundanschauungen und Vorgehensweisen zu einem wesentlich differenzierteren Ergebnis kommt. Andererseits kann man ihre Ablehnung der Jungschen Archetypen und seiner Ausweitung des Libido-Begriffs auf die psychische Energie schlechthin als eine gewisse Distanzierung von ihren eigenen, früheren Anschauungen werten; deren Grundstruktur hatte sich zwar nicht verändert, aber die romantizistisch-schwärmerische Leere hatte nun in Freuds Forschungen reale und wissenschaftlich belegbare Inhalte gefunden. Die Jungschen Typisierungen dürften für sie einem Rückschritt in die symbolhaft-irreale Betrachtungsweise der psychischen Mechanismen einer Zeit vor der Psychoanalyse gleichgekommen sein. Trotz aller Kritik gab es aber auch in Jungs Theorie einen Part, den Lou für richtig hielt: Jungs Ausführungen zum Inzest und dessen »Erweiterung in die Mutterleibssehnsucht« (Schule S. 27). Genau an diesem Punkt gestand sie Jungs Libido-Begriff eine gewisse Berechtigung zu. Freuds Begriff des Unbewußten machte jedoch – nach Lous Meinung – Jungs Stilisierungen überflüssig. Auch Freud erkennt dem Unbewußten archaische Anteile zu, die aus Urerinnerungen an die phylogenetisch-gattungstypische Entwicklung entstanden und allen Menschen gemeinsam sind. Lou war speziell von diesem Aspekt von Freuds Konzept fasziniert.

Nach dem Kongreß blieb Lou noch fast einen Monat in München und teilte ihre Zeit hauptsächlich zwischen Rilke und Gebsattel (bei dem sie wohnte). Neben der Pflege alter Bekanntschaften – z. B. Regina Ullmann, Annette Kolb und Clara Rilke – traf Lou, zusammen mit Gebsattel, auch ein paarmal den Philosophen Max Scheler. Am 19. September z. B. suchten sie ihn gemeinsam am Tegernsee auf. Das Gespräch war sehr lebhaft; Gebsattel und Scheler warfen sich »gegenseitig stets ihre Ethik« (Schule S. 201) vor, was der Diskussionsbereitschaft keinen Abbruch tat; bereits ein paar Tage später trafen sich alle drei im Englischen Garten in München wieder. Eine Zusammenfassung dieser Gespräche hat Lou in ihr »Freud-Tagebuch« aufgenommen, in der sie die Schelersche Philosophie mit Freuds Positionen, aber auch mit der Philosophie Georg Simmels, den sie aus ihren Berliner Tagen kannte, verglich und auf gewisse Parallelen verwies. Abgesehen von solchen philosophischen Resümees bedeutete ihr Schelers Philosophie wenig; in vielen Dingen hielt sie ihn für oberflächlich und spürte ein persönliches Involviertsein heraus: »Denn hinter dem Bedeutenden und Großen Schelerscher Philosophie steckt auch ein Antrieb sich irgendwie in sie zu retten.« (RMR-Brw S. 312). Sie ist später noch mehrmals mit ihm zusammengetroffen.

Hier – wie auch in ihrer Kritik an Bjerre, Tausk, Gebsattel u. a. – fällt auf, daß ihre Auseinandersetzung mit Theorien oder philosophischen Überlegungen immer wieder zu einer Kritik an der betreffenden Person geraten – fast so, als ob ihr die sachlichen Argumente fehlten und sie bei einer solchen kompromißlosen Abwehr Zuflucht suchen müßte. Eine derartige Verbindung zwischen philosophischen Systemen und den »Personal-Acten ihrer Urheber« findet sich bereits in ihrem Briefwechsel mit Friedrich Nietzsche. Seit ihrer Beschäftigung mit der Psychoanalyse hat sich diese Tendenz eher noch verstärkt; dies kann leicht als Aburteilung mißverstanden werden – und war dies zuweilen wohl auch. Für sie waren solche Überlegungen allerdings nur der Versuch, noch ein Stück weiter hinter die Textoberfläche und damit in die Kausalität zwischen Schöpfer und Werk einzudringen. Dazu hatte ihr Freud das Instrumentarium geliefert.

Von München aus reiste Lou Anfang Oktober zusammen mit Rilke ins Riesengebirge; dort wollte sich Rilke im Sanatorium Krummhübel in die Behandlung von Professor Ziegelroth begeben: »aber Rainer konnte sich mit ihm natürlich nicht aussprechen« (Schule S. 207). Sie kehrten also wieder gemeinsam zurück nach Dresden; während dieser Fahrt entstanden die vorsichtigen Analysen dreier Träume Rilkes, die ebenfalls in die »Schule« aufgenommen wurden. Rilke fuhr dann weiter nach Paris und Lou nach Berlin. Erst einige Wochen später kehrte sie nach Göttingen zurück.

An den Aufzeichnungen über Rilke verblüfft der zwar vorsichtige, aber absolut offene, analytische Ton, in dem sie über diesen ihr nahestehenden Menschen spricht. Es scheint, als ob sie ihre Beherrschung psychoanalytischer Deutungsmethoden an Rilke getestet habe; und sie scheint ihre Überlegungen – mit Einschränkungen natürlich – mit ihm direkt besprochen zu haben. Sie versuchte immer wieder, ihn auf solche Schonungslosigkeit einzuschwören, wie z. B. am 4. 2.1919: »Zwei so uralt Aufrichtige wie wir« (RMR-Brw S. 340). Ellen Delp kam in späteren Jahren – in einem Brief an Nanny Wunderly-Volkart – auf diese Rigorosität zu sprechen: »Sie [Lou] legte Wert darauf, alle Schranken im Gespräch zu durchbrechen, ostentativ frei zu reden und die Dinge beim Namen zu nennen, unter Umständen beim banalsten, beim obscönsten Namen.«[30] Ellen Delp glaubte zwar, die Psychoanalyse für diese rückhaltlose Direktheit verantwortlich machen zu können; aber Lou hat wohl schon immer die Fähigkeit zu so offenen Gesprächen besessen; vielleicht hat die Psychoanalyse dies verstärkt. Sie selbst sprach einmal von ihrer »schauerlichen Indolenz in Gesellschaft« (Schule S. 204).

Durch diese Offenheit und der fast brachial erzwungenen Intimität besaß sie über die nun schon fünfzehn Jahre währende Freundschaft hinaus eine gewisse Macht über Rilke. Sie schickte ihn, der viel lieber bei ihr geblieben wäre, nach Paris. Sie tat dies, weil sie der Meinung war, daß weder sie noch die Psychoanalyse Rilke dauerhaft helfen könnten; ihre Hoffnung war, er könne in der vertrauten Umgebung vielleicht in eine dichterisch-produktive Stimmung zurückfinden, in der sie die einzige adäquate Lösungsmöglichkeit seiner psychosomatischen Schwierigkeiten sah. Der Mensch Rilke jedoch tat ihr leid: »Am letzten Tage war es so furchtbar, als jagte ich Dich beinah dorthin hinweg: aber Du weißt ja, wie es war, und daß ich Dir nur helfen wollte. Das können aber Menschen einander nicht. Nur im tiefsten, letzten Sinn zusammenhalten.« (RMR-Brw S. 303). Aber vielleicht verbannte sie ihn nicht nur um seiner Schaffensfähigkeit willen nach Paris, sondern weil ihr bewußt geworden war, daß seine Verehrung für sie immer noch – oder auch wieder – Grenzen in Frage stellte, die sie eingehalten wissen wollte. Ellen Delp beschrieb den Abschied so: »Den letzten

Abend [...] sagte er uns gute Nacht und sah Lou an. Erst in meiner Ehe, als ich Frau wurde, viele Jahre später habe ich den Blick begriffen [...] Ich glaube, er war von Lou absagend und streng erinnernd und sie sagte etwas wie: es bleibt dabei, Du fährst morgen nach Paris. Er und ich, wir waren damals sehr entzückt von unserer faszinierenden tollen Mutter Lou [...].«[31]

Den Rest des Oktober und den ganzen November verbrachte Lou in Berlin. Sie besuchte Max Eitingon, der mit ihr in gutem Einvernehmen stand. Sie unterhielten sich über die Querelen in der Internationalen Psychoanalytischen Vereinigung, vor allem natürlich über den Münchner Kongreß und seine vereinspolitischen Folgen. Eitingon vertrat – wie auch andere Analytiker – die Meinung, daß eine »Sprengung der ganzen Vereinigung« angebracht wäre, damit sich »ehrlich die Geister, die zusammen gehören«, fänden (Schule S. 219). Lou dagegen plädierte für Stillhalten und »toleranteste Politik« (Schule S. 146). Als sie die Berliner Vereinigung besuchte, fand sie es dort »mächtig temperamentlos« (Schule S. 219). Freud war und blieb ihr Leitstern in der Psychoanalyse. Deshalb wollte sie auch ein Foto von ihm besitzen, wie sie es bei Eitingon gesehen hatte.[32] Freud forderte im Gegenzug auch eines von ihr an, das – neben dem Foto von Yvette Guilbert – dann in seinem Arbeitszimmer hing.[33]

Zurück in Göttingen, stürzte sie sich – wie in Berlin – voll in die Arbeit. Sie verarbeitete und vertiefte das erworbene Wissen und begann vielleicht schon mit ihrem zweiten psychoanalytischen Aufsatz *Zum Typus Weib*. Auch »*Anal*« und »*Sexual*« wurde bereits in dieser Zeit konzipiert und begonnen. Abgesehen von einigen gemeinsamen Tagen mit Gebsattel über Neujahr 1913/14 verließ Lou Göttingen erst im Juli wieder, um sich mit Rilke und Gebsattel in München zu treffen. Zu dem Zusammentreffen kam es jedoch nicht mehr, da im August 1914 der Erste Weltkrieg ausbrach und sie die Reise abbrechen mußte.

Der Erste Weltkrieg

Der Krieg war ein großer Schock; nach der anfänglichen Euphorie – auch unter den Intellektuellen und Literaten – trat schnell eine herbe Ernüchterung ein. Freud erkundigte sich besorgt, wie es ihr ergangen sei: »Verehrte Frau! Was machen Sie in diesen für uns alle schweren Zeiten? Haben Sie das erwartet und haben Sie sich's so vorgestellt? Glauben Sie noch, daß alle die großen Brüder so gut sind? Ein tröstliches Wort erwartet von Ihnen Ihr ergebener Freud.« (SF-Brw S. 21). Auch Lous anscheinend unerschöpflicher Optimismus hatte unter den Kriegseindrücken deutlich gelitten; ihre Antwort klang sehr resigniert. »Ja: die Sache mit den ›großen Brüdern‹! alle miteinander sind sie rein des Teufels geworden (Aber das kommt davon, daß Staaten sich nicht psychoanalysieren lassen). Jeden Tag steht man auf für dieselbe Aufgabe: Unfaßliches zu fassen; man arbeitet sich hindurch, durch diese furchtbar verletzende Zeit, wie durch einen starren Dornbusch. Keines persönlichen Geschickes entsinne ich mich, im entferntesten keines, das mich so hätte bluten machen. Und ich glaube auch nicht recht daran, daß man hiernach jemals wieder richtig froh werden könnte.« (SF-Brw S. 21 f.). Über diese ablehnende Einstellung zum Krieg hinaus finden sich in den Briefen von Freud und Lou keine Bemerkungen mehr zur prekären politischen Situation oder zum aufbrechenden Antisemitismus. Die familiären Katastrophen finden allerdings ihren Niederschlag im Briefwechsel zwischen Freud und Lou. Neben einem Neffen starb nach kurzer Krankheit auch ihr Bruder Alexander am 19. 2. 1916. Lou war sehr betroffen; nach dem Tod ihres Vaters war Sascha als Familienoberhaupt stets für sie da gewesen. In ihrem Tagebuch notierte sie: »Mir scheint jetzt, daß selbst Mamas Tod nicht so sehr ›Tod‹ für mich war, wie Saschas plötzliches Auf-immer-fort-gegangen-sein (und nicht nur wegen Mamas hohem Alter; Sascha war ›Geborgenheit‹).« (TB 28. 2. 1915). Rußland gehörte nicht nur zu den kriegführenden Nationen (es war maßgeblich an den Balkankriegen 1912/13 beteiligt gewesen, die den Ausbruch des Ersten Weltkriegs zur Folge hatten), ab März 1917 hatte es auch den Krieg im eigenen Land. Es wurde von Revolutionen gebeutelt. Nachdem sich die aus der Februarrevolution hervorgegangene Regierung Kerenskij nicht halten konnte, ergriffen die Bolschewiki unter der Führung Lenins die Macht. Nach der Oktoberrevolution und dem Frieden von Brest-Litowsk kam es in Rußland zu einem fürchterlichen Bürgerkrieg, der bis 1921 dauerte.

Die Revolution, die die Großgrundbesitzer enteignete, kostete die Familie von Salomé ihr gesamtes Vermögen und brachte sie um jeglichen Besitz. Lou verlor dadurch ihr Elternhaus und die Geborgenheit einer großen Familie. Von dorther hatte sie keinerlei finanzielle Unterstützung mehr zu erwarten – zumal auch Alexander, der in jeder Situation für sie eingestanden hatte, nicht mehr lebte.»Ich bin inzwischen noch grauenhafter von den Meinen in Rußland abgeschnitten als zu Kriegszeiten, und diese selbst von ihren vielen Söhnen (alle Offiziere), die jeden Augenblick ohne allen Krieg erschossen sein können.« (SF-Brw S. 94). Bis zum Ende ihres Lebens war sie nun von ihrer Heimat abgeschlossen; selbst wenn sie dorthin hätte reisen können, hätte sie doch nur Armut erwartet. Die Reise nach Rußland, die sie unmittelbar vor ihrem Studium in Wien gemacht hatte, sollte ihre letzte gewesen sein. Nach dem Krieg hat sie Göttingen nur noch wegen Rilke oder der Psychoanalyse verlassen.

Von März bis Mai 1915 besuchte Lou Rilke auf seine dringenden Hilferufe hin in München. Lou Albert-Lasard, mit der er damals lebte, beschrieb in ihrem Erinnerungsbuch *Wege mit Rilke* diesen langen Aufenthalt und gab eine amüsante Beschreibung von der Art und Weise, wie Lou ihre Reisen und das Leben in fremden Städten zu organisieren pflegte: »Wie groß aber war meine Überraschung, als mit ihr [Lou] in unser stilles Leben ein wahrer Wirbelwind äußerer Ereignisse drang. Ja, Lou hatte die Gewohnheit, während des ganzen in ihrer kleinen Universitätsstadt Göttingen mit ihrer Arbeit verbrachten Jahres […] eine

Liste all der Persönlichkeiten aufzustellen, die kennenzulernen ihr wünschenswert schien. Wenn sie dann in eine Großstadt kam, hatte sie oft deren mehrere bereits an die Bahn bestellt, um sie abzuholen. Vom Moment ihrer Ankunft an waren unsere Tage ausgefüllt von ihren Programmen. Des Morgens eine spiritistische Sitzung, nachmittags Historiker oder Astronomen, abends schließlich Psychoanalytiker, Schriftsteller oder Ärzte. Einzeln genommen, wäre jede dieser Versammlungen vielleicht interessant gewesen, aber dieses rasante Potpourri machte mich schwindlig.«[34] Trotz der abwehrenden Haltung gegen diese hektische Betriebsamkeit konnte auch Lou Albert-Lasard sich der Faszination dieser Frau nicht entziehen: »Lou hatte einen herrlichen Tigerblick«, und war von ihrer persönlichen Ausstrahlung gebannt. »Lou Andreas-Salomé hatte in ihrer glühenden Lebendigkeit, trotz ihres Alters und obwohl sie keinerlei Sorgfalt auf ihr Äußeres verwandte (sie ging in grauen Säcken, damals Reformkleider genannt, herum), noch leidenschaftliche Verehrer. Ich sehe noch einen vor mir, dem ein abfälliges Wort von Lou die Tränen in die Augen trieb, so daß er vor Bestürzung sein Monokel zur Erde fallen ließ. Ihr Blick strahlte eine große Kraft aus.«[35]

Wenn Lou von solchen Besuchen nach Göttingen zurückkehrte, suchte sie dort vor allem die Ruhe und Stille ihres Gartens und die ungestörte Konzentration des Arbeitens. Den Kontakt zur Außenwelt bewahrte sie sich durch eine rege Korrespondenz. Lou arbeitete, nachdem »Anal« und »Sexual« in Druck gegangen war, an einem größeren Werk über das Unbewußte. Es ist leider nicht komplett erhalten; nur noch die Einleitung existiert, die im Freud-Briefwechsel abgedruckt ist, und der Mittelteil, der separat unter dem Titel *Psychosexualität* 1917 in der von Iwan Bloch herausgegebenen *Zeitschrift für Sexualwissenschaft* erschien. Dieser Aufsatz versucht, wissenschaftlich interessierten Laien die Entwicklung und Bedeutung der Psychoanalyse verständlich zu machen. Er sollte durch behutsame und nuancierte Darstellung der Grundthesen dazu beitragen, Mißverständnisse auszuräumen und Abwehrreaktionen abzubauen. Deshalb erschien er auch in einer nichtpsychoanalytischen Zeitschrift. Freud gefiel zwar die Darstellung als solche, er war aber von der Zielsetzung nicht sehr angetan: »Ich bewundere jedesmal von Neuem Ihre Kunst der Synthese, welche die durch die Analyse gewonnenen disjecta membra zusammenfügt und mit lebendem Gewebe umhüllt. Das blöde Volk, für das Sie schreiben, wird die Teile im Organismus natürlich noch viel schlechter erkennen, als es die herauspräparierten und isolierten zu erkennen verstand. So möchte ich am liebsten Ihr ganzes Büchlein [Ubw-Buch] besitzen, das nur mir und den wenigen Verstehenden bestimmt sein soll. An einigen Stellen kann ich Ihnen nur mit der Ahnung folgen, wo Sie es unternehmen, Dinge zu beschreiben, die ich als dem Wort noch nicht unterworfen vermieden habe, und an anderen Stellen finde ich als empfindlicher Autor, daß Sie sich mehr um meine Entschuldigung bemühen, als vor der misera plebs Not tut. Sie werden verstehen, daß es nur Anerkennung ist, was sich hinter solchen Einwendungen verdeckt.« (SF-Brw S. 75).

Die Psychoanalyse wurde zur Zuflucht, die half, die Auswirkungen und Schmerzen des Kriegs zu überwinden. »Wenn ich mir indessen vorstelle, wieviel selbst in diesem, über alle Maßen fürchterlichen Jahr mir durch Ihre Psychoanalyse Gutes geworden ist, dann möchte ich ihr wohl nützlicher werden als ich bin.« (SF-Brw S. 38). Freud und die Psychoanalyse waren für Lou Andreas-Salomé mehr als ein Beitrag zur Lebensbewältigung, sie waren viel eher eine Heimat. Freud gegenüber schilderte sie es einmal folgendermaßen: »Ursprünglich war es kein andres Interesse, als das ganz neutral sachliche, das sich aufmerksam gemacht fühlt, auf Wege zu neuen Quellen. Dann kam aber, belebend und persönlich wirksam, der Umstand hinzu, einer werdenden Wissenschaft gegenüberzustehn und gewissermaßen immer wieder am Anfang zu sein – und dadurch in einem steigend intimen Verhältnis zu ihren Problemen. Das Dritte und Persönlichste, das den Ausschlag gab, ist aber das intime

Beschenktwerden selber, das von ihr ausgeht: dieses erstrahlende Umfänglicherwerden des eigenen Lebens durch das Sichherantasten an die Wurzeln, mit denen es der Totalität eingesenkt ist.« (Schule S. 89 f.).

ALTER

»Das Alter ist die Wiederkehr der Jugend. Wir altern um sie zu fassen; das eine Mal leben wir sie, das andere Mal lebt sie uns.« (TB 5. 8. 1903)

Die oberste Maxime, die Lou Andreas-Salomés Denken und Handeln bestimmte, war stets, das Leben am eigenen Selbst auszurichten. Auch in ihren Analysen versuchte sie, dies den Patienten zu vermitteln. Es entspricht ihrer Lebensauffassung, daß sie sich schon verhältnismäßig früh mit Fragen des Älterwerdens und des Alters beschäftigte. Bereits 1901 schrieb sie als 40jährige den Essay *Alter und Ewigkeit*, in dem sie die bewußte Integration der Jugend und des kommenden Alters in das eigene Leben forderte: »Etwas von solcher Ewigkeitfassung sollte dem Leben schon von Jugendjahren an eignen.« (*Alter und Ewigkeit* S.150). Später, in den *Eintragungen* des Jahres 1934, bekannte sie sich erneut zu dieser Haltung, in der sie einen Grundzug ihrer Persönlichkeit erkannte: »In jungen Jahren notierte ich mir irgendwo: ›Erst leben wir die Jugend, dann lebt die Jugend uns.‹ Viel besser als damals könnte ich es wohl auch jetzt nicht auseinandersetzen, was ich meinte. Doch ich fürchtete mich geradezu, für dieses Erlebnis nicht alt genug zu werden.« (*Eintragungen* S. 23).

Nun war sie doch »alt genug« geworden – und ihr fiel es zu, die Weisheit und die Gelassenheit des Alters gegen Freud in Schutz zu nehmen, als der – er schrieb gerade an *Hemmung, Symptom und Angst* – im Brief vom 10. 5. 1925 der eigenen geistigen Trägheit wegen mit sich haderte: »Eine Entdeckung, deren man sich eigentlich schämen müßte, denn solche Verhältnisse sollte man von Anfang an erraten haben und nicht erst nach 30 Jahren auffinden.« (SF-Brw S. 169f.). Lou schrieb ihm zurück, er solle akzeptieren, daß die jüngsten Erkenntnisse immer erst durch die »Frucht« aller vorangegangenen Erfahrungen möglich würden. Demzufolge war für sie das Alter nicht einfach der letzte Teil des Lebens, sondern eine besondere, eigenen Gesetzen folgende Lebensphase. Sie betrachtete das Alter als ein langsames Zurückweichen aus der alltäglichen Realität, als einen Übergang in den »unpersönlichen Allzusammenhang« (*Alter und Ewigkeit* S. 146). Und sie war im Lauf ihres Lebens immer weniger geneigt, der äußeren Realität einen hohen Stellenwert einzuräumen. »Da war etwas merkwürdig Sekundäres, das an aller sogenannten Wirklichkeit sich auswirkte.« (*Eintragungen* S. 25). Wichtig sei nur, das Glücksgefühl des Dazugehörens zu dieser Welt stets zu bewahren.

Nicht die Einschränkungen, die der verfallende Körper auferlegt, standen im Mittelpunkt ihrer Reflexionen über das Alter, sondern der innere Reifungsprozeß. Dennoch – oder gerade deshalb – vermochte sich Lou Andreas-Salomé die Frische und den Optimismus der Jugend zu bewahren. Im Mai 1927, mit 66 Jahren, schrieb sie an Sigmund Freud: »Ich dehne und strecke meine alten Knochen in der heutigen Sonne, und mein Mann tut desgleichen. Wir sprechen uns dabei darüber aus, daß das Alter wirklich ›Sonnenseiten‹ habe, die man sonst nicht ebenso zu spüren kriegt. Bei mir geht es ja in der Tat so weit, daß ich noch immer geradezu neugierig bin, was im Wunderknäul ›Leben‹ es wohl noch alles abzustricken geben wird, so daß die drein eingegarnten Überraschungen einem dabei in den Schoß fallen. Doch gebe ich das fast idiotisch Infantile dieser innern Einstellung unumwunden zu, bloß daß sie zu diesem meinem Besserwissen einfach höhnisch lächelt und morgens mit dem ersten Augenaufschlag, der noch nicht bei voller kritischer Besinnung erfolgt, sich zunächst durchsetzt und dem Tag etwas von Glücks-Idiotie überläßt.« (SF-Brw S. 180).

Zu diesem Zeitpunkt hatte sie Rilkes Tod, der sie in ihrem zurückgezogenen Leben aufgeschreckt hatte, bereits überwunden. Doch selbst noch in einem solchen, die Früchte des Alters bewußt genießenden Rückzug bewahrte sie sich die Fähigkeit zu neuen Kontakten und Erfahrungen. Die intensivste und beglückendste Beziehung, die Lou im Alter von sechzig Jahren noch knüpfte, war die Freundschaft zu Anna Freud (1895 bis 1982). Die eigene Jugend und Begeisterungsfähigkeit, die in der Zuwendung zur Psychoanalyse eine neue Heimat gefunden hatte, wurde in dieser Freundin noch einmal lebendig.

Wiederkehr der Jugend

Anna Freud

Während ihres Studienaufenthalts in Wien 1912/13 hatte Lou bei einem Abendessen im Hause Freud auch die übrigen Familienmitglieder kennengelernt – mit Ausnahme der jüngsten Tochter Anna, die gerade wegen ihrer damals etwas schwachen Konstitution und als Belohnung für die erfolgreich abgelegte Matura den Winter in Meran verbringen durfte.

Die Fragen, die Lou in der Korrespondenz mit Freud zum Familienleben in den Kriegsjahren stellte, galten vor allem den im Feld stehenden Söhnen oder dem allgemeinen Wohlergehen der Familie. Freud selbst schrieb ansonsten wenig über die häuslichen Verhältnisse. Von Anna Freud wußte Lou deshalb eigentlich nur, daß sie das letzte von Freuds sechs Kindern war, das noch in der Familie lebte. Also nahm sie in einem Brief von 1917 an, daß Anna Freud eine »Nachdichterin aus fremden Sprachen« geworden sei. Damit war sie freilich das Opfer eigener Analogiekonstruktionen geworden: »Es wäre doch die schönste Umsetzung der väterlichen Psychoanalyse ins Weibliche.« (SF-B ι w S. 70). Annas wirklicher Beruf – nämlich Lehrerin – schien ihr so überhaupt nicht ins Bild zu passen.[1]

Beide, Lou Andreas-Salomé und Anna Freud, hatten schon

seit längerem den Wunsch nach gegenseitiger Bekanntschaft gehegt. Jedoch erst im Spätherbst des Jahres 1921 bot sich die Gelegenheit. Ursprünglich war eine Fortsetzung von Lous »Lehrzeit« bei Freud bereits für den Winter 1914/15 geplant gewesen, doch der Erste Weltkrieg hatte das verhindert. Nun hatte Freud Lou als Gast in seine Familie eingeladen und übernahm sogar die Kosten der Reise nach Wien. Sie ging gerne darauf ein und konnte es zunächst gar nicht glauben: »Und doch ist zu bedenken, wie viel im langen Zeitraum dazwischen hindernd sich ereignen kann, - und dann krieg ich vor Schreck totsicher eine glatte Neurose. Nun male ich mir, wie ein Backfisch in Wunschträumen, jeden Tag ein bißchen davon aus, wie es sein wird, wenn ich wirklich, wirklich, wirklich bei Ihnen sein werde«, schrieb sie im Brief an Freud (SF-Brw S. 118f.).

Anfang November 1921 traf sie endlich in Wien ein und wurde von Anna Freud vom Zug abgeholt. Freud selbst konnte nicht kommen, da Lou nicht bedacht hatte, daß ihre Ankunft auf einen Mittwochabend fallen würde – auf die Stunden also, in denen die Wiener Psychoanalytische Vereinigung sich traditionell zu ihren Versammlungen zusammenfand. Lou, die voller Begeisterung wieder in das gesellschaftliche Leben der psychoanalytischen Kreise Wiens eintauchte, genoß diesen Besuch sehr.

In der kurzen Zeit des Aufenthalts – vom 9. November bis 20. Dezember – kamen sich Lou und Anna schnell näher, da sie manches gemeinsam hatten: So pflegte auch Anna Freud ausgedehnte Spaziergänge zu machen und liebte die freie Natur. Gelegenheiten, Freud zu sehen, gab es hingegen wenige. Zeit für Gespräche mit ihm – die Lou sich in den vergangenen Jahren so sehr gewünscht hatte – blieb nur spätabends und während der »akademischen Minuten« zwischen den Stunden. Allerdings war Lous Mitteilungsdrang und Diskussionsfreude damit keineswegs zufrieden – sie holte ihre Gespräche mit Sigmund Freud im Traum nach. Um so mehr Gelegenheit zu analytischen Gesprächen ergab sich mit Anna Freud.

Freilich fanden die beiden Frauen, die sich so schnell angefreundet hatten, Gemeinsamkeiten nicht nur in der Psychoanalyse. Anna Freud begleitete Lou zu früheren Bekannten aus den literarischen Zirkeln Wiens und zu verschiedenen Theatervorstellungen. Sie besuchten beispielsweise die Generalprobe von Arthur Schnitzlers »Lebendige Stunden«. Privat waren sie sowohl bei Schnitzlers wie bei Beer-Hofmanns zu Gast. Zu Zemek allerdings ging Lou allein.

Da Lou bei Freuds in der Berggasse wohnte, war sie Freud selbst stets nahe und konnte jede verfügbare Minute zu einem Gespräch mit ihm nutzen. Sie gewann so auch Einblick in die Organisation dieses großen und gastfreundlichen Haushalts, der es Freud erlaubte, seine Forschungen und die ärztliche Praxis mit einem geregelten und erfüllten Familienleben zu verbinden. Vor allen Dingen Martha Freud erregte Lous Bewunderung; ihr gefiel die gegenseitige Wertschätzung der so unterschiedlichen Ehegatten und das in sich gefestigte Selbstbewußtsein, das sich Frau Freud neben ihrem berühmten Mann bewahrt hatte. Auch Martha Freud brachte ihrerseits Lou Andreas-Salomé Sympathien entgegen. Und sie ergriff gerne die Gelegenheit zu einem Gegenbesuch, als sie im August 1922 ihre Tochter Anna aus Göttingen abholte.

Immer wenn Anna Freud – in den Wiener Tagen oder auch später – Begebenheiten aus ihrer Kindheit erzählte, fand sie in Lou eine aufmerksame Zuhörerin. Was Lou dabei über Freud als Vater hörte, das berühmte »Schwammerlsuchen« zum Beispiel, ergänzte als weiterer Mosaikstein das Bild jenes verehrten Mannes, der die Psychoanalyse geschaffen hatte. »Mir erscheinen«, schreibt sie, »noch in den Schwammerln, die nur eben verräterisch der Erde entwachsen, die archäologischen Ausgrabungen sich zu verlebendigen ins Märchen« (SF-Brw *S. 271*) – wobei sie mit den »archäologischen Ausgrabungen« auf die Metaphorik der »Tiefen-«Psychologie anspielt.

Am 20. Dezember 1921 mußte Lou Wien wieder verlassen; in einem Brief, den Freud noch am selben Abend seinem Sohn

Ernst und dessen Frau Lucie schrieb, heißt es: »Heute ist Frau Lou abgereist. [...] Sie war ein reizender Gast, wie doch überhaupt eine hervorragende Frau. Anna hat mit ihr analytisch gearbeitet, Besuche bei vielen interessanten Persönlichkeiten gemacht und sehr viel von ihrem Umgang genossen. Mama hat sie sehr liebenswürdig besorgt, ich hatte bei neunstündiger Arbeit nicht viel Zeit für sie, aber sie benahm sich diskret und anspruchslos.« (SF-Brw S. 271). In diesem kurzen nüchternen Bericht findet man keinen Hinweis darüber, wie spontan und intensiv sich die Begegnung zwischen Anna Freud und Lou Andreas-Salomé gestaltete. Die Details dieser Beziehung, z. B. daß sie sich duzten, waren der Familie anfänglich auch nicht bekannt; Freud selbst blieb bis zuletzt Lou gegenüber beim »Sie«, auch wenn er sie seit dem Aufenthalt in seinem Haus mit dem Vornamen ansprach.

Anna Freud vermißte Lou nach deren Abreise sehr. Die intensive emotionale Beziehung der beiden Frauen spiegelt sich im Briefwechsel, der nach dieser Begegnung einsetzte. Die Briefe von beiden Seiten sind von erfrischender Spontaneität und einem fast sprunghaften Mitteilungsdrang. In der ersten Zeit, bis etwa zum Jahr 1925, folgen die Briefe in sehr kurzen zeitlichen Abständen. Mehr als die Hälfte der insgesamt 433 Briefe entfallen auf diesen Zeitraum. Aber auch nach 1925 waren es immer noch zwischen zehn und fünfzehn Briefe, die sie im Jahr austauschten. Am Verzicht auf formelle Korrektheit, vielleicht auch an einer gewissen Nachlässigkeit kann man wohl eine enge Vertrautheit ablesen; und man kann daraus schließen, daß vor allen Dingen Anna Freud selbst dann nicht darauf verzichten mochte, sich der Freundin mitzuteilen, wenn sie unter großem Zeitdruck stand.

Prinzipiell alles, was sich bei der Freudschen Familie zutrug oder in der »Großfamilie« der Psychoanalyse geschah, aber auch alles, was Anna Freud persönlich bewegte, fand das Interesse Lous. Diese Anteilnahme am alltäglich-persönlichen Leben wurde kaum weniger herzlich erwidert. Hier ist auch auf die bereits erwähnte finanzielle Unterstützung Lous durch die Freuds hinzuweisen. Hin und wieder wurde Lou auch – wie aus Annas Briefen ersichtlich – mit Naturalien versorgt, um ihr über Engpässe bei »Luxus«-Nahrungsmitteln hinwegzuhelfen. Des öfteren gingen Sendungen mit frischen Früchten oder mit Kaffee von Wien oder Berlin nach Göttingen; der Kaffee war vor allem für den auch in diese Fürsorge einbezogenen Friedrich Carl Andreas bestimmt. Oder Annas Bruder Ernst bot an, Verlagsverhandlungen für Lou zu führen, die sich höchst ungern damit herumschlug. Anna Freud häkelte, strickte oder nähte fast immer an irgendeinem Kleidungsstück für Lou, ob nun ein Nachthemd, ein Mantel oder ein Kleid.

Ende April bis Anfang Mai 1922 war Anna zum ersten Mal zu Besuch bei Lou in Göttingen. Über diese zehn Tage ist wenig bekannt. In ihrem Geburtstagsbrief für Freud schrieb Lou nur, Anna hätte eine »bedenkliche Raserei der Leidenschaften hier entfesselt«, käme »jedoch gänzlich unangesengt von solchen Flammen heim« (SF-Brw S. 126). Der Briefwechsel zwischen den beiden Frauen gibt keinen Aufschluß über Anna Freuds Liebesleben. Lediglich Hans Lampl, mit dem Anna Freud eine innige Freundschaft verband, findet Erwähnung; Anna wollte diese Beziehung freilich nicht vertiefen. In ihrem gewohnt herzlichen, in diesem Fall aber recht unbeteiligten Ton berichtete sie im Dezember 1924 von ihrer Ablehnung einer Heirat überhaupt und dem »offiziellen« Abbruch von Lampls Werbung um sie: »Ich habe nur eine Erleichterung dabei, denn ich habe doch nicht anders können.« (AF-Brw S. 394). Als er sich dann bereits drei Monate später mit Jeanne de Groot verlobte, wird sie wohl doch ein wenig erstaunt gewesen sein.

Den größten Teil ihrer gemeinsamen Zeit haben Anna und Lou – die sich ja auch ihren Patienten zu widmen hatte – wahrscheinlich miteinander gearbeitet; denn Anna hatte den für eine offizielle Aufnahme in die Wiener Psychoanalytische Vereinigung obligatorischen Vortrag vorzubereiten, den sie am 31.5.1922 hielt. Dieses Referat *Schlagephantasie und Tagtraum* ging von der Problemstellung in Freuds Aufsatz *Ein Kind wird geschlagen* aus. Lou hatte sich gleich bei Erscheinen im Juli 1920 über diese Arbeit ausführlich geäußert (SF-Brw S. 113 ff.). Mit ziemlicher Wahrscheinlichkeit schon in Wien, mit Sicherheit aber während Annas Besuch in Göttingen haben Lou und Anna über das Thema dieser Arbeit diskutiert. Es ist als äußerst wahrscheinlich anzusehen, daß der dem Vortrag zugrunde gelegte Fall eine Kompilation aus Lous *und* Annas Tragtraumerfahrungen ist.[2] Noch am Abend nach ihrem Vortrag schrieb Anna: »Liebe Lou, Du weißt, wenn Ehre dabei war, so gehört mehr als die Hälfte Dir. Darum danke ich Dir noch viele Male mit einem langen Kuß.« (AF-Brw S. 51). Die Erleichterung, daß diese Anstrengung nun geschafft sei, spricht aus allen Zeilen.

Anna Freud erwarb sich mit diesem Vortrag die Mitgliedschaft in der Vereinigung; formelles und vollwertiges Mitglied wurde sie am 13. 6. 1922. In einer späteren Sitzung wurde dann auch Lou Andreas-Salomé aufgenommen, obwohl sie selbst weder einen Vortrag gehalten hatte noch in der betreffenden Sitzung anwesend war. Die Initiative zu dieser »unfreiwilligen« Mitgliedschaft wird wohl von Anna Freud ausgegangen und von Sigmund Freud gebilligt worden sein. Lou Andreas-Salomé war von dieser Botschaft vollkommen überrascht und bedankte sich in einem überschwenglichen Brief bei Sigmund Freud: »Lieber Herr Professor, eben kommt mir Anna's Nachtbrief zu mit der Benachrichtigung, daß ich wahr und wahrhaftig volles Mitglied der Wien. ps.a. Vereinigung geworden bin: sozusagen im Traum geworden bin und wie man es sonst nur als Kind erlebt, das Gewünschte aus dem Traum plötzlich leibhaft als Geschenk auf der Bettdecke zu finden. Denn was der Annatochter in Wirklichkeit gelang, den eigentlich für die Mitgliedschaft notwendigen Vortrag zu halten, das wäre mir wohl vorbeigelungen!« (SF-Brw S. 126 f.). Lou mußte für diese Mitgliedschaft keinen Beitrag entrichten, ebensowenig wie sie für die Zeitschriften zu bezahlen hatte, die sie »von jeher« als Ehrengabe erhielt. Sie besaß allerdings nie den Freudschen Siegelring, wie ab und zu behauptet wird. Er war allein den Mitgliedern des Komitees zur Verhinderung oder Beilegung von Zwistigkeiten vorbehalten,[3] dessen Mitglied Anna Freud 1924 – anstelle ihres Vaters – geworden war.

Im Juli 1922 traf Anna Freud zum zweiten Mal – von Lou schon ungeduldig erwartet – in Göttingen ein. Diesmal blieb sie einen ganzen Monat. Nachdem sie abgereist war, um mit ihrer Familie in Berchtesgaden Sommerurlaub zu machen, schrieb Lou fast wehmütig an Freud: »Im April schien uns das Beisammensein bloße Einleitung für den Juli, im Juli war's aber ganz entschieden auch nur eine für irgend welche andere, anhaltendere Jahreszeit; wir sind zu nichts gekommen als zu einigen Diskussionen zwischen Himbeerbüschen, obgleich wir eigentlich immer kolossal fleißig gestimmt waren.« (SF-Brw S. 129). Man mag sich wundern, was es so Wichtiges miteinander zu arbeiten gab, nachdem doch der Vortrag abgeschlossen und längst gehalten war. Aber das Thema »Tagträume« beherrschte den gedanklichen Austausch zwischen den beiden Frauen auch weiterhin, denn jede hatte ihre eigenen Erfahrungen damit. Lou allerdings hatte die Tagträume im Lauf ihres Lebens zu literarischen Kunstwerken verfeinert – im psychoanalytischen Sinn »sublimiert« –, die teils veröffentlicht waren und zum Teil noch als Manuskripte in ihrem Safe lagerten. Anna dagegen kämpfte noch mit ihrem ersten Roman *Heinrich Mühsam* – der Titel spricht Bände –, und Lou tat alles, um ihr den Durchbruch in die literarische Umsetzung zu ermöglichen.[4] Denn aus Lou Andreas-Salomés Sicht waren Tagträume die Vorstufe zum dichterischen Schaffen. Der Schritt, der getan werden mußte, um die Schwelle zu überschreiten, war die absolute Nähe zu den eigenen narzißtischen Urgründen, aus denen das Ich entsteht und in die – nach Lous Meinung – das Ich auch wieder zurückstrebt.

Ein weiteres wichtiges Thema – neben den Belangen der psychoanalytischen Vereinigung – war Freud selbst. Anna berichtete Lou von Gesprächen mit ihm, wobei sie Tagesereignisse ebenso thematisierte wie psychoanalytische Probleme, vor denen Anna stand. Freuds eigene Schriften oder Annas Einführungsreferat wurden diskutiert und später, als sie 1923 mit der eigenen Praxis begonnen hatte, auch ihre Fälle. Freud selbst hatte sich sehr an den engen Kontakt mit der Tochter gewöhnt, die er bei längerer Abwesenheit vermißte.

Im Mai 1924 berichtete Anna auch von der Wiederaufnahme ihrer Analyse beim Vater, die sie in unregelmäßigen, eher den Ad-hoc-Bedürfnissen angepaßten Zeitabständen bis Mitte 1925 fortführten. Dieser Verstoß gegen die analytischen Grundregeln mag verwundern, und in der Tat waren sich Vater und Tochter der damit verbundenen Gefahren voll bewußt. Dennoch schwankte Freud selbst zwischen dem Wunsch, seiner Tochter mit Hilfe der Analyse ein – seiner Ansicht nach – »normales« weibliches Leben unabhängig vom Vater zu ermöglichen, und dem Bedürfnis, sie für sich zu behalten und sich voll und ganz auf sie stützen zu können. Die Inhalte von Annas Analyse wurden in den Briefen an Lou Andreas-Salomé nicht explizit besprochen, der Grund für die Wiederaufnahme aber doch: Ein Überhandnehmen von Anna Freuds Tagträumen war ein wichtiges Thema zwischen ihnen.

Ab dem Herbst 1923 wurde der Briefwechsel überschattet von Freuds Krankheit und der Angst der beiden Frauen um ihn. Fast über jede der vielen Operationen, Komplikationen und Unpäßlichkeiten, aber auch über die Besserungen wurde getreulich berichtet. Anna suchte manchmal bei Lou Trost und erinnerte sich oft noch nach Jahren an bestimmte Aussprüche oder Ratschläge der Freundin. Freud war im Lauf der Zeit immer mehr auf die Hilfe seiner Tochter angewiesen, persönlich wie auch in der Organisation seiner Arbeit. Sie nahm ihm bald alle offiziellen Verpflichtungen ab.

Trotz des intensiven und herzlichen Verhältnisses fanden die beiden Freundinnen in den Jahren zwischen 1921 und 1937, Lous Todesjahr, wenig Gelegenheit, sich zu sehen. Zwar waren es im Lauf des Jahres 1922 drei Treffen, aber schon 1923 war Anna Freud aufgrund ihrer neueröffneten eigenen Praxis gezwungen, einen viel länger geplanten Osteraufenthalt in Göttingen auf eine Woche zu verkürzen. Im folgenden Jahr sahen sie sich dann überhaupt nicht, und 1925 verbrachte Lou auf Einladung der Familie die letzten beiden Augustwochen mit den Freuds auf dem Semmering, wohin Lou einen Teil ihrer Patienten mitnahm.

Gemeinsam mit Anna, die auf den Psychoanalytischen Kongreß nach Bad Homburg fuhr, verließ Lou Andreas-Salomé Ende August den Semmering. Noch im Zug, auf der Fahrt von München nach Hannover, schrieb sie an Freud. Erst im Oktober 1928 und im März 1929, als Freud in Begleitung seiner Tochter zur Behandlung seines Krebsleidens in Berlin weilte, sahen sie sich wieder. Der zweite Besuch war wohl das letzte Mal, daß sie und Freud sich persönlich sahen. Anna dagegen reiste Ende 1929 noch einmal nach Göttingen, nachdem sie ihren Vater in der Obhut von Max Schur gelassen hatte. Lou schrieb nach diesem Besuch an Freud: »Wie herrlich war es mir, neulich Anna wiedersprechen zu dürfen! Trotzdem ich nachts erschreckt aufwachte beim Gedanken: jetzt muß sie aus dem warmen Bett in die Kälte hinausreisen.« (SF-Brw S. 201). Das letzte Mal sahen Lou und Anna sich vom 1. bis 3.9.1932 in Göttingen. Wieder waren die wenigen Tage angefüllt mit Gesprächen über ihre Arbeit, Spaziergängen, »Kocherei« und Zusammensein im Garten und bei den Tieren.

Lou, Anna und Sigmund Freud verband eine außergewöhnliche Beziehung. Der Vater freute sich sehr über die herzliche Freundschaft seiner Tochter zu Lou – er hatte sie ja gewünscht und geradezu lanciert.[5] Dabei entstanden natürlich auch gewisse Rivalitäten, da Lou sich aus Rücksicht auf Freuds Krankheit mit ihren Fragen und Problemen öfter an Anna wandte als an Freud selbst, der sich in diesem »Dreierbund« deshalb manchmal ausgeschlossen vorkam. Die Rollen in diesem Dreieck waren ungleich verteilt. Freud war und blieb die Vaterfigur; entsprechend betrachtete Lou Anna als gleichrangige Schwester: »wir wieder mal ›junge Mädchen unter uns‹«, schrieb sie 1923 an Freud (SF-Brw S. 134). Anna Freud allerdings war das Schwestersein wohl nicht ganz geheuer: »Ich bin so froh, daß ich Deine Schwester sein soll. Aber ich schaue doch immer ganz hoch hinauf, wenn ich zu Dir schaue«, schrieb sie 1928 (AF-Brw S. 564). Anna Freud selbst hat im Rückblick ihr Verhältnis mit Lou Andreas-Salomé als rein freundschaftliche Beziehung beschrieben. Und das traf wohl auch zu; denn der eigene Ruhm und der noch größere des Vaters kamen in diesem Briefwechsel nie zum Tragen. Wichtig waren immer nur die beteiligten Menschen, nie die Fama.

Ähnlich wie in Lous Beziehung zu manchen Männern wirkte ihre Art zuzuhören, Fragen zu stellen und Kommentare beizusteuern, auch auf Anna Freuds intellektuelle und persönliche Entwicklung katalytisch. Als Lou Anna kennenlernte, hatte diese gerade erst begonnen, sich in die Psychoanalyse hineinzuarbeiten. Wie die Freundin 1912/13 hatte sich Anna während der Mittwochabende nicht getraut, sich an den Diskussionen zu beteiligen, und hatte erst in ihrem Aufnahmereferat 1922 zum ersten Mal das Wort ergriffen. Auch sie besuchte die Visiten in Wagner-Jaureggs psychiatrischer Klinik – noch bevor sie Lous Bekanntschaft gemacht hatte. Nach Annas eigener Aussage hatten ihre Gespräche mit Lou Andreas-Salomé zur Folge, daß sie sowohl private Situationen klarer beurteilen konnte als auch in psychoanalytischen Fachgesprächen mitzureden wagte. Freud bemerkte diese Veränderungen und schrieb 1923 an Lou: »Anna ist prächtig und selbstsicher, und ich denke oft daran, wieviel sie Ihnen verdanken mag.« (SF-Brw S. 137).

Am Ton der Briefe und an der Art, wie manche Fragen gestellt bzw. Sachverhalte erklärt werden, ist deutlich ablesbar, wie Anna ihre Unsicherheit verlor und an Selbstbewußtsein gewann. War zu Anfang noch Lou die Stärkere und Erfahrenere, so verschob sich dieses Verhältnis im Lauf der Jahre in dem Maß, in dem Anna Freud mehr Verantwortung in der psychoanalytischen Organisation übernahm und auf Grund ihrer erfolgreichen Forschungen zur Kinderanalyse immer mehr Vertrauen in ihre eigenen Fähigkeiten fand. Lou beschäftigte sich zwar ebenfalls mit der Analyse von Kindern und war stets an deren »Geheimnissen« interessiert; sie hatte sich aber nie Gedanken über eine spezielle Technik gemacht. Wie aus ihren theoretischen Arbeiten hervorgeht, interessierten sie nur die Vorgänge und Bedingungen bei der Entstehung des kindlichen Ich. Lous Stärke lag nicht in der Theoriebildung, sondern eher in ihrer analytischen Praxis. Neidlos anerkannte sie 1927, als Anna Freud ihre vier Aufsätze *Zur Einführung in die Technik der Kinderanalyse* veröffentlichte, deren Überlegenheit über das eigene Wissen und begrüßte diese Arbeiten mit demselben Enthusiasmus und derselben Bewunderung wie sonst nur Freuds Schriften.

Allerdings entstand aus Anlaß dieses Buches die einzige Unstimmigkeit, die zwischen den beiden Freundinnen je herrschte: Anna hatte befürchtet, daß Lou strikte Einwände gegen die von ihr entwickelte Technik der Kinderanalyse vorbringen würde: »Ich war gar nicht so sicher, daß Du zufrieden sein würdest, gerade weil es Kinder sind und ich sie doch immer ändern will und Du immer dafür warst, sie zu lassen wie sie sind.« (AF-Brw S. 542). Lou reagierte erst einmal überhaupt nicht auf diese Befürchtung, aber als Anna dann zwei Monate später noch einmal eine ähnliche Bemerkung machte und auch noch hinzusetzte: »Hat Dir das nichts gemacht?« (AF-Brw S. 546), da antwortete Lou in einem etwas schärferen Ton als gewöhnlich: »Wie kommt es übrigens, daß Du Sorge hast, Deine Kinderanalysen könnten mich irgendwie fremd oder unsympathisch berühren? [...] Daß ich selber für Kinderanalysen nicht veranlagt bin, gehört ja zu den – natürlichen und organischen – Beschränktheiten *meiner* Art und Konstitution, [...]. Ich fürchte immer, in Dir stecken leicht solche sonderbaren Sorgen, als *müßtest* Du sie haben, *müßte* irgendwo ein Tadel herausspringen, eine Unsicherheit, eine Unzufriedenheit, ein Pessimismus.« (AF-Brw S. 547f.). Annas Antwort ließ dann lange auf sich warten. Sie kam erst im November – also ein halbes Jahr später: »Der letzte Brief, den Du mir geschrieben hast, hat mich damals schrecklich gekränkt. [...] Du meintest, ich erwarte immer Tadel für das, was ich tue. Es ist aber wirklich nicht so, mit nichts war ich je einiger als mit dem, was ich dort sage. Ob Du damit zufrieden sein wirst, meinte ich ganz anders. [...] Aber es war so, als ob Du mich nicht verstehen wolltest.« (AF-Brw S. 548f.). Lou reagierte erstaunt: »Noch kann ich es nur mit Mühe glauben, denn Du bist doch ein gesundes Menschenkind, wie kann es da so eine Verdrehung geben. [...] Von mir aus ist da nichts zu bessern, unter Freunden kann ich das nicht, anerkenn ich es nicht, außer wie ein Stolpern oder Fehltun aus Gründen die nur vom Andern und durch ihn selbst auffindbar waren.« (AF-Brw S. 553). Und damit war wieder alles beim alten.

In ihren Tagebuchnotizen der letzten Lebensjahre, die unter dem Titel *Eintragungen* posthum veröffentlicht wurden, setzte sich Lou mit *Das Ich und die Abwehrmechanismen* auseinander (d. h. der Argumentation zufolge könnte es eher eine Kritik an der *Technik der Kinderanalyse* von 1927 sein) und lieferte erst dann die sachliche Begründung für ihren von Anna Freud differierenden Standpunkt. Sie stellte ihre persönliche Meinung hintan und arbeitete die sachlich gelungenen Punkte heraus, so daß ihre Anerkennung von Annas »Meisterstück« deutlich wurde. Anna Freud wollte in ihrer Kinderanalyse den kleinen Patienten im Wechselspiel mit den psychoanalytischen Enthüllungen und Lösungen auch pädagogisch eine Richtung geben und sie zur Realitätsanpassung erziehen. Lou erschien dieses Ziel aber zu eindimensional; sie wollte den Narzißmus, der ihr der eigentliche Wert kindlichen Erlebens zu sein schien, nicht aufgegeben wissen.

Lous Anteilnahme an der Arbeit von Anna Freud war, auch wenn sie nicht immer einer Meinung waren, bis in ihr hohes Alter hinein sehr groß. Im Gegenzug wurde Lou Andreas-Salomés literarisches Schaffen von Anna Freud sehr geschätzt. Lou selbst hatte nie viel Aufhebens davon gemacht und stets darauf hingewiesen, daß ihr erster Roman ihr nur den Verbleib in

Deutschland sichern sollte und sie damit niemals eine echte schriftstellerische Intention verbunden hatte. Für ihre späteren Romane und Novellen galt jedoch eine andere Einstellung; je intensiver sie das fiktionale Schreiben betrieb, je mehr die Geschichten und der Wunsch zu erzählen aus ihr selber kamen, desto weniger benötigte sie deren Publikation.

Der Schreibvorgang und das innere Erleben dabei waren wichtig, nicht der soziale Akt des Veröffentlichens. Aus der Zeit zwischen 1902, als sie die Novellensammlung *Im Zwischenland* veröffentlichte, und 1911 hatte sie einige Romane und Erzählungen fertig im Safe liegen, die sie unter dem Druck der Finanznöte dann doch hervorholte. So erschienen 1922 *Das Haus. Eine Familiengeschichte vom Ende des vorigen Jahrhunderts* und *Die Stunde ohne Gott und andere Kindergeschichten* und 1923 *Ródinka. Eine russische Erinnerung*. Anna Freud las diese Geschichten mit Begeisterung. Vor allem Ursula, die kleine Heldin der drei Erzählungen *Die Stunde ohne Gott*, hatte es ihr angetan. Aber auch die psychoanalytischen Aufsätze oder das Nietzsche-Buch gefielen Anna. Sie war begeistert, denn sie erkannte hinter all den Geschichten die tiefe Einheit von Lou Andreas-Salomés Wesen, »Lous Gesicht« – wie sie sich ausdrückte –, mit ihren Erzählungen. Auch ihr Bruder Ernst und ihre Mutter haben Lous Bücher fasziniert gelesen. Anna Freud hat auch Sandor Ferenczi ein Exemplar von *Ródinka* zukommen lassen (AF-Brw S. 271). Sogar Freud wurde von Annas Enthusiasmus angesteckt. Er las *Ruth*, *Im Zwischenland* und *Ródinka*, vor allem letzteres muß ihm besonders gut gefallen haben[6]. Lou hatte diesen Roman über ihre Jugend und ihr Erleben in Rußland Anna Freud gewidmet, »ihr zu erzählen von dem, was ich am tiefsten geliebt habe«. Mit dieser Zueignung ihres »russischsten« Romans an die junge Psychoanalytikerin und Freundin gab sie ihrer Überzeugung Ausdruck, daß im einfachen russischen Volk jene Einheit und Nähe noch unverstellt zu finden ist, die in letzter Konsequenz alle Menschen eint und sich in anderer Form in den Erkenntnissen und Leistungen der psychoanalytischen Situation artikuliert.

Als ganz besonderes Geburtstagsgeschenk – Lou schenkte gern und großzügig – übersandte sie Anna zu deren 30. Geburtstag das handschriftliche und wahrscheinlich einzige Exemplar einer unpublizierten Novelle, die von zwei Frauen handelte: die eine »leistend wie der Mann oder tanzend und schenkend wie die Mathilde« die andere.[7] Damit spielte sie auf eine Problematik an, die sowohl sie selbst als auch Anna Freud sehr beschäftigte. Anna mußte ja in dieser Zeit immer mehr Aufgaben ihres Vaters übernehmen und fühlte sich manchmal von dieser schweren Verantwortung überfordert. Die Novelle für Anna Freud gehört wahrscheinlich zu den »paar Inkonsequenzen«, die sich Lou trotz ihres »Schweigegelübdes« zugestanden hatte (*Eintragungen* S. 12); Anna meinte in ihrem Dankbrief vom 4.12.1925, die Erzählung könne als »Ergänzung« zum Kongreßvortrag ihres Vaters gelten,[8] und konnte Lous Selbstbeschränkung nicht verstehen. Sie fragte immer wieder nach, ob Lou nicht doch die Geschichten, die sie von Zeit zu Zeit beschäftigten, aufgeschrieben hätte: »Und warum wäre es schlecht, dem zu erliegen?« (AF-Brw S. 344). Lou aber sah eine zu enge Parallelität zwischen dem literarischen Schaffen und der psychoanalytischen Arbeit: Beides fußt auf demselben »Urgrund des Lebens« und könnte bei der Verausgabung auf einer Seite die andere negativ beeinflussen. Daher blieb Lou zumeist standhaft; in der Tat gibt es nur einige wenige Zeugnisse von schriftstellerischer Tätigkeit aus der Zeit ihrer psychoanalytischen Praxis, die – mit Ausnahme der erwähnten Geschichte für Anna Freud – erhalten geblieben sind.

Späte Literatur

Geschichten erzählen, sich Personen ausdenken und sie mit einer Vita ausstatten, Verbindungen knüpfen und wieder lockern – das waren die Inhalte ihrer kindlichen Phantasien gewesen. Lou Andreas-Salomés erzählerischem Werk haftete stets der Ursprung dieser frühen Fabulierlust an, auch wenn sie später gelernt hatte, anstelle von frei phantasierten Schicksalen genau beobachtete und psychologisch einfühlsame Schilderungen zu setzen. Das Schreiben, der Schreibvorgang als solcher, war ihr immer sehr wichtig: Die Stoffe der Novellen und Romane scheinen dabei ein gewisses Eigenleben geführt zu haben, das sich nicht so einfach unterdrücken ließ. Trotzdem stellte Lou das literarische Schaffen zurück, nachdem sie die Psychoanalyse kennengelernt hatte.

Gleichwohl entstand 1919 die erste Novelle ihrer psychoanalytischen Zeit *(Die Stunde ohne Gott)*. Sie thematisiert Lous kindlichen Gottverlust, der ihr erst nach so vielen Jahren bewußt geworden war. Ungefähr um die gleiche Zeit verfaßte sie das Traumspiel *Der Teufel und seine Großmutter*, in dem es ebenfalls um ein kleines Kind geht – im Gegensatz zu ihren früheren Novellen *Im Zwischenland*, in denen pubertierende Mädchen im Mittelpunkt stehen. Das Thema ist in beiden Fällen die Entwicklung der kindlichen Psyche – ein Thema, das den Kernpunkt der Psychoanalyse darstellt. Die durch die Psychoanalyse gewandelte Einschätzung der Kindheit drängte zur Gestaltung.

Es gibt leider nur vier literarische Texte von Lou Andreas-Salomé, deren Entstehen nach 1911 gesichert ist; zwei Erzählungen: *Die Stunde ohne Gott* und *Jutta* sowie zwei szenische Spiele: *Der Teufel und seine Großmutter* und *Die Tarnkappe*. Diese späten literarischen Arbeiten sind nicht nur Belege ihrer »Inkonsequenz« – auch wenn die Themen einen besonderen Stellenwert für Lou besaßen. Es geht noch um anderes:

Lou Andreas-Salomé äußerte 1915 in einem Brief an Freud, daß die Entdeckung der Psychoanalyse das Denken der Nachwelt massiv verändern würde. Auch für ihr eigenes Leben hatte diese Überlegung Berechtigung: Ihr Denken und ihre Beschäftigung mit anderen Menschen war vollkommen von der Psychoanalyse bestimmt. Aber konnte die psychoanalytische Praxis wirklich die Erfüllung, die ihr das Schreiben verschafft hatte, lückenlos ersetzen? Und sollten sich nicht in den vier literarischen Texten, die sie trotzdem verfaßt hat, Veränderungen ergeben haben und sich Spuren der psychoanalytischen Betätigung finden? Zwar gab es im Werk bedeutender Schriftsteller immer schon Konstellationen, die Illustrationen zu Freuds Ausführungen hätten sein können – Freud selbst hat das ja hervorgehoben, z. B. in *Der Wahn und die Träume in W. Jensens »Gradiva«* –, aber gehörte das tiefere Wissen um die Psyche des Menschen, zumindest seit Mitte des 19. Jahrhunderts, nicht untrennbar zur Dichtung? Stellt sich da nicht die Frage, ob die Psychoanalyse überhaupt zu größeren Veränderungen in der Literatur beitragen kann – und wenn ja, zu welchen? Von dieser Fragestellung her gesehen bietet das literarische Werk von Lou Andreas-Salomé die Gelegenheit, Literatur, die entstand, noch bevor die Psychoanalyse als solche überhaupt existierte, mit derjenigen zu vergleichen, die nachweislich nach einem fundierten Kennenlernen und vertrautem Umgang mit der Psychoanalyse verfaßt wurde. Diese Gelegenheit ist auch deshalb so einmalig, da sich keiner ihrer zeitgenössischen Schriftstellerkollegen so tief auf die Psychoanalyse eingelassen hat wie Lou Andreas-Salomé. Es gab zwar viele, die sich positiv äußerten, sich aber nie konkret damit befaßt haben, und andere wieder, die u. U. selbst eine Analyse absolviert hatten, aber trotzdem ihre zwiespältige Haltung zur Psychoanalyse beibehielten. Lou Andreas-Salomé ist die einzige, die furcht- und vorbehaltlos diese neuartige Lehre zu ihrem Lebensinhalt gemacht hat.

In der Erzählung *Die Stunde ohne Gott* schildert Lou Andreas-Salomé die Geschichte ihres Gottverlusts, wie sie ihr erst 1919 – vielleicht unter dem Eindruck der ausschließlich auf die Vergangenheit ausgerichteten Psychoanalyse – wieder erinnerlich wurde. Die Protagonistin ist ein kleines Mädchen, dessen inneres Erleben sich im Zwiespalt zwischen der Geborgenheit seiner kindlichen Welt und der Realität befindet. Am Erzählduktus und an der Atmosphäre hat sich im Vergleich zum Novellenband *Im Zwischenland* von 1902 nichts geändert. Neu sind jedoch bestimmte Szenen, die eindeutig auf psychoanalytischem Wissen beruhen. So werden nacheinander die drei frühkindlichen Entwicklungsstadien behandelt.

Schön ist die Szene, in der das Erleben in der ödipalen Phase geschildert wird: Ursula darf mit ihrem Vater auf den Jahrmarkt gehen und fühlt sich dort vollkommen glücklich als die einzige Frau in seinem Leben. Die Ernüchterung erfolgt bei der Rückkehr nach Hause, als die Mutter sie an der Tür empfängt. Spontan setzt sie an, auch die Mutter für den nächsten Jahrmarktsbesuch einzuladen: »– als ihr störend zu Sinn kommt, wie wichtig beim Herrlichen gerade ihrer Mutter Abwesenheit gewesen ist […] es hätte auch nicht gepaßt, daß der Vater mit zwei Frauen so herumzöge […] das Paradies hat eben anscheinend doch nur für ein Paar Raum.« (*Die Stunde ohne Gott* S. 35). Durch die erzählerischen Möglichkeiten kommen verschiedenste Aspekte ins Spiel: Nicht nur Ursulas Verhältnis zur Mutter hat mit der Zeit gelitten, die Beziehung zu beiden Elternteilen ist merklich kühler geworden. Die erotische Faszination verbindet Vater und Mutter, Ursula ist die Außenstehende. »Ursula leidet. Sie schwört sich im Stillen zu, ihre Kinder dereinst, die sollen nicht so leiden müssen unter ihren Eltern; eine bessere Mutter würden sie an ihr haben, und auch der Vater werde viel besser sein.« (*Die Stunde ohne Gott* S. 52).

Zu einer Steigerung bis zum Trauma kommt es, als das kleine Mädchen einmal unbeabsichtigt einen Beischlaf der Eltern mehr ahnen als beobachten kann. Der Schock sitzt tief. In seiner Folge treten in ihrem Verhalten bedenkliche Veränderungen auf, deren Nähe zu hysterischen Symptomen unverkennbar ist. »Erst wenige Tage sind seit dieser aufregenden Nacht vergangen, als die befreundete Lehrerin Ursula einmal persönlich nach Hause bringt: sie habe, weil sie unter den mitlernenden kleinen Mädchen vor den Tisch treten und ein Versehen hersagen sollen, schrecklich zu weinen begonnen und es verwehrt. Ursula weiß ihr wunderliches Betragen nicht zu erklären: nur dies weiß sie, daß sie nicht so allein dastehen kann, nur inmitten der andern versteckt was hersagen kann und daß sie so sehr erschrocken war, als man sie aufrief, als man so vereinzelt, so vor aller Ohren ihren Namen aufrief.« (*Die Stunde ohne Gott* S. 74). Das Gespräch zwischen Ursula, der Lehrerin und den Eltern gestaltet sich ähnlich einer Analysesituation. Die Hintergründe der hysterischen Reaktion werden nach und nach aufgedeckt. Ursula kann die Vereinzelung nicht ertragen, weil sich in ihr die Überzeugung festgesetzt hat, ihre Eltern wären in jener Nacht verstorben, »aber bei hellichtem Tage schämt sie sich doch, wider bessere Einsichten zu versichern, daß sie eine Waise sei«. Diese Empfindung resultiert aus dem Gefühl des Ausgeschlossenseins vom elterlichen Tun und des Verlusts der Geborgenheit bei ihnen.

Die Einarbeitung psychoanalytischen Wissens in den Gang der Erzählung ist in den meisten Szenen gelungen; dennoch ist die intellektuelle Steuerung dieser Einflechtungen spürbar. Viele Gedanken wirken viel zu bewußt, als daß Kinder wirklich so empfinden könnten. Am überzeugendsten sind jene Passagen, die aus Lou Andreas-Salomés eigenen Erinnerungen stammen könnten – z. B. wenn man an ihren kindlichen Wunsch denkt, daß die Mutter doch mal eben ertrinken solle.

Die Erzählung *Jutta. Ein Pfingsttagebuch*, die nach Meinung des Herausgebers 1933 entstanden ist, geht auf ein authentisches Ereignis zurück: die Begegnung Lou Andreas-Salomés mit Richard Beer-Hofmann 1895. Ein junges Mädchen gerät in einem Ferienort in den Bergen allein in die Gesellschaft von sechs Studenten (ursprünglich sollte ihr Bruder auch dabeisein). Sie versucht, als gleichberechtigt anerkannt zu werden, indem sie vorgibt, all die kleinen Anspielungen zu verstehen, die von seiten der jungen Männer Weltläufigkeit signalisieren sollen. Dabei verkennt sie in ihrer Unerfahrenheit die Lage und schlittert – ohne es so recht zu wollen – in eine Situation, der sie nicht gewachsen ist: ein mehrtägiger Almbesuch mit nur einer der

»Pfingstherren«, der arrangiert wurde, um ihre tatsächliche Weltgewandtheit, vor allem wohl in erotischen Dingen, auf die Probe zu stellen. »Wird er ihr auf den Leim gehen oder sie ihm?« Der Aufenthalt endet, als das Mädchen, das in Wirklichkeit keinerlei Erfahrung besitzt, mit Hilfe einer Finte die Flucht ergreift.

Die Geschichte selbst ist – was die Schilderung der Vorkommnisse anbelangt – konventionell, so daß eine späte Entstehungszeit auf den ersten Blick unwahrscheinlich scheint. Aber durch eine Art Rahmenhandlung erfährt die Novelle eine Veränderung des Erzählduktus, der neu ist. Die Eigenheit von Lous Erzählkunst lag schon immer in ihrer Fähigkeit, sich in die Psyche ihrer Protagonisten hineinzuversetzen – seien es nun Mädchen oder junge Frauen –, ohne den Status des auktorialen Erzählers je aufzugeben. Nun wird die Ichform benutzt[9] und zugleich aus der Distanz kommentiert, da die Erzählerin rückblickend ihre Erlebnisse schildert. Schon von der intertextuellen Struktur her ergibt sich ein leserorientiertes, illusionsdurchbrechendes Erzählen: »denn was ich mir ganz gut vorstellen könnte, ist, daß irgendwann irgendwer es [die als Tagebucheintragung konzipierte Erzählung] dennoch läse – wann? vielleicht wenn ich als reife oder gar greise Frau mich kaum noch mit Gefühl zurückerinnere an dasjenige, in das ich geriet –? Und – wer? nun vielleicht Menschen, denen es ähnlich weltfern lag, in was hineingeraten zu wollen, und die dennoch, dennoch.« (*Jutta* S. 29). Die Schreiberin dieser Zeilen gibt sich selbst als Heldin der Geschichte und zugleich als Kommentatorin zu erkennen. Und das meint, sie erzählt in diesem Fall nicht nur eine Geschichte aus der eigenen, unbeholfenen und naiven Jugend, sondern beurteilt sie gleichzeitig mit dem gereiften Wissen späterer Jahre, sie will sich durchaus zu sich »selbst bekennen« in der Unerfahrenheit wie in der Reife. Diese Konstellation erinnert an das Vorgehen in der psychoanalytischen Therapie. Die Tiefe der Reflexion bleibt allerdings in »Äußerlichkeiten« stecken; sie wird nicht systematisch konkretisiert, tiefenpsychologische Erklärungsmuster werden nicht herangezogen. Nur die Struktur des Ineinandergreifens von Bericht und Erläuterung wird entfaltet. Es ist die abgeklärteste Novelle in Lou Andreas-Salomés Werk.

Das Traumspiel *Der Teufel und seine Großmutter* entstand zwischen 1914 und 1922 und ist als Filmdrehbuch konzipiert. Es repräsentiert – ebenso wie das andere szenische Spiel *Die Tarnkappe* – eine Art von »Privatmythologie«, die ohne Kenntnis von Lous psychoanalytischen und philosophischen Schriften und ihrer Vorliebe für eine drastische Sprache, die sie in diesem Maß erst nach 1900 entwickelte, nicht zu verstehen ist. Bei dem Geschehen in den sechs Spielszenen handelt es sich um die Symbolisierung der Aussagen von Lou Andreas-Salomés psychoanalytischem Aufsatz »*Anal*« und »*Sexual*«, der ungefähr um die gleiche Zeit entstanden ist.

Die »Hölle« steht für den Lebensurgrund, die Jauche vielleicht für die Erde als biologischem Urstoff, aus dem alle Lebewesen entstehen. Das Erscheinen des Armseelchens in der Hölle markiert den Zeitpunkt seiner Zeugung, und sein Bündnis mit dem Teufel steht für die unauflösliche Verbundenheit des Menschen mit seinen Trieben und dem Lustprinzip, mit dem Unbewußten. Die Kindwerdung Armseelchens ist seine Geburt, und der Wunsch, Gott und den Himmel zu sehen, die »Allmacht der Gedanken«, mit deren Hilfe ein Übervater geschaffen wird, um die Realität ertragen zu können. Die Nachttopfszene als Darstellung der analen Phase ist eindeutig. Typisch für Lou Andreas-Salomé ist, daß es keinerlei Erziehungsmaßnahmen gibt – vorgeführt wird nur die Anallust. Die Erhebung des Kinds zur Braut führt die Entwicklung weiter in die ödipale Phase. Hier werden auch die Dichter und der Sublimierungsvorgang lokalisiert, der an dieser Stelle seinen Anfang nimmt. Der Schrei, den die Dichter von sich geben, nachdem der Braut der sexuelle Akt verweigert wurde, bringt Lous Kunstauffassung zur Darstellung: Kunst als das in eine konkrete Form gebrachte Urleben, das beim normalen Menschen in der Realität ausgelebt, beim Künstler aber sublimiert wird. Die Zerstückelung Armseelchens und seine Erweckung zum wirklichen Leben durch den Tod des Teufels verweisen auf die Entthronung des Lustprinzips durch das Realitätsprinzip und die Neuschaffung des Selbst in der Wechselwirkung beider, wie es in der psychoanalytischen Therapie geschieht. Im Grund ist das Märchenspiel eine Verbildlichung von Lous psychoanalytisch geprägter Idealvorstellung der psychischen Entwicklung vom Kind zum Erwachsenen.[10]

Diese eigenartige Synthese von Literatur und Psychoanalyse berührte Lou bereits 1916 in einem Brief an Freud, in dem sie die Trieblehre »beinahe ein Thema für ein Märchen« (SF-Brw S. 46) nennt. Etwas Ähnliches ist mit *Der Teufel und seine Großmutter* entstanden. Die Kennzeichnung des symbolischen Spiels als Traum erscheint dann allerdings überflüssig; fast so, als wäre Lou im letzten Moment die Courage abhanden gekommen. Der Traum soll die komplizierte Erzählstruktur erläutern und die Zugangsstelle zum narzißtischen Urgrund markieren. Außerdem scheint es ein allzu demonstrativer Fingerzeig auf die Literarizität bzw. Fiktionalität des Texts zu sein, den er eigentlich nicht nötig hätte. Andererseits verliert er dadurch etwas von seiner Lehrhaftigkeit und bietet zugleich eine Deutungsmöglichkeit für das »Chaotische«, ohne wirklich eine Deutung geben zu müssen.

Keineswegs lehrhaft hingegen wirkt das szenische Spiel *Die Tarnkappe*. Es wurde 1923 geschrieben und 1934 überarbeitet. Ein Zwerg sucht bei einer Familie Zuflucht. Er provoziert viele Unstimmigkeiten zwischen den einzelnen Familienmitgliedern – vier Erwachsenen und zwei Kindern –, indem er behauptet, seine Mütze sei eine Tarnkappe, und suggeriert, daß, wer unsichtbar sei, seine geheimsten Wünsche ausleben könne. Jeder der beteiligten Erwachsenen, dem er seine Mütze nun überläßt, erinnert sich an irgendeinen unterdrückten Wunsch seiner Kindheit und setzt ihn – angeblich unter dem Schutz der Tarnkappe – in die Tat um. Alle Scham fällt von den Akteuren ab. »Die Kappe hat das an sich: wenn ich sie mir aufgesetzt habe, dann war's auch mir, als könnt ich plötzlich alles, was ich je ersehnt oder geträumt, und alles außerhalb sei gleichgültig, gar nicht vorhanden.« (*Die Tarnkappe* S. 122). Nur der pubertierende Enkel durchschaut die Situation und setzt sich mit dem Zwerg und seinem Tun auseinander. Am Ende hat der Zwerg die Familie verlassen, und von seinem Besuch ist nur ein Kunstwerk, eine Tonfigur, zurückgeblieben – sichtbares Zeichen seiner Künstlerschaft und der einzigen Möglichkeit, die ihm zu Gebote steht, über sein Zwergmenschsein hinaus in der Realität zu existieren.

Auch in diesem Stück sind die Symbolisierungen und Handlungsstränge an psychoanalytischem bzw. vorpsychoanalytischem Gedankengut orientiert. Die Tarnkappe erscheint in Lou Andreas-Salomés sonstigen Texten als Verbildlichung der Unsichtbarkeit Gottes; sie ist das Indiz seiner Menschengeschaffenheit. Hier aber ist nicht der vom Menschen selbst konstruierte Gott aus *Die Zukunft einer Illusion* gemeint, sondern der Zugang zur schöpferischen Kraft schlechthin, zum Urleben, zum Urnarzißmus, zu Rilkes »Gott«. Der Zwerg mit seiner Mütze, die er – fälschlich – für eine Tarnkappe hält, verkörpert nicht diese Urkraft. Im »Offenen Brief« an Freud schrieb Lou mit Blick auf Rilke von der »fragwürdige[n] Gottkonkurrenz, die er [der Dichter] als Wirklichkeitsschöpfer treibt« (Dank S. 79). In Verbindung mit der zwergenhaften Mißgestalt, Symbol der Unfähigkeit zum »normalen« Leben, kennzeichnet die Tarnkappe den künstlerisch veranlagten Menschen.

Mit einer Tarnkappe zu leben, d. h. die Fähigkeit der direkten Auslebung verborgener Wünsche zu haben, ist nach Lous Meinung gerade dem künstlerisch begabten Menschen nicht gegeben, da er eben aufgrund seiner Präformation sich nur in der künstlerischen Betätigung »ausleben« kann. Und nur wenn es ihm gelingt, seine geheimsten Wünsche in einem Werk der Realität zu übereignen, ist er überhaupt fähig, sich in der objektiven Wirklichkeit angemessen zu bewegen. Sein Metier ist also eigentlich das Unsichtbare, das, was hinter den Erscheinungen der Welt verborgen ist. Damit stellt Lou Rilkes Schaffensschwierigkeiten und die Fluchtversuche aus seiner Verantwortung als Dichter dar. Sie selbst hat darauf hingewiesen, daß Rilke das Vorbild ihrer Zwergenfigur gewesen sei.

Der normal begabte Mensch jedoch kann sich ohne weiteres auf die Wirkung der Tarnkappe einlassen, auch wenn seine Handlungen dann an den Anforderungen der Wirklichkeit vorbeigehen. Jeder hat auf dem Weg des Erwachsenwerdens einen Teil seines kindlichen Erlebens hinter sich gelassen und verdrängt. Im Stück stellt sich dies so dar, daß z. B. die Mutter der beiden Kinder, sobald sie die Mütze aufgesetzt hat, ein Mann sein will. Der Psychoanalyse zufolge kommt darin der Penisneid zum Ausdruck, den das kleine Mädchen entwickelt, weil es im Gegensatz zu den Jungen kein sichtbares Zeichen seines Geschlechts besitzt. Und die Machtphantasien, die der Großvater entwickelt, als er sich die Kappe ausleiht, sind als narzißtische Allmachtsphantasien in der psychoanalytischen Theorie bekannt. Jeder hat also seine Störung oder Verletzung – und seinen Anteil am schöpferischen Urgrund. Diese Vorgänge – und der Umstand, daß die Tarnkappe in Wirklichkeit gar keine ist – versteht nur der pubertierende Enkel, der – wie der Zwerg – noch an der Grenze zwischen der in der frühen Kindheit erfahrenen Einheit der Welt und der Vereinzelung des Erwachsenen steht.

Beim Lesen will der Vorbehalt nicht verschwinden, daß trotz aller literarisierenden Elemente und Techniken kein »echtes« Stück Literatur entstanden ist. Die bildhafte Darstellung bleibt artifiziell, es fehlt die zwingende Kraft echter Symbole. Was hier versucht wurde, ist sozusagen die Umkehrung des deutenden, hermeneutischen Verfahrens, das ja ein wichtiger Bestandteil des psychoanalytischen Prozesses ist: Nicht die Symbole werden in ihrer tieferen Bedeutung, die vorher unbewußt war, dargestellt, sondern die Aussage, die sonst erst entschlüsselt werden mußte, steht von vorneherein fest und wird beim Poetisierungsvorgang kodiert. Es findet eine »Rückübersetzung« tiefenpsychologischer Erkenntnisse in Literatur statt, wobei die angesprochenen psychoanalytisch deutbaren Verhaltensweisen nicht notwendig eine Kenntnis der Psychoanalyse voraussetzen. Nicht lehrhafte Aufklärung und Wissensvermittlung ist das Ziel, sondern spielerische Erkenntnis aus »eigener« Kraft soll ermöglicht werden.

An Lou Andreas-Salomés literarischem Werk, das nach 1911 entstanden ist, wird also deutlich, daß die psychoanalytische Theorie nicht unbedingt zu einer Umwälzung der literarischen Praxis führt. Blieb bei *Die Stunde ohne Gott* die Erzählweise erhalten, während die Geschichte um Szenen erweitert wurde, die ohne Psychoanalyse-Kenntnis nicht möglich wären, so hat sich bei *Jutta* eine Offenlegung der Fiktionalität der Textstruktur durch die Distanz von der erlebenden Hauptfigur ergeben. In den szenischen Spielen dagegen ist die poetische Technik, d. h. die Symbolisierung, in beiden Fällen die gleiche: Im ersten werden genuin psychoanalytische Inhalte verschlüsselt, im zweiten die Kunsttheorie der Autorin, wie sie schon vor der Psychoanalyse existiert hatte. Freuds Wissenschaft ist hier nur Beiwerk, das für die poetische Umsetzung benutzt wird, für ein Verständnis aber nicht unbedingt notwendig ist.

Alle vier hier besprochenen Werke haben eher den Status eines Experiments – eines Experiments, das nicht in vollem Umfang geglückt ist. *Jutta*, der späteste ist wohl der gelungenste, aber auch am wenigsten »psychoanalytische« der vier Texte. Auch die Stoffe sind – bis auf *Der Teufel und seine Großmutter* – kaum ungewöhnlich: »Alte Stoffe alles, als hätten sie wegen meines Schweigegelübdes geduldig geruht und in sich gesammelt, was damals noch erst unterwegs zu mir war. Ich kann's nicht anders ausdrücken – es war ein heißer Spaß, dies Sich-wiedersehn.« (*Eintragungen* S. 12). Der »heiße Spaß«, den sie beim Schreiben empfand, läßt erahnen, daß das literarische Schaffen eben doch nicht in vollem Maß von der praktischen psychoanalytischen Tätigkeit ersetzt werden konnte. Ähnliches schimmert auch bei der folgenden Episode vom Anfang ihrer Praxis durch: »Ausnahmsweise hatte ich etwas Erzählendes niederzuschreiben begonnen inkonsequenterweise, da ich seit dem Beginn meiner psychoanalytischen Tätigkeit mit dieser bisherigen Gewohnheit vollkommen abgeschlossen hatte –, und das Zuviel beider Arten von Konzentration machte mich ganz in Arbeit versinken; hinterher rief ich, in Gewissensbissen, lachend aus: all die Zeit sei ich gewiß ganz unbrauchbar und unausstehlich gewesen! Und da antwortete mein Mann darauf mit einem durchleuchteten Gesicht, das sich gar nicht wieder vergessen läßt, fast im Jubelton: ›Du bist so glücklich gewesen!‹« (LRB S. 215).

Das Glück beim Schreiben, dem sie so konsequent aus dem Weg ging, ist dasselbe Glück, das sie auch in der Psychoanalyse empfand. Trotz aller Kritik an Lous literarischem Werk spricht es für sich, daß sich ihr Schaffensdrang nicht von der Psychoanalyse unterdrücken ließ.

Abschiede

Wesentlich greifbarer als die wenigen Momente des beglückenden Schreibens war für Lou Andreas-Salomé in der analytischen Praxis tagtäglich die Empfindung, daß alles Menschliche und Kreatürliche eine gemeinsame Basis hat, aus der alles entsteht und auf die alles zurücksinkt. Mit steigendem Alter zog Lou sich immer weiter von ihrer Umwelt zurück und bereitete sich auf die Rückkehr in den Urgrund des Seins vor. Sie hatte ihr Leben stets nach eigenen Maßstäben gelebt, auch wenn dadurch Situationen entstanden waren, die sie im nachhinein bedauerte. So dachte sie noch im Alter mit Schmerz an die Trennung von Paul Rée zurück; sie war »das Irreparable« in ihrem Leben. Und kurz vor Rainer Maria Rilkes Tod ergriff sie Verzweiflung, daß sie ihm nicht mehr helfen konnte – damals, nach ihrer glücklichen Liebeszeit, noch nicht und jetzt nicht mehr. Im Brief an Freud beschrieb sie ihre Trauer über diesen Tod, der für sie letztlich keiner war, sondern eher einem Vollkommenerwerden gleichkam. Rilkes Person trat immer mehr in den Hintergrund und stand hinter seinem Werk zurück. Daß ihr ein solches Erleben möglich war, daß sie nicht nur – wie in früheren Jahren – die Einbuße eines langjährigen Freundes betrauerte, das sei ein Verdienst des Alters, meinte sie, darin liege Vervollkommnung, daß das Individuum unwichtig werden könne.

Rainer Maria Rilke

Rilke war in den Jahren seit dem Ersten Weltkrieg neben Freud der einzige gewesen, den Lou außerhalb Göttingens besuchte. Ihr Verhältnis war unverändert: Rilke schüttete ihr immer wieder sein Herz aus, erzählte von seinen Arbeitsschwierigkeiten und fragte um Rat. Und Lou antwortete, versuchte zu beschwichtigen, zu klären und sprach ihm zu, seine Aufgabe als Dichter zu Ende zu führen. Im April und Mai 1919 sahen sie sich in München das letzte Mal, dann siedelte Rilke endgültig in die Schweiz über, wo er ab 1921 im Château de Muzot, dem sog. Turm, wohnte. Bis zuletzt hoffte er, daß sie ihn dort noch einmal besuchen würde; aber auch Lou war inzwischen alt geworden, und in diesen wirtschaftlich schlechten Zeiten konnte sie kaum auf den Verdienst ihrer psychoanalytischen Arbeit verzichten. Der briefliche Kontakt blieb allerdings weiterhin bestehen; er riß erst in Rilkes letztem Lebensjahr ab.

Rilke brauchte, besonders in der Zeit bis zur Vollendung der *Duineser Elegien*, Lous Briefe und Zuspruch. Mit diplomatischem Geschick gab sie Erklärungen, beschwor und besänftigte sie ihn. Sie ermunterte ihn immer wieder, über alles zu sprechen, was ihn quälte – über seine Krankheiten oder seine Arbeit, seine Kindheit oder seine Träume. Ernst Pfeiffer äußerte einmal ganz treffend im Gespräch, Lou habe Rilke »am Rand der Psychoanalyse entlanggeführt«. Trotz ihres Vetos gegen eine Analyse, von der sich Rilke Hilfe versprochen hatte, war er immer wieder versucht, sich in psychoanalytische Behandlung zu begeben.

Schließlich unternahm der fast Fünfzigjährige, als er nach Vollendung der Elegien in tiefe Depressionen fiel, wahrscheinlich Mitte 1925 doch noch einen Versuch. Auf Anraten seiner Bekannten Dory von der Mühll konsultierte er Arthur Muthmann, brach die Analyse aber bereits nach einer Woche wieder ab, da ihn die eintretende rapide Regression zu sehr ängstigte. Er selbst erzählte Lou nie von diesem Versuch; sie erfuhr erst 1933 durch Heinrich Meng davon. Man kann sich aber die Verzweiflung Rilkes vorstellen, als auch diese Therapie, zu der er sich erst in der größten Krise entschieden hatte, in seinen Augen gerade das Gegenteil bewirkte. Seine Schwierigkeiten linderten sich nicht, sondern vermehrten sich anscheinend durch die Wucht der Regression in erschreckendem Ausmaß. Im Oktober 1925 – also mit größter Wahrscheinlichkeit nach der Behandlung durch Muthmann – wandte sich Rilke wieder einmal verzweifelt an Lou: »Liebe Lou, Du schriebst mir, damals als die Elegien da waren, vorhanden, gerettet, – ich solle nicht erschrecken, wenn es mir, im Rückschlag, schlecht ergehen sollte eines Tages, und ich weiß noch, daß ich muthig antwortete; aber nun bin ich doch erschrocken, siehst Du, ja ich lebe seit zwei Jahren mehr und mehr in der Mitte eines Schreckens, dessen greifbarste Ursache (eine an mir selbst ausgeübte Reizung) ich, mit teuflischer Besessenheit immer dann am Meisten steigere, wenn ich eben meine, die Versuchung dazu überwunden zu haben.« (RMR-Brw S. 475 f.).

Aufgrund der gleichzeitig auftretenden somatischen Symptome (Knötchen im Mundraum) hatte sich Rilke Ende 1924 wieder einmal ins Sanatorium Valmont begeben und danach, auf Rat des behandelnden Arztes (Dr. Haemmerli), eine Reise nach Paris unternommen. Aber diese Reise wurde ein Fehlschlag.

»Meine liebe Lou: (Du hast soviel alte Wörterbücher meiner Klagensprache in Deinem Besitz), giebt Dir das irgend ein Bild meiner Niederlage? [...] Siehst Du jemanden im Umkreis Deiner Welt, der mir helfen könnte? Ich sehe nur Dich, aber wie Dich wirklich erreichen?« (RMR-Brw S. 477).

Lou war seine letzte Zuflucht, seine letzte Hoffnung; zu ihr und ihrer Urteilskraft kehrte er zurück, nachdem ihm seiner Meinung nach kein Arzt hatte helfen können. Über fast dreißig Jahre hinweg hatte er sich immer wieder an sie gewandt und stets ihren Entscheidungen vertraut. Ellen Delp nannte es »eine fast übertriebene oder abergläubische Zuversicht in ihr ›Ihn Erklären und Verstehen Können‹«.[11] Lou war sicherlich für sein zwiespältiges Verhältnis zur Psychoanalyse verantwortlich: Einerseits hatte sie ihm von einer Analyse – gleichgültig wer sie durchführen sollte – abgeraten, andererseits sprachen sie und Rilke immer wieder von den großen Möglichkeiten der Psychoanalyse. Sie gab ihm »Freud-Broschüren« zum Lesen, analysierte seine Träume und ließ ihn an ihrer psychoanalytischen Tätigkeit Anteil nehmen; ja, sie versuchte ihm gerade dadurch Mut zu machen, daß sie seine Gedichte in den Analysen verwendete und ihm den Erfolg schilderte.[12] Und so hatte Rilke bislang zwar von einer psychoanalytischen Therapie abgesehen, gab aber seine tiefenpsychologischen Interessen und die Hoffnung nie auf, daß die Psychoanalyse auch für ihn Heilungschancen bieten könnte.

Nach dem Abbruch seiner Therapie bei Arthur Muthmann blieb ihm nur noch Lou. Aber auch ihr Brief geriet zur Enttäuschung – mußte es wohl zwangsläufig werden. Lou fühlte sich inzwischen berechtigt, seine Symptome offen psychoanalytisch zu deuten, und tat dies in ihrer bekannt freimütigen Art: »Weißt Du, lieber lieber Rainer, was für ein Gefühl ich soeben beim Schreiben spüre? Wie bei einer Flasche, die, endlich stöpselfrei, alles herausstürzen müßte, sodaß es in ihrem Hals gurgelt und blos Tropfen kommen«, schrieb sie ihm im Dezember 1925 (RMR-Brw S. 479). Warum sie gerade jetzt ihm gegenüber ihre

Zurückhaltung in psychoanalytischen Dingen aufgab, ist nicht auszumachen; vielleicht seiner Verzweiflung wegen? Aber es hatte in den Jahren davor auch schon ähnlich aussichtslos scheinende Situationen gegeben; möglicherweise hatten sie Rilkes Symptome und sein Gebrauch des Fachterminus »Phobie« vom Ernst seines Zustands überzeugt? Jedenfalls war sie zu der Auffassung gelangt, daß seine Krankheiten von einer wirklichen, nicht nur scheinbaren neurotischen Veranlagung verursacht waren, obwohl sie in ihm all die Jahre vorher den Inbegriff des reinen, »gesunden« Genies gesehen hatte.

Lou versuchte, Rilke die Herkunft seiner Symptome zu erklären; vor allem, daß seine Schuldgefühle beileibe »keine teuflische Besessenheit« waren, wie Rilke es formulierte, sondern ihren Ursprung in der Reinlichkeitserziehung hatten. Die Argumentation folgt im wesentlichen den Ausführungen in »*Anal*« *und* »*Sexual*« von 1916 und erläutert die Entstehung der körperlichen Symptome durch Verdrängung und Verschiebung und deren Mächtigkeit durch die narzißtische Determinierung. Im Grund, meinte Lou, rekurriere sie damit nur auf ihre früheren Ausführungen, die Rilke ja damals akzeptiert habe. Eine besondere Bedeutung gewannen diese Symptome aber erst durch ihre – aus der Neurosenlehre bekannte – Verschiebung von unten nach oben, die einer Verschlimmerung der Krankheit entsprach. Ihr wurde klar, daß schon die Symptome aus der Wolfratshausener Zeit »von vornherein seelischen Verklemmungen gehorsam« waren und sie dies nur nicht erkannt hatte: »Ach, dies ganze Bild ist so klar, nur mir, damaligem Kalb, war es das nicht, und damit hat Gott mich mit Schuld geschlagen, daß ich, als wir uns kennen lernten, nicht mit meinem jetzigen Können und Wissen erfahren für Dich bereit stand. Dadurch mußte das mit den Jahren zunehmen.« (RMR-Brw S. 481). Daß sie Rilke nicht mehr helfen konnte, hat sie wohl geahnt; zweimal beschwor sie ihn im Brief, unbedingt weiterzulesen. Und ihre Ahnung trog sie nicht. Der folgende Brief Rilkes datiert ein Jahr später; es ist sein Abschiedsbrief an Lou. Er hatte die Hoffnung aufgegeben: »Woher den Mut nehmen?« (RMR-Brw S. 483). Vermutlich – stellt man seine Erfahrungen mit dem Therapieversuch bei Arthur Muthmann in Rechnung – hat Lous letzter Brief wie ein Schock auf ihn gewirkt. Zum einen hatte sie ihm mit der ihr eigenen ungenierten Deutlichkeit die psychoanalytische Erklärung seiner oralen und analen Organisation und deren Wandlung vor Augen geführt. Zum anderen wäre zu fragen, ob er vielleicht diesen psychoanalytischen Lösungsversuch hätte akzeptieren können, wenn er vor seinen Erfahrungen mit Muthmann an ihn herangetragen worden wäre. Nun stand ihm dieser Ausweg nicht mehr offen – Lou war zu spät gekommen. Er konnte ihre Erklärungen nicht mehr akzeptieren. Trotzdem verlor er nie die Hoffnung, daß zumindest sie verstehen würde, was mit ihm geschehen war.

Auf seinen Wunsch hin erstatteten sowohl Nanny Wunderly-Volkart, die Vertraute von Rilkes letzten Jahren, als auch sein Arzt, Dr. Haemmerli-Schindler, Lou genauestens Bericht über seinen Gesundheitszustand. Er selbst kannte die Diagnose, eine akute Leukämie, nicht. Rilkes tödliche Krankheit konnte Lou anfangs nicht fassen. Vielleicht stieg die Vermutung in ihr auf, daß manche Probleme Rilkes in den letzten Jahren bereits durch die körperliche Krankheit bedingt gewesen waren. Sie schrieb Rilke jeden Tag einen Brief, obwohl sie wußte, daß sie ihn wahrscheinlich nicht mehr würde erreichen können. Rückblickend schrieb Nanny Wunderly-Volkart über diese letzten Wochen an Ellen Delp: »Noch zuletzt erhoffte er Rat und Hilfe von Lou, den ersten Brief, der von ihr kam, las er fast heftig, in der Erwartung, und legte ihn enttäuscht fort, den Zweiten las er erst nach einigen Tagen, schon unbeteiligt und müde und den Dritten las er nicht mehr, auch sie konnte nicht helfen.«[13] Schon beim Schreiben der Briefe war Lou bewußt geworden, daß Rilke sie wohl nicht mehr lesen würde, und so hörte sie damit auf. »Täglich trug ich mich mit dem Gedanken: ob er um sein Sterben wisse. – Jetzt scheint es mir so [...] – und nun giebt es nur noch ein Zurücktreten vor ihm und man soll nicht mehr wagen, die eigene lebengebundene Stimme zu erheben«, schrieb sie an Nanny Wunderly-Volkart (RMR-Brw *S. 620*).

Der Gedanke aber, daß sie ihm vielleicht hätte helfen können, ließ sie danach nicht mehr los. Am 5. 3. 1933 schrieb sie an Eva Cassirer-Solnitz, die ein Buch über Rilke verfaßte: »Ich kann einfach nicht weiterschreiben. Ich habe dennoch noch nichts abgeladen, – in mir sitzt es dick und will nicht leichter werden. Denn Rainer starb ›trostlos‹.«[14] Aber auch jetzt noch hätte sie Rilke von einer Analyse abgeraten, obwohl sie einzuräumen bereit war, daß sie ihm in seiner Jugend genützt hätte. Jetzt, zum Künstler gereift, wäre er inzwischen zu alt für eine Analyse gewesen. Am 31. 10. 1929 schrieb sie über eine Analysandin, in der während der Therapie das schöpferische Talent erwacht war, an Anna von Münchhausen: »Wie das ineinandergriff, das von frühester Kindheit Verdrängte und das durch dessen Lösung geheimnisvoll Miterlöste – das würde Rainer rasend interessiert haben; in mir aber weckte es auch eine große Wehmut, warum es in seinen jugendlichsten Jahren diese Methoden noch nicht gab. Denn am fertigen Künstler sind die (d. h. meiner Meinung nach, die jedoch nicht Freud seine ist) nicht anwendbar ohne starke Gefährdung.« (RMR-Brw *S. 559 f.*).

Rainer Maria Rilke starb am 29. Dezember 1926 an einer chronischen Sepsis infolge von Leukämie. »Aber die Höllen!«, so hatte er in seinem letzten Brief an Lou seinen Gesundheitszustand bezeichnet. Er meinte damit seine körperlichen und seelischen Beeinträchtigungen, die ihn zeit seines Lebens behindert hatten und jetzt unerträglich geworden waren. Nachdem sie die Nachricht von seinem Tod erhalten hatte, begann für Lou eine Zeit des Abschieds und der abschließenden Auseinandersetzung. Sie las noch einmal seine Briefe an sie und ging weltabgewandt ihren Erinnerungen nach.

Die Frucht dieser inneren Auseinandersetzung war das Buch *Rainer Maria Rilke*, das in den Monaten nach seinem Tod entstand. Dieses Buch ist ein Abriß über Rilkes Leben und die Genese seiner Kunst. Es ist keine reine Biographie; auf äußerliche

Daten und chronologische Genauigkeit wird weitgehend verzichtet. Das Buch legt Rilkes Seelengeschichte mit allen ihren Ängsten und Erlebnistiefen bloß und schlüsselt sie psychologisch auf. Die Erläuterungen münden in einer Interpretation der *Duineser Elegien* als Quintessenz und Signum für das Wagnis seiner dichterischen Schöpfung. Die Interpretation von Rilkes Werk aus der Sicht von Lou Andreas-Salomé hat nichts mehr mit ästhetischer Kunstbetrachtung gemein, sondern zielt auf die Hintergründe der Entstehung des Werks und seiner psychischen Gegebenheiten ab. Die Aussagen werden mit Briefstellen belegt – ja, die Briefe stehen oft anstelle von Thesen und prägen den Text. Es ist ein sehr persönliches Buch.

Im Grunde kann dieses Buch auch als Lous nachträgliche Rechtfertigung ihrer Handlungsweise verstanden werden. Es geht um ihre Liebe, aber auch um die konsequente Distanzierung zu Rilke, obwohl davon mit keinem Wort die Rede ist. Es geht auch um die Verweigerung der Analyse und ihr Verhalten in den letzten Jahren vor seinem Tod. Die Argumente bezog sie aus den Briefen; an manchen Stellen meint man, eine etwas pathetisch geratene wissenschaftliche Beweisführung zu lesen, der zu folgen einige Anstrengung erfordert, denn die Wissenschaft, auf die sie sich stützt, ist selbstredend die Psychoanalyse. Die Kompliziertheit des stilistischen Ausdrucks entsteht aber insbesondere dadurch, daß Lou die Verwendung psychoanalytischer Termini gänzlich vermeidet – wohl um psychoanalysefeindliche Leser nicht abzuschrecken –, aber trotzdem tiefenpsychologische Gedankengänge formuliert.

Friedrich Carl Andreas

Im Lauf der über vierzig Jahre, die sie zusammengelebt hatten, hatte gegenseitige Achtung und große Höflichkeit die Beziehung zwischen den Eheleuten bestimmt. Gerade im Alter bewährte sich dies. Die beidseitige, überaus große Toleranz hatte ihre Verbindung vor dem Verschleiß bewahrt. Lou registrierte die altersbedingten Veränderungen an Andreas mit liebevollem und bewunderndem Blick. Am 4.1.1922 schrieb sie an Rilke: »Mein Mann sagt Dir alles Herzliche, natürlich würdest Du auch ihn sehr verändert finden, und doch, auch jetzt noch nicht ›alten Herrn‹, nur in's Alter wachsend wie in ein Land, wie die Wildkreatur wenn sie langsamer durch ihren Wald geht; und lieb und gut ist er wie ein Land das nur südlicher wird.« (RMR-Brw S. 443). Sie nahm Rücksicht auf seine Belange; öfter verschob sie einen Reisetermin, sei es, um ihm die Mitreise zu ermöglichen, sei es, weil er krank war oder weil sie ihn schon zu lange nicht mehr gesehen hatte. Zwar kam es kaum zu einem Gedankenaustausch über ihre jeweilige Arbeit, zumal – wie sie sagte – ihre psychoanalytische »Tätigkeit eine schweigsame war, die sich nicht zum Wiedersagen eignete« (LRB S. 215). Von der rücksichtsvollen Umgangsweise in häuslichen Dingen gibt es aber Spuren: Lou adressierte z.B. seine Briefe oder verzichtete auf den Ankauf eigener Bücher, da für Andreas die Anschaffung seltener und wertvoller Texte ein »intensives Glückserleben« bedeutete. Gemeinsame Freunde hatten sie nicht viele, da sie einfach zu verschieden waren; nur wenige, wie z.B. Sigmund Freud oder Götz von Selle und ihre Familien, waren von beiden gleichermaßen akzeptiert.

Wenn Lou auf Reisen war, übernahm Andreas die Pflege ihrer Vierbeiner. Er scheint allerdings etwas andere Vorstellungen von Hundepflege gehabt zu haben als sie, denn sie berichtete an Rilke: »Ich nahm Baba [die Hündin] nicht mit nach München, um meinem Mann nicht das Herz zu zerreißen; als ich wiederkam hatte sie sich, wie er erklärte, zur Prinzessin entwickelt und war ein Fettkloß; z.B. wenn sie in der Sonne zu heiß lagerte, dann suchte sie nicht etwa den Schatten auf, sondern flötete auf eine bestimmte, mein Mann sagt: artikulierte, Weise, auf daß er komme und ihr den Stuhl in den Schatten rücke. Ich machte sie schnell wieder schlank und springlustig.« (RMR-Brw S. 429). Das klingt nun so, als sei sie nüchterner und angemessener mit ihren Hunden umgegangen als er. Aber auch Lou war ganz vernarrt in ihre Tiere und brachte es fertig, nur um einen niedlichen Zwergschnauzer, der zu einem Hutgeschäft gehörte, noch einmal wiederzusehen, sich in dem Geschäft zweimal einen Hut zu kaufen, obwohl sie sonst nie sehr auf ihr Äußeres achtete und zu dieser Zeit auch finanziell nicht gerade gut gestellt war.

Diese Tierliebe, vor allem zu Vögeln und ihren Hunden, die in der Regel niederwüchsigen Mischrassen angehörten, war höchst idealisierend. Fast ihr ganzes Leben lang hatte Lou Hunde besessen, die sie manchmal auch auf ihre Reisen mitnahm. Sie bedeuteten ihr sehr viel und fesselten ihre Liebe dauerhafter, als es sonst Menschen vermochten: »Denn der menschliche Partner erweist sich als das ungeheuer anspruchsvollere Objekt, bei dem man keineswegs so billig und geizig davonkommt wie bei der Kreatur, die sich mit Brosamen der Liebesnahrung abspeisen läßt und uns dennoch schon dafür in ihre unfaßlich ergänzende und fabelhafte Welt aufnimmt (was an aller Tierbeziehung das eigentliche große Ereignis ist).« (Dank S. 35). Gerade während des Krieges benötigte sie einen solch anspruchslosen Anlehnungspartner, der sie über das Entsetzen und ihre Resignation hinwegtröstete. An Freud schrieb sie damals: »Ich schaffe mir eben einen Hund an – Sie vielleicht eine Katze?« (SF-Brw S. 29). Aber Freud hatte dankend abgewehrt. Später allerdings – nachdem Anna 1925 einen Schäferhund bekommen hatte – besaß auch er zwei Chow-Chows; fast ein wenig triumphierend schrieb ihm Lou: »weil ich sicher glaube, daß Ihnen mit der Hundeseele überhaupt alle Tierseele nahe gekommen sein wird (die mir leider noch näher ist als die fragwürdige menschliche)« (SF-Brw S. 203).

Noch im Jahr vor Andreas' Tod hielt ihre Beziehung eine Überraschung für sie bereit. Lou, die stets eine schwache gesundheitliche Konstitution besessen, sich aber nie geschont hatte, mußte 1930 wieder einmal sechs Wochen lang im Krankenhaus liegen; noch ein halbes Jahr später hatte sie Schmerzen und mußte das Bett hüten: Ihr Mann besuchte sie täglich im Krankenhaus, und während der kurzen Besuchszeit, die ihnen zur Verfügung stand, kamen sie sich unerwartet nah: »Und auch noch was Wunderschönes, beinah aber Drolliges: als mein Mann mich in der Klinik so Tag für Tag zu bestimmten Besuchsstunden im Lehnstuhl am Bett sprach, merkten wir zwei Alten, wieviel wir uns zu erzählen hatten, – wozu wir eigentlich nie Zeit gehabt; beschäftigt, wie wir stets gewesen, hatten wir für das ›familiensimpelnde‹ Beisammensitzen (– so etwa nach dem Rezept: ›trauter Abend bei der Lampe‹ –) nie Geschmack besessen. Später übertrug mein Mann auch noch seine Salbungen auf mich, von denen er Anna hier schon erzählte und die er ihr so für Sie anriet; ihm machte es Spaß und mir tat es riesig gut; auch jetzt noch behandelt er mich ganz vorwiegend als Ölsardine«, schrieb sie an Freud (SF-Brw S. 204). Nach über vierzig Jahren Ehe mit der größten Freiheit und Unabhängigkeit für beide Partner fanden sie zu einer intimen Nähe, wie sie sie die ganzen Jahre vorher nicht gekannt hatten. In ihrem Lebensrückblick kam Lou noch einmal darauf zu sprechen, so beglückend und wichtig war ihr diese Erfahrung. Freud, der aller Wahrscheinlichkeit nach die Problematik ihrer Ehe genau kannte, brachte in seinem Antwortbrief vom 8. 5. 1930 Lous unterschwellige Empfindungen auf die knappe Formulierung: so »dauerhaft beweist sich doch nur das Echte« (SF-Brw S. 205). Das ist wohl auch der Kernpunkt von Lous Überlegungen und Gefühlen: »jedesmal, wo ich in mir selber am tiefsten komme, begegne ich gleichsam dieser [Andreas'] Mitfreude. Würde er nicht vielleicht dazu gesagt haben: – weil er, allem zum Trotz, damals dennoch mit uns Beiden recht gehabt?« (LRB S. 216).

Friedrich Carl Andreas starb am 3. Oktober 1930 im Alter von vierundachtzig Jahren an einem Krebsleiden. Schon während des letzten Jahres hatte er nur noch schlecht gehört, war aber bis zuletzt geistig wach und rege.[15] Von der Schwere seiner Krankheit ahnte er nichts. »[Ich] erwartete [...] Tag und Nacht mit Entsetzen, daß die Krankheit meines Mannes gesteigerte Qualen bringen und damit auch seine Arglosigkeit zerstören werde, um die sein Arzt und ich uns in strengstem Einvernehmen ein ganzes Vierteljahr mühten (da von allem Anfang an nichts getan werden konnte). Als er in seiner letzten Nacht nicht nur in dem Sinn, den man mit ›sanft entschlafen‹ vielleicht oft voreilig behauptet, sondern wörtlich süß entschlummerte, da empfand ich unvermischtestes Glück«, schrieb sie an Freud (SF-Brw S. 206). Die innere Verbundenheit war bis zuletzt so groß, daß sie genau die Stunde spürte, als er im Krankenhaus starb: »nachts wach, als sei ich dort«, und »alles schon wissend«, noch bevor ihr die Nachricht überbracht wurde (*Eintragungen* S. 138).

Friedrich Carl Andreas wurde auf dem Göttinger Stadtfriedhof bestattet, und Lou ließ einen schlichten, an einen Runenstein erinnernden Stein auf sein Grab setzen. Nach der Beerdigung hat sie das Grab nie wieder aufgesucht.[16] Sie versuchte auf ihre Art, die Erinnerung an diesen bemerkenswerten Mann aufrechtzuerhalten. Fast ein Jahr lang beschäftigte sie sich gedanklich intensiv mit ihm und dem Geheimnis ihrer Ehe. Sie verfaßte ein Dokument über ihn, seine Art zu leben und zu denken, das sie in den *Lebensrückblick* aufgenommen hat. Das Kapitel »Was am Grundriß fehlt«, das speziell auf die Eheproblematik eingeht, schließt jedoch mit Fragen: »Kam das mich Überwältigende jenes seines [Andreas'] Ausdruckes damals von daher, daß es aus einer letzten Wahrheit kam? Ich weiß es nicht. Vergib, vergib: ich weiß es nicht.« (LRB S. 216). Das ist im gesamten *Lebensrückblick* die einzige Stelle, an der sie Andreas duzt – sonst ist diese vertrauliche Anrede Rilke vorbehalten. In den Monaten nach Andreas' Tod war Lou mit dem Ordnen seines Nachlasses beschäftigt, den sie komplett den Universitäten Göttingen und Berlin vermachte. Seine Kollegen, denen sie in all den Jahren, die sie nun schon in Göttingen wohnte, aus dem Weg gegangen war, halfen ihr jetzt – soweit es ihnen möglich war – bei der Bewältigung des offiziellen Teils der Verabschiedung und des Nachrufs auf Friedrich Carl Andreas.

Im Haus bewohnte Lou nun auch die Zimmer von Andreas,

abwechselnd, seine und ihre eigenen, als Sommer- bzw. Winterquartier. Außerdem ließ sie einiges am Haus renovieren, da es schon seit einigen Jahren immer reparaturbedürftiger geworden war. »Das Häuschen um uns verfällt friedlich und ohne Mißmut«, hatte sie schon 1924 an Rilke geschrieben. Nun ließ sie es – mit Hilfe einer Hypothek – neu anstreichen und auch in der separaten Waschküche einiges richten. Sogar ein Telefon wurde installiert. Den Haushalt besorgte Maria Apel, die diese Aufgabe von ihrer im Frühjahr 1928 verstorbenen Mutter Marie Stephan übernommen hatte. Mit »Mariechen«, wie Maria als Kind genannt worden war, kam Lou wesentlich besser zurecht als mit deren Mutter.[17] Obwohl Lou im täglichen Leben eher schwierig und mit ihren Bekannten konsequent streng war, ließ sie sich von Maria Apel überallhin begleiten, in die Stadt, zu Freunden oder auch ins Kino. Maria übernahm auch die Krankenpflege, wenn Lou – wie in diesen Jahren öfter – bettlägerig war und »ganz flach liegen [mußte] wie ein Bügelbrett« (SF-Brw S. 217). Die Apelsche Familie, Maria hatte 1927 den Göttinger Robert Apel geheiratet, nannte sie »meine kleine Familie«. Sogar die Schwiegereltern bezog Lou in die Familienidylle ein und nannte sie liebevoll »Oma« und »Opa«.[18]

Lou leistete sich in dieser Zeit aber noch eine ganz besondere, vielbestaunte Extravaganz: Sie hatte sich von einem ihrer Patienten zu einer angeblich profitablen Nutriazucht überreden lassen. Im Garten wurden Drahtkäfige und ein Schwimmbecken errichtet, und gegen Ende 1931 trafen zwei Pärchen Nutrias ein. Sie vermehrten sich schnell. Noch im August 1934 notierte sie in ihrem Tagebuch die Geburt von sechs kleinen Nutrias. Daß aus der Nutriazucht ein gewinnträchtiges Geschäft wurde, ist zu bezweifeln, denn bei Lous Tierliebe ist es kaum vorstellbar, daß sie die Tiere zur Pelzverarbeitung – d. h. zur Tötung – freigegeben hätte.

Sie lebte und arbeitete ganz zurückgezogen in ihrem Haus auf dem Hainberg. Nach wie vor behandelte sie Patienten, las viel, schrieb und kramte in ihren Erinnerungen. Sie war stets so beschäftigt, daß sie kaum Zeit für jene größeren schriftlichen Arbeiten fand, die sie sich immer noch vorgenommen hatte. Während des bereits erwähnten Krankenhausaufenthalts hatte sie – neben den Analysesitzungen und den Besuchen ihres Mannes – die notwendige Ruhe, sich mit einem Thema zu befassen, das ihr schon lange am Herzen lag: eine abschließende Darstellung der Psychoanalyse aus ihrer Sicht und deren Bedeutung für sie – ihrem Dank an Sigmund Freud.

»Mein Dank an Freud«

Als Lou Andreas-Salomé im April 1931 das Manuskript ihrer Würdigung Freuds an diesen schickte, überkamen sie Zweifel, ob es vor seinen kritischen Augen auch Bestand haben würde: »Sie [die Schrift] wurde kein guter, ordentlicher Dank, weil sie zu viel auf einmal wollte und z. B. auch erklären wollte, wie ich durch Sie auch sogar für das erst richtig frei geworden bin, worin wir gefühlsmäßig verschieden sind. Drum weiß ich nicht mal, ob Sie diese Schreiberei gern aufnehmen möchten. In Wirklichkeit ist es nämlich so, daß ich nicht zu schreiben, aufzuschreiben verstehe (außer wo ich vor mich hinfabuliere, rein zu meinem eigenen heißen Spaß).« (SF-Brw S. 209). Freud jedoch antwortete begeistert: »Es ist gewiß nicht oft vorgekommen, daß ich eine ps. a. Arbeit bewundert habe, anstatt sie zu kritisieren. Das muß ich diesmal tun. Es ist das Schönste, was ich von Ihnen gelesen habe, ein unfreiwilliger Beweis Ihrer Überlegenheit über uns alle, entsprechend den Höhen, von denen herab Sie zu uns gekommen sind.« (SF-Brw S. 213). Das war wohl die höchste Anerkennung, die Freud einem Werk aus dem Kreis seiner Schüler je gezollt hatte. Die letzten Worte spielen auf ihre Bekanntschaft mit Nietzsche an und bedeuten eine gewisse Rehabilitierung des philosophischen Denkens, an dem Lou stets festgehalten hatte und zu dem sich auch Freud in seinen späten Jahren immer stärker hingezogen fühlte – was in seinen eigenen Arbeiten merklich wird. Er schrieb weiter: »Es ist eine echte Synthese, nicht die unsinnige, therapeutische unserer Gegner, sondern die echte, wissenschaftliche, der man zutrauen könnte, daß sie die Sammlung von Nerven, Muskeln, Sehnen und Gefäßen, in die das analytische Messer den Leib verwandelt hat, wieder zum lebenden Organismus rückverwandeln kann. Gelänge es, was Sie mit hauchdünnen Pinselstrichen hinmalen, zur Greifbarkeit zu vergröbern, so hätte man vielleicht endgültige Einsichten in Besitz bekommen.« (SF-Brw S. 213 f.). Das einzige, wogegen er sich heftig wehrte, war die Widmung an ihn persönlich. Aber Lou bestand beharrlich auf dieser Dankadresse im Titel, obwohl das Büchlein durchweg von der Psychoanalyse, ihren Theorien und ihren Anwendungsmöglichkeiten handelt.

Der »Offene Brief« – so der Untertitel – handelt in neun Kapiteln die Bereiche bzw. Themenkreise ab, die für Lou die Herzstücke der Psychoanalyse waren. Er beginnt – wie auch viele ihrer Briefe an Freud – mit der Anrede »Lieber Professor Freud« und ist mit »Lou« unterzeichnet. Die Einleitung bildet der sozusagen »offizielle« Dank an den Menschen, dem es aufgrund seiner von allem Persönlichen absehenden, naturwissenschaftlichen Ausrichtung gelungen war, so überaus schwierige und dem subjektiven Einfluß ausgelieferte Erkenntnisse zu gewinnen. Der folgende Abschnitt ist der Psychoanalyse als Therapieform gewidmet, dem für Lou Andreas-Salomé entscheidenden Bereich der Psychoanalyse. Hier steht auch das bekannte Zitat, das als Motto für den posthum herausgegebenen *Lebensrückblick* ausgewählt wurde: »Menschenleben – ach! Leben überhaupt – ist Dichtung. Uns selber unbewußt leben wir es, Tag um Tag wie Stück um Stück, in seiner unantastbaren Ganzheit aber lebt es, dichtet es uns. Weit, weitab von der alten Phrase vom ›Sich-das-Leben-zum-Kunstwerk-machen‹ (von welcher Selbstbespiegelung am sichersten, ja eigentlich allein, Psychoanalyse heilt); wir sind nicht unser Kunstwerk.« (Dank S. 14).

Die weiteren Kapitel befassen sich mit der Entwicklung der

Sexualität vom Narzißmus bis zum reifen Sexualleben, weisen die Allgegenwart der Libido auch in den einfachsten Gefühlsregungen auf, z. B. im Erlebnis an Tieren, und skizzieren die Krankheitsbilder der Hysterie und der Zwangsneurose, deren Entstehung und Erscheinungsform von Schuldgefühlen bzw. Zweifeln geprägt ist. Damit ist Lou bei ihrem ältesten Thema angekommen: der Religion. Hier widerspricht sie Freud zum ersten Mal in diesem Text und meint, er werte den Vorgang der religiösen Fiktionsbildung zu stark ab. Sie weist auf Nietzsche hin, den sie in Anbetracht seiner letzten Werke einen »Gottersatz-Sucher« (Dank S. 62) nannte, und es wird deutlich, daß sie die Psychoanalyse für den authentischsten Zugang zu den Quellen des Lebens hält. Daher verurteilt sie Nietzsches kategorisches Leugnen der Existenz Gottes, da er bei der bloßen Negation stehenblieb. Ihre Ausführungen gipfeln im Vergleich zwischen der religiösen Erlösungssehnsucht und dem Erleben bei der »Erlösung« vom neurotischen Wahn in der Analyse.

Kunst tritt an die Stelle der Religion, wenn das Individuum erkannt hat, daß es mit bloßer Magie in seiner Lebensbewältigung nicht weiterkommt; sie ist also die fortgeschrittenere Lebenshaltung. Insofern tritt Lou Freuds Kunstauffassung in drei für sie entscheidenden Punkten entgegen: Erstens wendet sie sich gegen die Überschätzung des Tagtraums; die Inhalte, deren Erfüllung er anstrebte, seien hauptsächlich individuelle. Folgerichtig kann sie auch die Herleitung des Künstlerischen aus der Verdrängung nicht akzeptieren. Sie räumt zwar ein, daß das verdrängte Material eventuell an den Schaffensbedingungen oder -voraussetzungen beteiligt sein könnte, aber nie an den wirklichen Inhalten der Dichtung selbst. Konsequenterweise argumentiert sie auch drittens gegen Freuds These von der sozialen Funktion der Kunst, d. h. dem Mitteilungs- oder auch dem Selbstaufwertungsbedürfnis des Künstlers.

Die letzten zwei Kapitel sind Themen gewidmet, die Lou früher allenfalls kurz angetippt hatte, die den Horizont des analytischen Denkens aber durchaus erweitern. Zunächst versucht sie eine Neudefinition der Ethik. Aus dem religiös-ideologischen Zusammenhang herausgenommen, der der Kritik der Psychoanalyse verfällt, soll die Ethik – in einer Art Kantschem Imperativ – die »Verantwortung des Menschen vor seinem Leben« repräsentieren. Die neue Ethik darf nicht »allzu rigoros und unpraktikabel über unsere Triebnatur hinweggehen« (Dank S. 94), wie es die früheren getan haben. Von diesem Gesichtspunkt aus erschien ihr jegliche Wertung suspekt, die sich in der Religion verankern will: der »wertende Mensch als die sublimste Abenteuerei des Lebens« (Dank S. 97). Durch ein vorbehaltloses Akzeptieren des Gegenübers als Teil des Ganzen – und damit zugleich als Teil von sich selbst – könnte die schmerzliche Antagonie zwischen Ich und Welt aufgehoben werden und einer neuen Art des Umgangs miteinander Platz machen.[19] Hier wird ein Menschenbild entworfen, das auf gegenseitiger Toleranz und Einsicht begründet ist.

Im letzten Abschnitt des Buches wird die Idee einer Psychoanalyse des Denkens und deren Bedingungen im Rahmen des dualistisch-synthetischen Weltmodells entfaltet: »Wir sind eben nicht nur Kompromißler wie in der Neurose – wir sind nicht nur, wie in der Normalität, Ergänzende und Hinzuerwerbende zu unsern Einseitigkeiten, – wir selber ›sind‹ der ›Mensch mit seinem Widerspruch‹, der an seiner Reibung erst sich fruchtbar selbst erlebt als Bewußter. Als ich vor Sie hintrat, da kam mir an ihrer Tiefenforschung dieses Erleben erst zum Vollzug [...]« (Dank S. 109). Mit diesem sehr persönlichen Bekenntnis klingt der »Offene Brief« an Freud aus.[20]

Genau diese Mischung aus Natürlichkeit und Intellektualität gefiel Freud. Zwar schrieben Lou und er sich im Lauf der Jahre seltener, ihrer inneren Verbundenheit tat dies aber keinen Abbruch. Und nachdem Freud sich ab Herbst 1923 wegen seines Krebsleidens einer Reihe von Operationen hatte unterziehen müssen und nur noch unter Mühen sprechen und essen konnte, empfand Lou diese quälende Hilflosigkeit mit. Als er im April 1931 erneut operiert worden war, war ihr der Gedanke an sein

Leiden fast unerträglich, und sie schrieb fassungslos: »Aber [...] doch nicht schmerzfrei und nicht in körperlichem Behagen, und dieser Gedanke ist nicht auszuhalten! Man möchte einfach um sich schlagen. Man möchte einen veranlassenden Übeltäter wissen und ihm Arme und Beine ausreißen. Ich fühle wohl, wie kindisch ich mich benehme, aber was zu viel ist, ist zu viel.« (SF-Brw S. 210). Ihr unerschütterlicher Optimismus schien sie verlassen zu haben, und Freud wußte mit diesem unkontrollierten Ausbruch wenig anzufangen: »Heute muß ich vor allem Ihnen schreiben, denn Ihr Brief hat mich überrascht und aus meiner Fassung gebracht. Ich fand Sie ja immer – man soll nicht sagen: resigniert, es war eher überlegen allem, was um Sie und mit Ihnen geschah, und nun kam mir vor, Sie gebärdeten sich entrüstet, schlugen um sich, warum? Weil ich wieder ein Stück auf dem holperigen Weg zurückgelegt, der uns aus dieser Existenz herausführt. Aber ich verstehe es nicht, das stand ja bevor, war in irgend einer Ausführung unvermeidlich, wird bald seine Fortsetzung finden.« (SF-Brw S. 210).

Schon 1928, bei ihrem letzten persönlichen Treffen, hatte es eine ähnliche Situation gegeben. Freud war einer weiteren Operation wegen nach Berlin gekommen, und Lou besuchte ihn im Tegeler Sanatorium. Während der intensiven Unterhaltung, die sie trotz seiner Behinderung auf ihren Spaziergängen führten, kamen sie wieder auf Lous Studienzeit in Wien und auf Lous »Lebensgebet« zu sprechen, in dem sie das Leben mit all seinem Glück – und seinen Leiden – enthusiastisch pries. Freud stand einer solchen Lebenseinstellung fern, und nun, nach all seinen Leidensjahren, erinnerte Lou sich dieser Szene und gestand ein, daß es umgekehrt gekommen war: Ihr selbst waren körperliche Leiden ein Greuel, während Freud die seinen klaglos, ohne Selbstmitleid und mit stets wachem Arbeitswillen ertrug. In ihrer Rührung sagte sie zu ihm: »›– Das, was ich einstmals nur begeistert vor mich hin geschwafelt, – Sie haben es getan!‹ Worauf ich, im ›Schreck‹ über die Offenherzigkeit meiner dran rührenden Worte, laut und unaufhaltsam losheulte.« (LRB S. 168).

Freud hat darauf nicht geantwortet und nur den Arm um sie gelegt. Die Person und die Lehre Freuds haben in ihrem Leben und in ihrer Weltanschauung gewiß eine große Rolle gespielt, dennoch mag man fragen, ob es nicht weitere Motive für ihre Überreaktion gibt. Sie schätzte Freud – und Rilke – als Personen und verehrte in ihnen das Genie; beide waren – jeder auf seine Weise – Erforscher des Unbewußten. Bei Rilke war sie lange Jahre überzeugt gewesen, daß seine Krankheiten ein Preis waren, den er zu entrichten hatte. Sollte auch Freud diesen Tribut für seine »Wissenschaft« zahlen müssen? – Dies mag man heraushören, wenn sie von Freuds »Opfer« bzw. seiner »Verzichtsleistung« schreibt. Aber Freud ist mit Rilke nicht zu vergleichen. Er besaß, wie sie dankbar erkannte, eine ganz eigene Lebenskraft. Von daher gewinnt *Mein Dank an Freud* eine zusätzliche Bedeutung. Er gilt auch dem Menschen Freud, der seiner Krankheit eine derart außerordentliche Widerstandsfähigkeit entgegensetzen konnte, so daß sie Lou wie ein Beweis für die Wahrheit seiner Lehre erschien.

Letzte Freundschaften

Der »Offene Brief« *Mein Dank an Freud* hatte auch über die psychoanalytischen Kreise hinaus Resonanz gefunden. Ende 1931 erhielt Lou Andreas-Salomé einen Brief Viktor von Weizsäckers, der sich von ihrem »Dank« sehr angesprochen fühlte. Der Begründer und Theoretiker der Anthropologischen Medizin war im Verlauf seiner Forschungen auch auf die Psychoanalyse gestoßen. Allerdings fand er, die Psychoanalyse habe – neben ihren unbestreitbaren Vorteilen – auch »etwas von einer sich unerbittlich zuschnürenden Schlinge« an sich. Lous ausgreifende Gedankengänge fand er daher sehr anregend: »Ihre auch in jener Schrift an Freud bekundete Freiheit gegenüber dem psychoanalytischen Schulbetrieb, ihre höchst persönliche Umformung der Doktrin kraft eigener Originalität hatten auf mich eine entlastende Wirkung. Man sah hier, daß man das, was wahr ist an einer Lehre, auch in andere Sprachen übersetzen kann.« Sein Interesse war stark genug, den persönlichen Kontakt zu Lou Andreas-Salomé zu suchen. An den ersten Brief schloß sich ein Besuch in Göttingen an, und über das folgende Jahr 1932 hinweg entwickelte sich eine Korrespondenz, in der es hauptsächlich um Weizsäckers wissenschaftliche Arbeit ging.[21] In seinen Lebenserinnerungen schwärmte Weizsäcker geradezu von der Aufrichtigkeit dieses Briefwechsels: »Ihre Briefe waren von einem Spürsinn ohnegleichen eingegeben, und sie wußte wohl vom ersten Augenblick an, mit wem sie es zu tun hatte und wo meine Nöte ihre Wurzel hatten. Sie konnte mir vielleicht nicht helfen, aber sie verstand den Geist zu lieben und war erfahren in den Welten der Einsamkeit [...] Das Weibliche und die Wärme ihrer Natur empfing ich mit Dank, und es ist vielleicht kein Fehler, obwohl sicher ein Verlust, daß der anfangs so rege Austausch sich später verlor – sie hatte an mir eine Mission erfüllt, und ich hatte ihr dafür wohl nichts bieten können, was sie in ihrem hohen Alter noch gebraucht hätte.« Ein weiteres Mal hatte sich Lous Gabe gezeigt, sich in andere Menschen hineinzuversetzen und ihnen bei der Klärung der eigenen Persönlichkeit zu helfen. Die Beschäftigung mit der Psychoanalyse hat diese Fähigkeit sicher noch verstärkt. Weizsäcker konnte das umstandslos anerkennen: »Der seltene Fall, daß jemand diese Wissenschaft tief genug begriffen und doch eine eigene Persönlichkeit geblieben war, ist mir weder vor- noch nachher so hilfreich begegnet wie bei Lou Andreas-Salomé.«[22] Lou selbst war von der Richtigkeit und von der Schicksalhaftigkeit ihrer Begegnung mit der Psychoanalyse überzeugt und schrieb in einem Brief an Freud humorvoll: »neulich malte ich's mir aus, wie alles wäre, wenn ich alt geworden wäre ohne Sie im Leben gehabt zu haben: da war ich voller Mißfallen an dem alten Frauenzimmer, während ich jetzt von grundaus fröhlich dessen bin was ich lebe, solang es eben sein soll.« (SF-Brw S. 140).

Diese grundlegende Lebensfreude und Offenheit spürte auch Ernst Pfeiffer (1893-1986), als er im August 1931 das erste Mal zu Lou Andreas-Salomé kam. Er hatte Lou wegen eines leidenden Freundes besucht, der sich nicht entschließen konnte, die Analytikerin selbst aufzusuchen. Ernst Pfeiffer hatte mit Lou eine Lehranalyse für sich vereinbart, um die Behandlung seines Freundes selbst übernehmen zu können.[23] Schon zu diesem Zeitpunkt war er von der eigenwilligen und freien Persönlichkeit dieser Frau fasziniert, in deren Gegenwart man sich – nach seinen Worten – von allem Belastenden und allen falschen Hemmungen erlöst und innerlich frei fühlte. Er hatte aber nicht den Mut, sie ohne äußeren Anlaß erneut zu besuchen. Im Juli 1933 bemerkte ihn Lou zufällig, als er an ihrem Haus vorbeiging, und bat ihn freudig überrascht herein. »Als Pfeiffer wiederkam, waren wir gerade noch beim Bau des neuen Altans am Oberstock gartenwärts. Ich sehe noch die Bejahung in seinem Gesicht, als er ihn betrat und in die Weite über dem Garten schaute [...]« (*Eintragungen* S. 11). Dies war der Anfang einer jener intensiven Freundschaften, die Lou immer wieder zugefallen waren. »Wie mehrmals in meinem Leben kam mit Pfeiffer etwas auf mich zu, was ich weder ersehnt noch vorausgewünscht hatte aus einem Mangelgefühl und das doch um nichts in der Welt hätte ausbleiben dürfen: das erfuhr ich erst – und unmittelbar – an der Wirkung. Meine mir so viel verübelte Zurückgezogenheit vor Menschen öffnete sich weit –.« (*Eintragungen* S. 11). In ihren Briefen an Helene Klingenberg und Anna Freud erzählte sie von Pfeiffer; Freud berichtete sie, er sei »Kleistforscher«, und sie sei stolz über diese »prachtvolle Errungenschaft« (SF-Brw S. 219). Pfeiffer machte Lou mit Kleists Werk vertraut, mit dem sie sich, wie die *Eintragungen* bezeugen, eingehend auseinandersetzte; Kleist schien ihr fast ein Vorläufer der Psychoanalyse zu sein. Bald streiften ihre Gespräche mit Pfeiffer auch andere Themen; sie ließ sich z. B. von seiner Heimat Mark Brandenburg erzählen – er stammte aus einem Dorf in der Nähe von Frankfurt an der Oder – oder von seinen Kriegserlebnissen aus dem Ersten Weltkrieg.

Mit Pfeiffer arbeitete Lou viel am »Grundriß ihrer Lebenserinnerungen«, den er posthum als *Lebensrückblick* herausgegeben hat. Schon im Juli 1931 hatte sie begonnen, an dieser Autobiographie zu arbeiten. Im Zug der »Aufräumarbeiten« nach dem Tod ihres Mannes hatte sie das Konvolut ihrer eigenen Korrespondenzen, Tagebücher und Notizen gesichtet. Manches hatte sie wiedergelesen, so die Briefe Frieda von Bülows oder Friedrich Nietzsches. Dabei – sie verfaßte damals gerade ihre Arbeit über Friedrich Carl Andreas – muß sie auch den Entschluß gefaßt haben, ihre Lebenserinnerungen niederzuschreiben. Damit begann sie im Verlauf des Jahres 1932. Das Konzept an sich ist klar: Entsprechend ihrer Lebensphilosophie folgt die Darstellung Erlebenszusammenhängen, nicht der Chronologie. Den Anfang bildet »Das Erlebnis Gott«; dann folgt der Abschnitt »Liebeserleben«, der ihre Beziehung zu Hendrik Gillot schildert, danach erst das »Erleben an der Familie«. Ähnlich wird im Kapitel »Das Erlebnis Rußland« verfahren, das aufgrund seiner Bedeutung für Lous Leben dem Abschnitt »Freundeserleben« um Paul Rée, dem Kapitel »Unter Menschen« und »Mit Rainer« vorangestellt ist, obwohl der bewußte Rückbezug auf ihre Kindheit in Rußland erst gegen Ende der Liebesbeziehung mit Rilke vollzogen wurde.

Ursprünglich auf zehn Kapitel konzipiert, kamen ergänzend »Das Erlebnis Freud«, »Vor dem Weltkrieg und seither« und »F. C. Andreas« hinzu. Vervollständigt wird die heutige Ausgabe durch »Was am Grundriß fehlt«, ein Abschnitt, der von vorneherein zur Mitpublikation vorgesehen war, und zwei weitere Kapitel mit persönlichen Erinnerungen: »April, unser Monat, Rainer« und »Erinnertes an Freud«.[24]

Wie schon aus der eigenwilligen Konzeption dieser Lebenserinnerungen ersichtlich ist, wurden sie nicht geschrieben, um den Gang des eigenen Lebens der Nachwelt zu überliefern. Sie sind vielmehr Reflexionen über ein Menschenleben aus dem Blickwinkel innerer Vorgänge. Die Überlegungen gelten den Zusammenhängen, die über die Tagesereignisse hinaus Dauer erlangt haben. Von daher erklärt sich auch, weshalb Lou Andreas-Salomé nur wenige ihrer zahlreichen berühmten und weniger berühmten Bekannten erwähnt hat. Freud verwendet einmal, um den Narzißmusbegriff zu illustrieren, das Bild von der Monere, die ihre Pseudopodien ausstreckt und wieder in sich zurückzieht. Dieses Bild paßt genau auf die Vorstellung, die Lou von den Urzusammenhängen ihres eigenen sowie des Lebens überhaupt hatte. Die Monere entspricht der Alleinheit, dem Urleben; jedes individuelle Leben, das daraus entsteht, ist eine der Pseudopodien; sie sind zwar etwas Eigenständiges, aber immer Teil eines Ganzen. In diesem Sinn sind auch die Schlußworte des Kapitels »Vor dem Weltkrieg und seither« gemeint, in denen sie über ihre Lebenserinnerungen sagt: »jene menschlichen Wiederholungen des Vergehenden, die wohl nicht zufällig erst im Alter uns ganz einholen, als bedürften sie langen Weges dazu, um das für uns Unvergängliche an ihnen darzutun. Abgesehen davon, ist das personale Einzelerleben nicht gar so wichtig wie wir es gern nehmen: an welchem Stück Dasein es uns zufiel, das Dasein in Glücken und Schmerzen auszuproben. Kann doch der geringste, scheinbar belangloseste seiner Inhalte Unerschöpfliches weisen, kann doch auch im glanzvollsten, erfolgreichsten das Gesamtbild nicht umhin, unsern menschlichen Augen unerkannt zu bleiben. Denn ihnen bleibt es ein Vexierbild: hält es doch uns selber mit-eingezeichnet in sein offenes Geheimnis.« (LRB S. 183).

Es ist nicht zu übersehen, daß eine solche sich selbst als Person zurücknehmende Art der Betrachtung leicht die Konstruktion eines idealen Selbst erlaubt. Das »Leben«, der geistesgeschichtliche Leitbegriff der Epoche, bildete die Basis ihres Selbstverständnisses. Da sich Lous vorpsychoanalytischer Lebensbegriff und das Narzißmuskonzept so gut ergänzen, ist – psychoanalytisch gesehen – der Entwurf eines Selbstbilds mit Hilfe des von ihr durchweg positiv bewerteten Narzißmuskonzepts offensichtlich. Dabei ist die zu Freud unterschiedliche Beurteilung – nicht als Regression in die Kindheit, sondern als Bereicherung des aktuellen Lebens – von größter Wichtigkeit. Aufschlußreich in diesem Sinn ist die folgende Passage vom Juli 1934: »Mir ist erst nach Niederschrift der ›Lebenserinnerungen‹ im ›Grundriß‹ klar geworden, daß er einer Grundkorrektur bedürfte, die mich erst richtig in die Linie der Verdrängungslosen rückt – vielleicht sogar bis in die jenseits der vollen Normalität, namentlich im Kindesalter.« (*Eintragungen* S. 61 f.). Dies erinnert stark an den Versuch in ihren ersten beiden psychoanalytischen Aufsätzen, die überbordende Phantasietätigkeit ihrer Kindheit nicht als krank im Sinn der Psychoanalyse, sondern als »hyper-normal« zu interpretieren.

Der *Lebensrückblick* war Ende 1932 bereits in seiner ersten Fassung fertig; als sie Mitte 1933 die Bekanntschaft mit Pfeiffer erneuerte, fand sie, die bis zuletzt immer noch arbeitete, in ihm einen anregenden Gesprächspartner und treuen Helfer. Unterstützung benötigte sie aufgrund ihrer Krankheit. Besonders hilfsbedürftig wurde sie im Frühjahr 1936, als ihre Sehkraft stark nachließ und sie sich vorlesen lassen mußte. Freud schrieb in seinem letzten Brief an sie (Mai 1936), daß er von einer Operation eine Verbesserung ihres Sehvermögens erhoffe. Aber wahrscheinlich war ihre zunehmende Erblindung ein Symptom der schweren Diabetes, die sie schon seit 1930 plagte und die nicht mehr zu heilen war. Außerdem hatte sie sich im November 1931 den Arm gebrochen, und im August 1933 klagte sie über Gürtelroseschmerzen. In diesen Tagen las ihr Pfeiffer aus Rilkes frühen Tagebüchern und aus dem *Lebensrückblick* vor, den sie gemeinsam während seiner fast täglichen Besuche überarbeiteten.

Sie faßte so großes Vertrauen zu Pfeiffer, daß sie ihm schon 1934 ihren gesamten literarischen Nachlaß überließ, um den er sich dann nach ihrem Tod verantwortungsvoll kümmerte.[25] Ursprünglich hätte den Nachlaß Lous entfernter Neffe Franz Schoenberner erben sollen, wie Maria Apel erzählte. Dieser war aber aufgrund der politischen Verhältnisse in Deutschland ins Exil gegangen. Er war bis dahin Lous einziger in Deutschland lebender Verwandter gewesen.

Kurz bevor Pfeiffer im Juli 1933 wieder in ihr Gesichtsfeld trat, war jedoch ein weiteres Familienmitglied aufgetaucht: Konrad von Salomé. Er war der jüngste Sohn ihres ältesten Bruders Alexander. Im Ersten Weltkrieg und im anschließenden Bürgerkrieg hatte er als Rittmeister im alten russischen Heer gedient. Er hatte sich dabei einen bleibenden körperlichen Schaden zugezogen und war gezwungen gewesen, Rußland nach dem endgültigen Sieg der bolschewistischen Revolution zu verlassen. Bevor er im August 1933 unvermutet bei Lou erschien, hatte er mehrere »furchtbare Emigrantenjahre« – wie sie an Freud schrieb – verlebt. Lou war überglücklich, ein Familienmitglied bei sich zu haben:»Es war doch wie ein Andrang von russischer und von Familienerinnerung durch diesen jüngsten Sohn meines ältesten Bruders, und beinah fand ich alle meine Brüder aus ihm heraus.« (SF-Brw S. 219). Da er staatenlos war und sie ihm bei seiner Einbürgerung helfen wollte, entschloß sie sich, ihn zu adoptieren. Sie verloren keine Zeit: Schon Anfang Oktober 1933 waren die Formalitäten erledigt und die Adoption perfekt (TB 6. 10. 1933).

Konrad von Salomé war jedoch für seine Tante eine große Enttäuschung. Er war ein Spieler und erschlich sich unter dem Vorwand, daß die Einbürgerung so viel koste, die Gelder, die er zur Tilgung seiner Schulden und für weitere Kasinobesuche brauchte.[26] Mit der Zeit erfaßte Lou die wirkliche Sachlage und versuchte, seine Einflußmöglichkeiten auf sie und ihr Vermögen wieder einzuschränken. Da aber die Adoption nicht mehr rückgängig zu machen war, entschloß sie sich – auf den Rat eines Rechtsanwalts hin –, auch Maria Apel als eine Art Gegengewicht zu adoptieren.[27] Im September 1934 war auch diese Adoption abgeschlossen (TB 17. 9. 1934). Von Lou selbst und von Ernst Pfeiffer erhielt »Komuk« – wie sie ihn nannte – noch eine Abfindung; nach ihrem Tod emigrierte er in die USA, wo er sich Konrad de Salomé nannte, und starb dort in den siebziger Jahren.

Nachdem sich Lou so sehr über das Erscheinen dieses Neffen gefreut hatte, hat sie die Entdeckung seiner Unehrlichkeit und seiner Spielleidenschaft sicherlich sehr getroffen. Doch nach wie vor war sie von Menschen umgeben, die sie liebten: von Maria Apel und deren kleiner Familie und dem treuen Freund Ernst Pfeiffer. Trotz aller Enttäuschung arbeitete sie weiter, soweit es ihre Kräfte eben erlaubten. Noch bis Herbst 1935 betreute sie ihre restlichen Patienten, schrieb, las viel – oder ließ sich vorlesen. Ihr Blick wandte sich immer mehr der Vergangenheit zu. Dabei handelte es sich nicht um eine melancholische Rückwärtsgewandtheit, sondern um ein tatkräftiges Zu-Ende-bringen-Wollen. Lou wünschte, ihr Leben, ihre Begegnungen und die Fragen, die sie immer bewegt hatten, noch einmal zu überdenken; sie wollte sozusagen mit Hilfe der Erfahrungen ihres gesamten Lebens alles zum Abschluß, in eine endgültige Ordnung bringen und die letzten ungeklärten Fragen erledigen. Eine Probe solchen Bilanzziehens sind die für sich stehenden *Eintragungen. Letzte Jahre* aus den Jahren 1934 bis 1936, die posthum veröffentlicht wurden. Hier gelangte sie zur Revision ihrer Ansichten über die Genese der Dichtkunst, wobei deutlich wird, daß sie sich mit abnehmender therapeutischer Arbeit wieder mehr dem philosophischen Denken näherte.

Sie schloß mit dem »Menschenwerk« ab und machte sich für die große Alleinheit bereit. Pfeiffer berichtet, daß für sie noch im hohen Alter die Überzeugung Gültigkeit hatte: »Es mag mir geschehen, was will – ich verliere nie die Gewißheit, daß hinter mir Arme geöffnet sind, um mich aufzunehmen.« (LRB S. 300f.). Ab dem Frühjahr 1935 verschlechterte sich ihr Gesundheitszustand ständig; im Herbst 1935 mußte sie sich einer Krebsoperation unterziehen. Als sie in die Klinik sollte, nahm sie von Josef König und Ernst Pfeiffer Abschied. »Es ist alles, alles gut.« (LRB S. 308).

Aber auch von dieser Operation erholte sie sich wieder. Pfeiffer und König wechselten sich bei ihren täglichen Besuchen ab; Pfeiffer las ihr noch einmal den »Grundriß« ihrer Lebenserinnerungen vor, von ihr spärlich kommentiert. Sie entfernte sich immer mehr aus dieser Welt. Pfeiffer schildert ihre Äußerungen aus diesen letzten Tagen: »Wenn ich meine Gedanken ziehen lasse, finde ich keinen Menschen; nur (das war gewiß um unsertwillen hinzugefügt) ihr seid hier.« (LRB S. 309). Am Abend des 5. Februar 1937 starb sie an einer Urämie als Folge ihrer Diabetes, neun Tage vor ihrem 76. Geburtstag. Die letzten Tage lag sie in einem Dämmerzustand und schlief schmerzlos ein. Maria Apel, die ihre Pflege übernommen hatte und die die einzige war, von der sich Lou die Insulininjektionen verabreichen ließ, berichtete, daß sie Angst vor einem Scheintod hatte und in der Agonie gerufen habe: »Ob das der Tod ist? Ist ja schrecklich, ist ja schrecklich.« Pfeiffer hingegen berichtet, sie sei ohne Angst gestorben. »Das Leben lieben«, hatte sie geschrieben, »ist das einzige, aber probate Mittel, vom Tod verschont zu sein: denn der Tod ist ein Vorurteil.« (Schule S. 154). Lou Andreas-Salomé hatte stets nach dem Motto gelebt, daß es das Wichtigste sei, sich selber treu zu sein. Aber ob sich diese Überzeugung wirklich im Angesicht des Todes bewährt hat, wie Pfeiffer vermitteln möchte, muß offenbleiben. »Das beste ist doch der Tod« (LRB S. 309), das kann sich auch auf die Erlösung vom Leiden beziehen oder das Bewußtsein bezeichnen, daß kein Zurück ins Leben mehr möglich ist.

Die Einäscherung fand in Kassel statt. Nur ihre »kleine Familie« war dabei; sie hatte darum gebeten, die Todesanzeigen erst nach ihrer Einäscherung zu verschicken. Ihre Asche, wünschte sie, solle im Garten ihres geliebten Hauses oben am Hainberg verstreut werden. Aber die deutschen Behörden ließen es nicht zu. Die Urne wurde im Grab von Friedrich Carl Andreas beigesetzt. Früher erinnerte keine Inschrift auf dem Grabstein an sie; heute steht dort »Lou« eingemeißelt – ebenso wie auf dem kleinen Gedenkstein im Garten auf dem Hainberg, den Maria Apel auf Lou Andreas-Salomés Wunsch dort aufstellen ließ.[28]

Die Nachrufe waren – vielleicht aufgrund ihres zurückgezogenen Lebens in den letzten Jahren – spärlich; nur Sigmund Freud[29] und die *Deutsche Rundschau* gedachten ihrer in Anerkennung.[30]

Anmerkungen

KINDHEIT

[1] Wera Sassúlitsch hatte Anfang 1878 einen General niedergeschossen und schwer verwundet, weil dieser einen politischen Gefangenen, der ihn auf dem Gefängnishof nicht gegrüßt hatte, auspeitschen ließ. Sie wurde von einem Geschworenengericht freigesprochen und von der jubelnden Menge gefeiert. Aus Furcht vor Repressalien floh sie in die Schweiz, wo damals – besonders in Zürich – viele Russen im Exil revolutionäre und terroristische Pläne verfolgten.
[2] vgl. Anhang zum LRB *S. 317 ff.*
[3] in *Die Frau* 1895, S. 268
[4] Nach ihrer Eheschließung mit F. C. Andreas trat sie dann aus der protestantischen Kirche aus.

JUGEND

[1] Die Narodniki, die «Volkstümler», waren keine eigentliche Partei, sondern eine politische und literarische Bewegung, die sich vor allem der Landbevölkerung annahm und eine neue Gesellschaftsordnung in Anknüpfung an vorkapitalistische Sozialstrukturen anstrebte.
[2] Später gestand Malwida von Meysenbug in einem Brief an Lou: »Als Sie mir zuerst entgegen kamen, war es mir, als sähe ich meine eigene Jugend auferstehen und als wüßte ich nun, daß ich selbst, in meiner eigensten Natur, fortarbeiten würde an der Aufgabe der mein Leben geweiht gewesen ist und unter glücklicheren Bedingungen, bereits in großer Freiheit. Daß der freiere, edlere Verkehr der Geschlechter in der Jugend, eine nothwendige Bedingung edlerer Verhältnisse überhaupt sei, ist meine feste Überzeugung [...]« (Dok. S. 111).
[3] Brief an Biedermann vom 23. 3. 1882; Lou-Andreas-Salomé-Archiv
[4] Die philosophische Weltanschauung, die sie vertrat, charakterisierte Malwida von Meysenbug in einem Brief an Nietzsche als »praktischen

Idealismus, mit Beiseitestellung jeder metaphysischen Voraussetzung und Sorge um die Erklärung metaphysischer Probleme« (Brief vom 27.3.1882; KGB III,2 S. 247).

[5] An Lou von Salomé schrieb sie vorwurfsvoll: »Ich wußte wie durch ähnliche Dinge hier der Ruf mehrerer junger Mädchen gefährdet worden war, dachte an Ihre Mama und endlich auch an mich, die ich schon einmal durch das Betragen eines Wesens an das ich geglaubt, in die schrecklichsten Unannehmlichkeiten gerathen war. Rée kannte diese Geschichte und es verletzte mich von ihm, daß er daran, in der Befriedigung des Egoismus, nicht gedacht.« (Brief vom 25.5.1882; Dok. S. 112).

[6] Lou Andreas-Salomé wies später darauf hin, daß sie Gillot »bis zuletzt nicht duzte, sondern nur er mich, trotz allem Liebesverhalten: davon behielt mir lebenslang das ›Sie‹-Sagen eine intime Note und das Du eine belanglosere Bedeutung« (LRB S. 29 f.).

[7] Brief vom 21.3.1882; KGB III,1 S. 185 f.

[8] ebd.; auch an Overbeck schrieb Nietzsche am 17.3.1882 ähnliches, vgl. KGB III,1 S. 180

[9] Dies bezieht sich auf ihre Gesundheit. Lou war immer noch sehr krank und offensichtlich der Meinung, sie werde nicht mehr lange leben (vgl. KGB III,1 S. 233).

[10] Brief vom 20.4.1882; KGB III,3 S. 251

[11] Brief an Peter Gast vom 25.7.1882; KGB III,1 S. 232

[12] Sechs Jahre zuvor hatte er mit einem ähnlich spontanen Antrag bei Mathilde Trampedach ja schon einmal sein Glück versucht – sich dann aber sehr schnell wieder umentschlossen.

[13] Peters 1964, S. 103

[14] Briefentwurf, Dezember 1882; KGB III,1 S. 295

[15] Zit. nach Nietzsche-Overbeck-Brw S. 175

[16] Nietzsche hatte Ida Overbeck brieflich gebeten: »Sprechen Sie über mich [...].« (Brief vom 28. Mai 1882; Nietzsche-Overbeck-Brw S. 177). Ida Overbeck notiert nach diesem Besuch ihren Eindruck von Lou von Salomé in ihrem Tagebuch: »Ich ergründete zuerst ihre Stellung zu ihrer Familie. Sie ist von ihr materiell u. gesetzlich vollständig abhängig u. hat um ihren Hang nach Wissen u. Erkenntnis zu befriedigen die wohlbegründeten bürgerlichen Vorurtheile derselben zu berücksichtigen. Hang zur Abenteuerlichkeit scheint bei ihr gar nicht vorhanden, sondern viel schöne, hingebende Weiblichkeit. [...] Sie hat einen Blick für

Nietzsche's zweideutiges Wesen, wohl ihr.« (Tagebuch vom 2. Juni 1882, zit. nach Nietzsche-Overbeck-Brw S. 469).

[17] Brief vom 18. 6. 1882; KGB III,1 S. 206

[18] Brief vom 2. 6. 1882; KGB III,1 S. 211

[19] Brief vom 2. 7. 1882; KGB III,1 S. 216; Rée interpretierte später das Verhalten des Freundes folgendermaßen: »N. scheint Dich, merkwürdig genug, als seine Braut angesehen zu haben, sobald Du einwilligtest nach Tautenburg zu kommen.« (Brief vom 15./16. 8. 1882; Dok. S. 217).

[20] Der Brief aus Rom Ende April 1882, im Anhang zu den *Dokumenten* wiedergegeben, S. 424 f., ist eine der zahlreichen Fälschungen Elisabeth Förster-Nietzsches (vgl. Schlechta 1975, S. 82).

[21] Brief vom 27./28. 6. 1882; KGB III,1 S. 213

[22] Brief an Nietzsche vom 2. 8. 1882; KGB III,1 S. 271

[23] Nietzsche an Gast, Brief vom 25. 7. 1882; KGB III,1 S. 230

[24] Knapp einhundert Jahre später sollte Lou Andreas-Salomé selbst Titelfigur einer Oper werden: Als Auftragswerk der Bayerischen Staatsoper schrieb Giuseppe Sinopoli die Oper in zwei Akten *Lou Salomé*, Libretto von Karl Dietrich Gräwe, Uraufführung am 10. Mai 1981 im Münchner Nationaltheater.

[25] Resa von Schirnhofer (1855–1948) lernte 1884 – ebenfalls durch Vermittlung Malwida von Meysenbugs – Friedrich Nietzsche in Nizza kennen. Nietzsche schätzte ihre frische Art und sprach ihr gegenüber positiv über Lou von Salomé – nach dem Bruch: »Von dem ungewöhnlichen Scharfsinn Lou Salomé's und von ihrem ›Hymnus an das Leben‹, den er mir vollständig citierte, sprach er in hoher Bewunderung.« (Schirnhofer, S. 255).

[26] Schirnhofer, S. 251 f.

[27] Nietzsche an Gast, Brief vom 4. 8. 1882; KGB III,1 S. 235

[28] Nietzsche an Gast, Brief vom 20. 8. 1882; KGB III,1 S. 239

[29] Brief vom 16. 9. 1882; KGB III,1 S. 259

[30] Notiz vom 25. 8. 1882; KGB III,1 S. 245

[31] Der Gedanke ist folgender: »Wie, wenn dir eines Tages oder Nachts ein Dämon in deine einsamste Einsamkeit nachschliche und dir sagte: ›Dieses Leben, wie du es jetzt lebst und gelebt hast, wirst du noch einmal und noch unzählige Male leben müssen, und es wird nichts Neues daran sein, sondern jeder Schmerz und jede Lust und jeder Gedanke und Seufzer und alles unsägliche Kleine und Große dieses Lebens muß dir wiederkommen, und alles in derselben Reihe und Folge. [...] Die

ewige Sanduhr des Daseins wird immer wieder umgedreht – und du mit ihr, Stäubchen vom Staube!‹ – würdest du dich nicht niederwerfen und mit den Zähnen knirschen und den Dämon verfluchen, der so redete? Oder hast du einmal einen ungeheuren Augenblick erlebt, wo du ihm antworten würdest: ›du bist ein Gott und nie hörte ich Göttlicheres!‹ Wenn jener Gedanke über dich Gewalt bekäme, er würde dich, wie du bist, verwandeln und vielleicht zermalmen; die Frage bei allem und jedem: ›willst du dies noch einmal und noch unzählige Male?‹ würde als das größte Schwergewicht auf deinem Handeln liegen! Oder wie müßtest du dir selber und dem Leben gut werden, um nach nichts mehr zu verlangen als nach dieser letzten ewigen Bestätigung und Besiegelung?« (Nietzsche *Fröhliche Wissenschaft*; Bd. III, S. 570, Nr. 341).

[32] Nietzsche an Malwida von Meysenbug, Briefentwurf vom 13. 7. 1882; KGB III,1 S. 224

[33] KGB III,1 S. 243 ff.

[34] Brief, vermutlich vom 16. 9. 1882; KGB III,1 S. 260

[35] Brief Nietzsches an Carl Riedel, Nietzsche 1976, S. 342

[36] Ebd. S. 345; erst in *Ecce homo* (Bd. IV, S. 336) wird Lou von Salomé von Friedrich Nietzsche als Verfasserin des Gedichts genannt: »Der Text, ausdrücklich bemerkt, weil ein Mißverständnis darüber im Umlauf ist, ist nicht von mir; er ist die erstaunliche Inspiration einer jungen Russin, mit der ich damals befreundet war, das Fräulein Lou von Salomé. Wer den letzten Worten des Gedichts überhaupt einen Sinn zu entnehmen weiß, wird erraten, warum ich es vorzog und bewundere: sie haben Größe. [...] Vielleicht hat auch meine Musik an dieser Stelle Größe.« Auch F. C. Andreas veröffentlichte aufgrund eines Aufsatzes von Georg Brandes, der den *Hymnus* Nietzsche zuschrieb, 1890 eine diesbezügliche Richtigstellung in der *Deutschen Rundschau* (vgl. Overbeck-Rohde-Brw S. 447 f. und S. 142 f.).

[37] Nietzsche an Overbeck, Brief vom 9. 9. 1882; KGB III,1 S. 256

[38] Nietzsche an Overbeck, Brief vom 10. 2. 1883; KGB III,1 S. 326

[39] Nietzsche an Overbeck, Brief vom 9. 9. 1882; KGB III,1 S. 255 f.

[40] Gast an Cäcilie Gussenbauer, Brief vom 7. 11. 1882; Dok. S. 242

[41] Nietzsche an Romundt, Brief vom 30. 10./5. 11. 1882; KGB III,1 S. 271

[42] Anfang November 1882; KGB III,1 S. 271

[43] Nietzsche an Overbeck, Brief vom 10. 11. 1882; KGB III,1 S. 275

[44] zit. nach Nietzsche-Overbeck-Brw S. 185

[45] Nietzsche an Rée, Brief vom 23. 11. 1882; KGB III,1 S. 279 f.

[46] Brief vom 24.11.1882; KGB III,1 S. 281 f.

[47] Brief um den 20.12.1882; KGB III,1 S. 308

[48] Nietzsche an Overbeck, Brief vom 25.12.1882; KGB III,1 S. 312

[49] Am 1. Januar 1883 schreibt er an Malwida von Meysenbug: »[...] es kommt gerade jetzt Vieles zusammen, um mich der Verzweiflung ziemlich nahe zu bringen. Unter alle Diesem ist, wie ich nicht leugnen will, auch meine Enttäuschung in Betreff Lou Salomé. So ein ›wunderlicher Heiliger‹, wie ich, [...] ein solcher verliert unsäglich viel, wenn er die Hoffnung verliert, einem ähnlichen Wesen begegnet zu sein, das eine ähnlich Tragödie mit sich herumschleppt und nach einer ähnlichen Lösung ausschaut. [...] Ich fand eigentlich noch niemals einen solchen naturwüchsigen, im Kleinsten lebendigen, durch das Bewußtsein nicht gebrochenen Egoism: und deshalb sprach ich von ›Naivität‹, so paradox das Wort auch klingt, wenn man sich dabei des raffinierten auflösenden Verstandes erinnert, den Lou besitzt. [...] Die Vehemenz ihrer Willenskraft, ihre ›Schwungkraft‹ ist außerordentlich. In ihrer Erziehung müssen entsetzliche Fehler gemacht worden sein – ich habe noch kein so schlecht erzogenes Mädchen kennen gelernt. So wie sie augenblicklich erscheint, ist sie beinahe die Caricatur dessen, was ich als Ideal verehre, – und Sie wissen, man wird am empfindlichsten in seinen Idealen gekränkt.« (KGB III,1 S. 314 f.).

[50] Nietzsche an Overbeck, Brief vom 10.2.1883; KGB III,1 S. 338 f.

[51] So wütet er z. B. in einem Briefentwurf von Mitte Juli 1883: »Zu spät, fast ein Jahr zu spät erhalte ich Aufschluß über den Antheil, den Sie an den Vorgängen des letzten Sommers haben: und ich habe noch nie so viel Ekel in meiner Seele beisammen gehabt, wie jetzt, bei dem Gedanken, daß solch ein schleichender verlogener heimtückischer Gesell jahrelang als mein Freund hat gelten können.« (KGB III,1 S. 398).

[52] Nietzsche an Elisabeth Nietzsche, Brief vom Januar/Februar 1884; KGB III,1 S. 467 f.

[53] Bei Carl Konegen; neu herausgegeben von Ernst Pfeiffer, Insel, Frankfurt 1983. Das Buch erschien bereits zu Lebzeiten Lou Andreas-Salomés in zahlreichen Übersetzungen (1974 sogar eine japanische).

[54] Brief von Nietzsche vom 16.9.1882; KGB III,1 S. 259

[55] Brief von Anna Freud vom 20.12.1923; AF-Brw S. 261

[56] Vgl. hierzu u.a. Hoffmann 1991, S. 290 ff.

[57] Förster-Nietzsche 1905, S. 171

[58] zit. nach Hofmiller 1933, S. 47

[59] Auf der Titelrückseite der 1911 erschienenen 2. Auflage ihres Nietzsche-Buches vermerkte sie: »Nicht Willens mich auseinanderzusetzen, weder mit dem inzwischen veröffentlichten Nachlaß Nietzsches, noch mit anderem über Nietzsche, lasse ich diese Schrift in unverändertem [...] Druck neu auflegen.« (Nietzsche, S. 297).

[60] vgl. Lou von Salomés Brief an Paul Rée, Neujahrsnacht 1882/83; Dok. S. 281 f.

[61] Nach den Erinnerungen von Paul Deussen (1922, S. 221), einem Freund dieser Jahre, wohnten sie in einer Pension in der Hedemannstraße, also in der Nähe des Anhalter Bahnhofs.

[62] So wies Rée z. B. Georg Brandes, als er ihn mit Lou von Salomé bekanntmachte, ausdrücklich auf das rein platonische Verhältnis hin und betonte, sie sei nicht seine Geliebte (vgl. Paul 1983/84, S. 216).

[63] Deussen 1922, S. 221

[64] Lou gibt an, daß sie »nach russischer Sitte als einzige Tochter des Vaters« diesen Titel geerbt habe (LRB S. 86). Die Erinnerung stimmt so nicht: Sie erhielt den Titel, weil sie nach Erhebung des Vaters in den Adelsstand geboren wurde. Der Zeitpunkt der Geburt war ausschlaggebend, nicht die Tatsache, daß sie die einzige Tochter war; vgl. Lotman, S. 22.

[65] Er war evangelischer Konfession (vgl. Treiber, S. 36).

[66] Nietzsche an Overbeck, Brief vom 17. 10. 1885; KGB III,3 S. 102

[67] Nietzsche an Stein, Brief vom 15. 11. 1885; KGB III,3 S. 100

[68] Posthum erschien als »nachgelassenes Werk« 1903 eine abschließende Schrift mit dem lapidaren Titel *Philosophie* (und der Notiz: »Meine früheren Schriften sind unreife Jugendwerke«); dieses Buch fand wenig Beachtung.

[69] Vlg. hierzu Treiber 1986, S. 50

REIFE

[1] Malwida von Meysenbug an Olga Monod, Brief vom 22. 4. 1887; Meysenbug 1926, S. 195; Lou von Salomé setzte übrigens auch Nietzsche von ihrer Verlobung in Kenntnis; vgl. Schlechta 1975, S. 104

[2] Brief vom 2. 8. 1886; Lou-Andreas-Salomé-Archiv

[3] Nach sechsjähriger Pause nahm Lou am 8. November 1900 den Kontakt brieflich wieder auf, indem sie Hauptmann um die Erlaubnis zum

Besuch von Theaterproben bat, um später darüber zu schreiben. Am Ende heißt es: »Lange, lange haben wir uns nicht gesehen, ich habe aber nie aufgehört zu hoffen, daß eine gute Stunde mir noch ermöglichen wird, Ihnen wieder zu begegnen und in alter Gesinnung die Hand zu schütteln.« (zit. nach Hauptmann-Tagebücher 1897–1905, S. 580). Die Wiederbegegnung fand vermutlich am 18. November statt. Am 1. Dezember 1900 stellte Lou Hauptmann den jungen Rilke vor. Die letzte Erwähnung Lous in Hauptmanns Tagebüchern datiert vom 8. Februar 1915 (Tagebücher 1914–1918, S. 85).

[4] Paul 1983/84, S. 109

[5] Auch ihr Freund Mauthner lobt: »die Auflösungen selbst sind wieder so hübsch abgefasst, daß sie wie in alten Rätselbüchern selbst wieder Poesie werden.« (Mauthner 1892, S. 135). An Henrik Ibsens Reaktion auf Lou Andreas-Salomés Zusendung des Buches ist zu erkennen, wie ungewöhnlich es damals selbst für fortschrittliche Geister war, daß sich eine Frau solcherart als Rezensentin betätigte: Hinter dem Vornamen »Lou« verbarg sich für Ibsen ganz selbstverständlich ein Mann: »Geehrter Herr! Für die freundliche Zusendung Ihrer interessanten Studien sowie für Ihren liebenswürdigen Brief bitte ich Sie hierdurch vorläufig meinen verbindlichsten Dank empfangen zu wollen und habe die Ehre mich zu zeichnen. Ihr ganz ergebener Henrik Ibsen.« (zit. nach Paul 1983/84, S. 99).

[6] Brief von Ledebour vom 23. 3. 1893; Lou-Andreas-Salomé-Archiv

[7] Hoechstetter 1910, S. 12f.

[8] Hoechstetter 1910, S. 191

[9] 1915 als *Bericht über einen Weihnachtsmann* auch separat in *Velhagen und Klasings Monatsheften* erschienen

[10] vgl. Rilkes Brief vom 20. 2. 1924; RMR-Brw S. 314ff.

[11] Klingenberg 1912, S. 252

[12] Vgl. z. B. das Titelbild der Taschenbuchausgabe des *Lebensrückblicks*.

[13] Vgl. z. B. Stöcker 1899, die in Fenitschka einen »neuen Frauentypus« verkörpert sieht: »Ja freilich – frei und kühn – und doch ernst und vornehm zugleich, das ist eine Spezies von Frauen, die der Mann noch nicht kennt, an die er sich erst allmählich gewöhnen muß.« (S. 632).

[14] Gemeint ist der erste Satz in der Neuedition dieses Aufsatzes, von Ernst Pfeiffer herausgegeben im Sammelband *Die Erotik*. Der in der *Neuen Deutschen Rundschau* erschienene Originalessay beginnt mit einem Hinweis auf Wilhelm Bölsches *Das Liebesleben in der Natur*, der

von Pfeiffer weggelassen wurde. In Brinkler-Gabler (1978) findet sich unter dem Titel *Die in sich ruhende Frau* der erste Teil des ursprünglichen Aufsatzes mit vollständigem Anfang.

[15] Bäumer 1958, S. 269

[16] So wird z. B. in dem von Helene Lange und Gertrud Bäumer herausgegebenen *Handbuch der Frauenbewegung* ihr Aufsatz *Der Mensch als Weib* nur in einer Fußnote erwähnt – kommentarlos. (Lange u. Bäumer 1901, Bd. 1, S. 107).

[17] Dohm 1899, S. 280

[18] unveröffentlichter Brief an Ellen Key vom 22. 4. 1900; Lou-Andreas-Salomé-Archiv

[19] Brief an eine unbekannte Empfängerin vom 6. 3. 1903; Stadt- und Landesbibliothek Dortmund

[20] Die Beziehung zu Goldmann hat Lous Freundin Frieda von Bülow in ihrer Novelle *Zwei Menschen* literarisch verarbeitet. Hier wird auch dargestellt, warum es zu der von Helga (der weiblichen Protagonistin, die Frieda von Bülow mit Zügen von Lou Andreas-Salomé ausgestattet hat) gewünschten Beziehung zu Dr. Rosenfeld (alias Goldmann) nicht kommt: Er hat Angst vor ihrer weiblichen Stärke und Überlegenheit – und flieht!

[21] Peters 1964, S. 231

[22] Wohin sie fuhr und wer sie begleitete – Andeutungen zeigen, daß es eine Reise zu Verwandten war, gemeinsam mit Andreas –, läßt sich nicht mehr sicher rekonstruieren, Stuttgart war auf jeden Fall Zwischenstation.

[23] Der Religionswissenschaftler Karl Kerényi bemerkte, daß dieser Essay von Lou Andreas-Salomé »zur intimsten deutschen Geistesgeschichte gehört« (1955, S. 19). Rilke schrieb in seinem ersten Brief an Lou von seiner Begeisterung über ihren Aufsatz, »denn Ihr Essay verhielt sich zu meinen Gedichten [den *Christus-Visionen*] wie Traum zur Wirklichkeit wie Wunsch zur Erfüllung« (Brief von Rilke vom 13. 5. 1897; RMR-Brw S. 7).

[24] Auch ihr Blick für psychische Strukturen erregte Aufmerksamkeit, so notierte Schnitzler in seinem Tagebuch diesbezügliche Ausführungen von ihr, in denen sie ihn und Beer-Hofmann vergleicht. (19. und 23. Mai 1895, Schnitzler *Tagebuch 1893–1902*, S. 140f.).

[25] Hofmannsthal an Beer-Hofmann, Brief vom 15. 5. 1895; Hofmannsthal-Schnitzler-Brw S. 47. Der junge Hofmannsthal war offensichtlich

von der geistigen Aura, die Lou Andreas-Salomé umgab, derart gebannt, daß sie für ihn ganz selbstverständlich »Frau Dr. Salomé« war. (vgl. Brief an Schnitzler vom 21. 8. 1895, Hofmannsthal-Schnitzler-Brw S. 60).

[26] Brief an Beer-Hofmann vom 17. 7. 1895; teilveröffentlicht in und zit. nach Hofmannsthal-Beer-Hofmann-Brw S. 219, Anm. zu S. 46

[27] Schnitzler *Tagebuch 1893-1902*, S. 140 f.

[28] Hofmannsthal-Schnitzler-Brw S. 59

[29] im Krieg zerstört, heute die Neubauten Schellingstraße 83-98

LEBENSMITTE

[1] Seine Tochter erhielt später den Namen dieser von Lou Andreas-Salomés sehr autobiographisch angelegten Gestalt.

[2] »Das log das Mittelalter [...]«; vgl. RMR-Brw S. 8 f.

[3] heute Eichheimweg 2

[4] Nach Lous Tagesnotizen wohnte Rilke zuerst im Nachbardorf Dorfen. Aus dem im Stadtarchiv Wolfratshausen enthaltenen *Verzeichnis der vorübergehend anwesenden Sommerfrischgäste* aus dem Jahre 1897 geht hervor, daß er sich am 19. Juni 1897 für vier Wochen bei André Reißler niederließ, damals Hausnummer 185, er wohnte von da an also in dem Haus oben am Berg, in das später auch Lou einzog.

[5] Spekulationen über Lous angeblich vorausgegangenes Liebesleben (vgl. Peters 1964 oder Leppmann 1981) werden nicht zuletzt durch Rilkes Aussagen entkräftet, z. B. in einem der drei mit »Lou Andreas-Salomé« überschriebenen Gedichte:
»Wie man ein Tuch vor angehäuften Atem
nein: wie man es an eine Wunde preßt,
aus der das Leben ganz, in einem Zug,
hinaus will, hielt ich dich an mich: ich sah,
du wurdest rot von mir. Wer spricht es aus,
was uns geschah? Wir holten jedes nach,
wozu die Zeit nie war. Ich reifte seltsam
in jedem Antrieb übersprungener Jugend,
und du, Geliebte, hattest irgendeine
wildeste Kindheit über meinem Herzen.« (Werke, Bd. 3, S. 39)

[6] In dieser Zeitschrift wurden 1896 tatsächlich Teile von Lou Andreas-Salomés Nietzsche-Buch in Übersetzung veröffentlicht, und ihre aktive

Mitarbeit an dem russischen Organ schlug sich auch nieder in ihren 1897/98 dort erschienenen Aufsätzen über *Das Drama des Jungen Deutschland*, *Schriftstellerinnen der Gegenwart* und *Deutsche Romanschriftstellerinnen der Gegenwart*. Dank Lous Vermittlung erschien auch Rilkes erste Publikation, die Erzählung *Alles in einer*, bereits 1897 in dieser Zeitschrift (vgl. Asadowski 1986, S. 10 ff.).

[7] *Russische Dichtung und Cultur* und *Russische Philosophie und semitischer Geist*

[8] Zum genauen Entstehungsprozeß dieser Novelle vgl. das Nachwort von Ernst Pfeiffer zur Veröffentlichung aus dem Nachlaß, S. 162 f.; und ergänzend Asadowski 1986, S. 12.

[9] Es handelt sich hierbei um das sogenannte »Fahnensattlerhaus«, Hausnummer 185, später Neuhaussteg 3, das Jahre danach der Kunstmaler Hermann Neuhaus kaufte. Nachdem es ab 1954 der Gemeinde gehörte, die es an Heimatvertriebene vermietet hatte, wurde es 1972 wegen Baufälligkeit abgerissen. Quirin Beer, der lange Jahre das Wolfratshauser Stadtarchiv betreute und dem diese Hinweise zu verdanken sind, hat es noch fotografiert.

[10] Lepsius 1935, S. 17 f.

[11] Er reflektierte dies: »Du Herrlichste, Du, wie hast Du mich weit gemacht.‹ Denn wenn die italienischen Tage mich mit Schätzen beschenkten, Du hast Raum dafür geschaffen in meiner Seele, in welcher die Träume sich drängten und die vielen Bangigkeiten. Du hast mich festlich gemacht. Daß ich Dir so klar wiederkehre, Liebling, das ist das Beste, was ich Dir bringe.« (*Rilke Tagebücher aus der Frühzeit* S. 117).

[12] *Rilke Tagebücher aus der Frühzeit* S. 135

[13] Fiedler 1996, S. 256

[14] zit. nach den Anmerkungen zu: Rilke *Briefe und Tagebücher aus der Frühzeit* S. 420

[15] zit. nach Asadowski 1986, S. 444

[16] ebd.

[17] ebd. S. 443 f.

[18] Pasternaks Sohn Boris, der spätere Schriftsteller und Nobelpreisträger, schilderte diese Begegnung: »An einem warmen Sommermorgen des Jahres 1900 geht ein Schnellzug vom Kursker Bahnhof ab. Unmittelbar vor seiner Abfahrt tritt draußen jemand in einer schwarzen Tiroler Pelerine ans Fenster. Mit ihm eine Frau von hohem Wuchs. Sie ist wahrscheinlich seine Mutter oder seine ältere Schwester. Sie unterhal-

ten sich zu dritt mit Vater über ein Thema, in das alle mit gleichmäßiger Wärme vertieft sind [Tolstoj], die Frau wechselt mit Mutter ab und zu russische Worte, der Fremde dagegen spricht deutsch. Obwohl ich diese Sprache vollkommen beherrsche, habe ich sie noch nie so gehört. Deshalb kommt mir dort auf dem belebten Bahnsteig zwischen zwei Glockenzeichen dieser Unbekannte inmitten all der Leiber wie eine Silhouette vor, wie ein Ausgedachtes im Dickicht des Unausgedachten.« (Pasternak 1958, S. 9).

[19] vgl. LRB S. 117 f. und *Rußland mit Rainer* S. 54 ff. bzw. Rilkes *Tagebücher aus der Frühzeit* (S. 279 ff.) und seinen Brief an Sophia Schill vom 20.5.1900 (*Briefe und Tagebücher aus der Frühzeit* S. 37 ff.).

[20] In ihren Reiseaufzeichnungen *Rußland mit Rainer* erwähnt sie – außer im Titel – Rilkes Namen kein einziges Mal.

[21] vgl. hierzu *Rußland mit Rainer* z. B. S. 57 f., die Erinnerung an Gillot S. 89 f., 142 ff. oder an ihren Vater S. 142.

[22] Droschins Gedichte hatte er bereits im Februar 1900 zu übersetzen begonnen.

[23] Brief an Rilke vom 24. März 1900, zit. nach Asadowski 1986, S. 144

[24] *Ródinka*, d. h. »kleine Heimat«, hat das Gut Nicolaj Tolstojs in Nowinki zum Vorbild, wo Lou und Rilke übernachtet hatten.

[25] heute Üsküdar (asiatischer Stadtteil von Istanbul)

[26] Frau Maria Apel, die ältere Tochter von Marie Stephan, zeigte uns ein Schriftstück, wonach ein anderer Mann, ein Handwerker aus Kassel, als Vater ausgewiesen wurde (vgl. hierzu auch AF-Brw S. 690 und Michaud, 1996, S. 161). Das zweite Kind kam elf Jahre später zur Welt und verstarb früh.

[27] Andreas war tatsächlich etwas kleiner als Lou: Die Größenverhältnisse auf dem Verlobungsfoto (vgl. Titelbild) vermitteln einen falschen Eindruck und kamen durch einen Stuhl oder ähnliches zustande.

[28] Erschienen ist *Das Haus* nach nochmaliger Überarbeitung allerdings erst 1919.

[29] vgl. seinen Brief vom 28.12.1911; RMR-Brw S. 237 ff.

IN DER SCHULE BEI FREUD

[1] Freud-Jung-Brw S. 427

[2] Lou Andreas-Salomé war Sigmund Freud 1895 in Wien schon einmal kurz begegnet (Gebsattel 1971, S. 11). Damals aber hatte die Psychoanalyse als Wissenschaft noch nicht existiert. Als Beginn dieser neuen Lehre wird gemeinhin die Veröffentlichung der *Traumdeutung* im Herbst 1899 angesehen.

[3] Vgl. die bei Pfeiffer abgedruckten Tagebuchnotizen (1976, S. 248, Anm. 4). Entgegen Binion (1968, S. 404) kannte Lou Gebsattel zu diesem Zeitpunkt noch nicht, obwohl sie durch Rilke von ihm gehört hatte (Gebsattel 1971, S. 8).

[4] Gebsattel 1971, S. 8f.

[5] ebd. S. 9

[6] ebd. S. 10f.

[7] ebd. S. 12

[8] ebd. S. 15ff.

[9] Briefe 1907-1914, S. 179

[10] Pfeiffer 1976, S. 266. Das kann nur bedeuten, daß sie sich direkt mit Gebsattel in Verbindung gesetzt und ihn in ihrem Sinn zu beeinflussen versucht hat. Gebsattel dagegen meinte später, die Entscheidung gegen eine Analyse Rilkes sei im Einvernehmen mit allen drei beteiligten Personen erfolgt (vgl. Pfeiffer 1976, S. 266).

[11] Briefe 1907-1914, S. 192f.

[12] Freud-Briefe 1873-1939, S. 413

[13] Freud-Jung-Brw S. 532

[14] ebd. S. 558

[15] Freud-Abraham-Brw S. 118

[16] Grotjahn (1976) - als einziger - behandelt Lou in seinem Beitrag über *Sigmund Freuds Briefwechsel* im Zusammenhang mit den psychoanalytischen Pionieren, nicht mit den Wissenschaftlern oder Künstlern. Erst in neuerer Zeit wird ihr psychoanalytisches Werk gewürdigt (siehe Weber u. Rempp 1990 und Weber 1989).

[17] Die beiden Frauen hatten sich wohl erst kurze Zeit vorher kennengelernt, als Ellen Delp sich nach der Lektüre des Romans *Ruth* an die Autorin gewandt hatte. Trotz des großen Altersunterschieds waren sie zu dieser Zeit eng befreundet. Ellen lebte z. T. wochenlang bei Lou in Göttingen. Wenn sie ausgingen, stellt Lou gerne Ellen als ihre »Wahltoch-

ter« vor – Rilke begann z. B. einmal einen Brief an Ellen Delp mit: »Liebe Lou's Tochter« (wahrscheinlich 1913; Stadtbibliothek München/Monacensia). Lou gewährte Ellen Delp sogar Einsicht in ihre Tagebücher, die, nach Ellens Aussage, stets offen herumlagen. Während des fünfmonatigen Aufenthalts in Wien besuchte Ellen Delp die Universität und erhielt ersten dramatischen Unterricht, da sie Schauspielerin werden wollte.

[18] Freud-Abraham-Brw S. 177

[19] GW XI, S. 326

[20] Sie selbst schrieb, erst im Jahr vorher habe eine Frau erstmals an den Sitzungen teilnehmen dürfen (LRB S. 166). So ganz stimmt das allerdings nicht; sowohl Tatjana Rosenthal als auch Sabina Spielrein waren schon vor ihr bei den Mittwochabenden dabei (Protokolle III, S. 269 ff.). Auch Margarete Hilferding, die als eine der ersten Frauen an der Medizinischen Fakultät in Wien promoviert hatte, war reguläres Mitglied gewesen. Sie hatte sich dann aber Alfred Adler angeschlossen und wurde später für mehrere Jahre Präsidentin der Wiener Individualpsychologischen Vereinigung.

[21] Sie verfaßte sogar selbst einmal ein Filmdrehbuch (*Der Teufel und seine Großmutter*, vgl. Kapitel »Späte Literatur«), in dem sie eine Darstellung psychoanalytischer Inhalte versuchte – lange vor dem Film *Geheimnisse einer Seele* (1926), in dem unter Mitwirkung von Karl Abraham und Hanns Sachs exemplarisch die Symptomatik eines Neurotikers und seiner Heilung durch die Psychoanalyse dargestellt wurde.

[22] Dieser Terminus »Brudertier«, der als reißerischer Titel für Roazens Buch herhalten mußte und darin eine entscheidende Fehldeutung erfuhr, erscheint bei Lou Andreas-Salomé bereits in einem Aufsatz aus dem Jahr 1900 *(Gedanken über das Liebesproblem)* und ist dort als Metapher für eine Vorform des Erotischen gebraucht, die selbst noch nichts mit der Erotik zu tun hat: »Die erotische Beziehung ist also eine Mittelform zwischen dem Einzelwesen als solchem, dem Egoisten, und dem social empfindenden Wesen, dem Herden- und Brudertthier: in der tiefen, dunkelen Grundform des Erotischen fließen noch diese beiden Gegensätze, von denen wir zwiespältig bewegt werden, ungeschieden in Einem Urstrom dahin.«

[23] In den noch unveröffentlichten Briefen Tausks an Lou Andreas-Salomé erscheint mehrmals die Abkürzung: »D. D. i. d. R. u. d. K. u. d. H. Amen«, die ganz entschieden an den Schlußsatz des Vaterunsers erin-

nert: »Denn Dein ist das Reich und die Kraft und die Herrlichkeit. Amen.« Diesen Hinweis verdanken wir Professor Marius Tausk. Mit dieser Abkürzung können natürlich auch andere Attributierungen gemeint sein – der Sinn dieser Hinzufügung wird wohl immer in die gleiche Richtung gehen.

[24] In einem Brief an Lou Andreas-Salomé vom 20.6.1915 (im Lou-Andreas-Salomé-Archiv, Göttingen); vgl. die Widerspiegelung dieser Haltung in Lous Brief an Freud vom 25.8.1919: »und er [Tausk] hatte Recht vor Jahresfrist zu schreiben: ›man setzt sich nicht mit einem Unglücklichen an denselben Tisch: auch Du hast es ja nicht getan‹. Nein, auch ich nicht.« (SF-Brw S. 109 f.).

[25] Es war im übrigen Poul Bjerre, der in einem Brief an den ersten Biographen von Lou Andreas-Salomé diese Musenfunktion ausdrücklich hervorhob: »In Gesprächen mit Lou Andreas-Salomé sind mir Dinge klar geworden, die ich sonst wohl nicht gefunden hätte. Wie ein Katalysator aktivierte sie mein Denken. Ja, sie hat Ehen und Menschenleben zerstört, aber im Geistigen wirkte ihre Nähe befruchtend und schöpferisch. Nicht nur anregend – aufregend. Man fühlte den Funken der Genialität in ihr. Man wuchs in ihrer Nähe.« (zit. nach Peters 1964, S. 340).

[26] Dies ist jedenfalls aus einem Brief Ferenczis an Sigmund Freud zu schließen, in dem dieser von seinem erfolglosen Versuch berichtet, Lou in bezug auf Tausk auszuhorchen (am 12.4.1913; Freud-Ferenczi-Brw S. 210).

[27] Brief an Oskar Pfister vom 13.7.1919

[28] Gesprächsäußerung von Prof. Eckart Wiesenhütter, einem Schüler und Vertrauten von Emil von Gebsattel, gegenüber den Autorinnen. Vielleicht ist auch das von Wiesenhütter berichtete eigenartige Verhalten Lous (sie habe sich zum Beischlaf mit einer übelriechenden Essenz eingerieben) in diesem Zusammenhang zu sehen. Es könnte zwar auch als sadomasochistische Handlung durchgehen (obwohl bis dato keinerlei weitere Berichte bezüglich Lou bekanntgeworden sind) – aber ebenso könnte man es sich auch als eine Art therapeutische Maßnahme für Emil von Gebsattel vorstellen, dessen Verhältnis zu Frauen nicht unproblematisch gewesen sein soll.

[29] Wiesenhütter 1974, S. 81

[30] Brief vom 7.10.1946, Stadtbibliothek München/Monacensia-Sammlung

[31] Brief vom 12.11.1946 an Nanny Wunderly-Volkart, ebd.

[32] Aus den Psychoanalytikerkreisen besaß Lou nur insgesamt zwei Fotografien von Freud und zwei von Viktor Tausk. Später – während ihrer Freundschaft mit Anna Freud – kamen dann noch mehr hinzu, da Anna selbst fotografierte.
[33] Grotjahn 1976, S. 122
[34] Albert-Lasard 1952, S. 55 f.
[35] ebd. S. 59

ALTER

[1] Ein paar Jahre später hat Anna Freud dann als Übersetzerin für den Psychoanalytischen Verlag gearbeitet – und damit Lous Vermutung zumindest zum Teil doch noch bestätigt.
[2] vgl. Weber u. Rothe 2001, S. 878
[3] Neben Sigmund Freud waren Mitglieder: Karl Abraham, Sandor Ferenczi, Max Eitingon, Ernest Jones, Hanns Sachs und Otto Rank.
[4] vgl. Weber u. Rothe 2001, S. 879
[5] vgl. Weber u. Rothe 2001, S. 864 f.
[6] Vgl. den Brief vom 16.12.1922; das Buch erschien erst 1923, aber Lou hatte Anna Freud die Korrekturfahnen geschickt.
[7] Freuds älteste Tochter hieß Mathilde. Die Namenskoinzidenz ist sicherlich darauf zurückzuführen, daß Lou Andreas-Salomé ein konkretes Problem von Anna Freud in eine Novelle gefaßt hat. Aus diesem Grund dürfte es auch kein weiteres Exemplar dieser Novelle geben.
[8] Auf dem Psychoanalytischen Kongreß 1925 in Bad Homburg hatte Anna Freud den Vortrag *Einige psychische Folgen des anatomischen Geschlechtsunterschieds* für ihren Vater verlesen.
[9] Nur noch in dem erklärtermaßen von persönlichen Erinnerungen getragenen Roman *Ródinka* wird in der Ichform erzählt.
[10] Mit dem Grimmschen Märchen gleichen Titels (Nr. 125) hat dieses Stück wohl nur insofern zu tun, als auch hier der Teufel für das Lustprinzip steht und Menschen sich ihm verschreiben. Im Märchen wird er allerdings mit Hilfe der Großmutter um seinen »Lohn« geprellt, so daß auch weiterhin Lust und Laune vorherrschen, während Lou den Teufel selbst bei der Großmutter Rat suchen läßt, um das Kind zu retten.
[11] Brief an Nanny Wunderly-Volkart vom 7.10.1946; Stadtbibliothek München/Monacensia-Sammlung

[12] z. B. im Brief vom 16. 3. 1924; RMR-Brw S. 463 ff.

[13] am 4. 5. 1947; Stadtbibliothek München/Monacensia-Sammlung.

[14] Pfeiffer 1982, S. 300

[15] Mitteilung von Maria Apel

[16] Mitteilung von Maria Apel

[17] Das ist aus manchen Briefen an Lou Andreas-Salomé zu schließen, z. B. von Helene Klingenberg vom 12. 2. 1931 und von Anna Freud vom 8. 7. 1933. Maria Apel bestätigte im Gespräch ihr eigenes gutes Verhältnis zu Lou Andreas-Salomé.

[18] Mitteilung von Maria Apel

[19] Lou Andreas-Salomé scheint diese freie Haltung im Umgang mit anderen wirklich erreicht zu haben; vgl. z. B. Anna Freuds Beschreibung ihrer Persönlichkeit: »Die Menschen seien nicht darauf vorbereitet gewesen, daß das Ungewöhnliche in dem menschlich ganz Gewöhnlichen bestanden habe, nämlich in Ehrlichkeit und Direktheit. Fehlen von Schwäche und Selbstbehauptung und Selbstsucht und dem Verzicht darauf, irgend etwas als Verteidigung oder Waffe zu benutzen.« (zit. nach Peters 1984, S. 15).

[20] An manchen Stellen wird man sich fragen, ob ihr Enthusiasmus nicht eher eine neue Metaphysik ankündigt als eine neue Wirklichkeitsaneignung. Aber noch heute wird Lou Andreas-Salomés engagiertem Pamphlet von Psychoanalytikern Tribut gezollt: »It is a conception that should inspire modern psychoanalytical theoricians, not only in its content but also in its style.« (Major 1984, S. 609).

[21] Im Lauf des Jahrs 1932 sandte Weizsäcker einige Aufsätze und ein Manuskript an Lou Andreas-Salomé, die sie gewissenhaft durcharbeitete und ihre Kritik Weizsäcker übermittelte. Bei diesen Aufsätzen könnte es sich z. B. um *Biologischer Akt, Symptom und Krankheit* (1931) und um *Körpergeschehen und Neurose* (1933) gehandelt haben; das letztere hatte Weizsäcker ungefähr gleichzeitig auch an Freud geschickt, der es zur Publikation in einer psychoanalytischen Zeitschrift akzeptierte.

[22] alle zitierten Stellen vgl. Weizsäcker 1977, S. 128

[23] vgl. Pfeiffer 1976, S. 251, Anm. 10

[24] zur Textgenese siehe Michaud 1996

[25] So hatte er Rilkes Briefe an Lou Andreas-Salomé während des Zweiten Weltkrieges in einer Dresdner Bank deponiert und transportierte sie am Ende des Kriegs im doppelten Boden seines Rucksacks durch sämtliche Kontrollen in den Westen.

[26] Mitteilung von Maria Apel

[27] Dies wurde sowohl von Maria Apel als auch von Ernst Pfeiffer bestätigt.

[28] Heute gibt es das Haus am Hainberg nicht mehr; es war im Lauf der Jahre immer mehr verfallen, da seine Erhaltung zu kostspielig geworden war. Das Erbe wurde aufgeteilt: Maria Apel erhielt das Haus und den Schmuck, Konrad von Salomé einige Gegenstände russischer Herkunft (z. B. eine Ordensschnalle, die der Zar für Lou Andreas-Salomés Mutter hatte nacharbeiten lassen) und Ernst Pfeiffer den gesamten literarischen Nachlaß, den er ja schon seit 1934 in seinem Besitz hatte. Außerdem sollte Pfeiffer ein Zimmer im Haus bewohnen dürfen – Lou Andreas-Salomé hatte eine größere Summe als Miete hinterlegt. Aber die Schwiegereltern von Maria Apel waren schwerkrank, so daß sie, um die richtige Pflege zu erhalten, mit im Haus wohnen mußten. Pfeiffer erhielt die Summe ausbezahlt und Lou Andreas-Salomés Möbel aus ihrem Schlaf- und Arbeitszimmer.

[29] »Die letzten 25 Lebensjahre dieser außerordentlichen Frau gehörten der Psychoanalyse an, zu der sie wertvolle wissenschaftliche Arbeiten beitrug und die sie auch praktisch ausübte. Ich sage nicht zu viel, wenn ich bekenne, daß wir es alle als eine Ehre empfanden, als sie in die Reihen unserer Mitarbeiter und Mitkämpfer eintrat, und gleichzeitig als eine neue Gewähr für den Wahrheitsgehalt der analytischen Lehren.« (GW XVI, S. 270).

[30] Bd. 63/1937, S. 27 f.

Abkürzungen

AF-Brw	Andreas-Salomé, L., Freud, A.: »... als käm ich heim zu Vater und Schwester« Briefwechsel 1919-1937
Dank	Andreas-Salomé, L.: *Mein Dank an Freud*
Dok.	Nietzsche, F., Rée, P., v. Salomé, L.: *Die Dokumente ihrer Begegnung*
Eintragungen	Andreas-Salomé, L.: *Eintragungen. Letzte Jahre*
Erotik	Andreas-Salomé, L.: *Die Erotik* (enthält auch *Der Mensch als Weib*, *Gedanken über das Liebesproblem*, *Psychosexualität*)
GW	Freud, S.: *Gesammelte Werke chronologisch geordnet*
KGB	Nietzsche, F.: *Briefwechsel: Kritische Gesamtausgabe*
Liebesproblem	Andreas-Salomé, L.: *Gedanken über das Liebesproblem* (s. *Die Erotik*)
LRB	Andreas-Salomé, L.: *Lebensrückblick. Grundriß einiger Lebenserinnerungen*
Nietzsche	Andreas-Salomé, L.: *Friedrich Nietzsche in seinen Werken*
Rilke	Andreas-Salomé, L.: *Rainer Maria Rilke*
RMR-Brw	Rilke, R. M., Andreas-Salomé, L.: *Briefwechsel*
Rußland	Andreas-Salomé, L.: *Russland mit Rainer. Tagebuch der Reise mit Rainer Maria Rilke im Jahre 1900*
Schule	Andreas-Salomé, L.: *In der Schule bei Freud. Tagebuch eines Jahres 1912/13*
SF-Brw	Freud, S., Andreas-Salomé, L.: *Briefwechsel*
TB	Andreas-Salomé, L.: Unveröffentlichte Tagebücher, Lou-Andreas-Salomé-Archiv, Göttingen
Weib	Andreas-Salomé, L.: *Der Mensch als Weib* (s. *Die Erotik*)

Bei den Literaturangaben im Text beziehen sich die kursiv gesetzten Seitenangaben auf Zitate aus Anmerkungen, Vor- oder Nachworten der jeweiligen Herausgeber.

Literaturverzeichnis

Werke von Lou Andreas-Salomé
Eigenständige Publikationen:

Im Kampf um Gott (unter dem Pseudonym Henri Lou), Leipzig 1885
Henrik Ibsens Frauengestalten. Nach seinen sechs Familiendramen: Ein Puppenheim / Gespenster / Die Wildente / Rosmersholm / Die Frau vom Meere / Hedda Gabler, Berlin 1892
Friedrich Nietzsche in seinen Werken, Wien 1894, hg. von Pfeiffer, Th., Frankfurt 2000
Ruth, Stuttgart 1895
Aus fremder Seele. Eine Spätherbstgeschichte, Stuttgart 1896
Fenitschka. Eine Ausschweifung, Stuttgart 1898, Frankfurt 1993
Menschenkinder. Novellensammlung, Stuttgart 1898
Ma. Ein Porträt, Stuttgart 1901, Frankfurt 1996
Im Zwischenland. Fünf Geschichten aus dem Seelenleben halbwüchsiger Mädchen, Stuttgart 1902
Die Erotik (enthält auch *Der Mensch als Weib, Gedanken über das Liebesproblem, Psychosexualität*), Frankfurt 1910, Frankfurt 1992
Drei Briefe an einen Knaben, Leipzig 1917
Das Haus. Eine Familiengeschichte vom Ende des vorigen Jahrhunderts, Berlin 1919, Fankfurt 1987
Die Stunde ohne Gott und andere Kindergeschichten, Jena 1922
Der Teufel und seine Großmutter, Jena 1922
Ródinka. Eine russische Erinnerung, Jena 1923, Berlin 1985
Rainer Maria Rilke, Leipzig 1928, Frankfurt 1988
Mein Dank an Freud, Wien 1931
Lebensrückblick. Grundriß einiger Lebenserinnerungen, hg. von Pfeiffer, E., Zürich 1951, Frankfurt 1998
Rilke, R. M., Andreas-Salomé, L.: *Briefwechsel*, hg. von Pfeiffer, E., Wiesbaden 1952, Frankfurt 1993
In der Schule bei Freud. Tagebuch eines Jahres 1912/13, hg. von Pfeiffer, E., Zürich 1958, Berlin 1983

Freud, S., Andreas-Salomé, L.: *Briefwechsel*, hg. von Pfeiffer, E., Frankfurt 1980

Nietzsche, F., Rée, P., v. Salomé, L.: *Die Dokumente ihrer Begegnung*, hg. von Pfeiffer, E., Frankfurt 1970

Amor. Jutta. Die Tarnkappe. Drei Dichtungen, hg. von Pfeiffer, E., Frankfurt 1981

Eintragungen. Letzte Jahre, hg. von Pfeiffer, E., Frankfurt 1982

Gesammelte Schriften zur Psychoanalyse, hg. von Weber, I. und Rempp, B., Freiburg 1990

Rußland mit Rainer. Tagebuch der Reise mit Rainer Maria Rilke im Jahre 1900, hg. von Michaud, St. und Pfeiffer, D., Marbach 2000 (2. Auflage)

Andreas-Salomé, L., Freud, A.: »... *als käm ich heim zu Vater und Schwester« Briefwechsel 1919-1937*, 2 Bde., hg. von Rothe, D. A. und Weber, I., Göttingen 2001

Im Text erwähnte Beiträge in Zeitschriften und Büchern:

Zum Bilde Friedrich Nietzsches, in: *Freie Bühne*, 2, 1891, S. 64-68, 81-91, 109-112

Der Realismus in der Religion, in: *Freie Bühne*, 2, 1891, S. 994-1009, 1025-1030, 1057-1059, 1079-1083

Friedrich Nietzsche, in: *Vossische Zeitung* Nr. 17 vom 11.1.1891 und Nr. 41 vom 25.1.1891, Sonntagsbeilagen Nr. 2 und 4

Gottesschöpfung, in: *Freie Bühne*, 3, 1892, S. 169-179

Zum Bilde Friedrich Nietzsches, in: *Freie Bühne*, 3, 1892, S. 249-251, 285-296

Ideal und Askese. Ein Beitrag zur Philosophie Friedrich Nietzsches, Beiblatt zum Berliner Tageblatt *Der Zeitgeist*, Nr. 20 vom 15.5.1893

Durch Dich (Gedicht), in: *Die Frau*, 2, 1894/95, S. 268

Jesus der Jude, in: *Neue Deutsche Rundschau*, 7, 1896, S. 342-351

Russische Dichtung und Kultur, in: *Cosmopolis*, 5, 1897, S. 571-580, 872-885

Russische Philosophie und semitischer Geist, in: *Die Zeit* (Wien), 14, Nr. 172 vom 15.1.1898

Religion und Cultur, in: *Die Zeit* (Wien), 14, Nr. 183 vom 2.4.1898, S. 5-6

Vom religiösen Affekt, in: *Die Zukunft*, 23, 1898, S. 149-154

Ketzereien gegen die moderne Frau, in: *Die Zukunft*, 26, 1899, S. 237-240

Vom Kunstaffekt, in: *Die Zukunft*, 27, 1899, S. 366-372

Alter und Ewigkeit, in: *Die Zukunft*, 37, 1901, S. 146-150
Im Spiegel, in: *Das Literarische Echo*, 14, 1911/12, S. 86-88
Von frühem Gottesdienst, in: *Imago*, 2, 1913, S. 457-467
Zum Typus Weib, in: *Imago*, 3, 1914, S. 1-14
»Anal« und »Sexual«, in: *Imago*, 4, 1915/16, S. 249-273
Psychosexualität, in: *Zeitschrift für Sexualwissenschaft*, 1917, S. 1-12 und 49-57
Narzißmus als Doppelrichtung, in: *Imago*, 7, 1921, S. 361-386

Sekundärliteratur

Albert-Lasard, L.: *Wege mit Rilke*, 1952, Frankfurt 1985
Althaus, H.: *Friedrich Nietzsche. Das Leben eines Genies im 19. Jahrhundert*, München 2000
Andreas, F. C.: *Friedrich Nietzsche: Berichtigung*, in: *Deutsche Rundschau*, 64, 1890, S. 146
Asadowski, K. (Hg.): *Rilke und Russland. Briefe, Erinnerungen, Gedichte*, Frankfurt 1986
Bäumer, G.: *Bildnis der Liebenden: Gestalt und Wandel der Frau*, Tübingen 1958, S. 267-308
Binion, R.: *Frau Lou: Nietzsches wayward disciple*, Princeton 1968
Bölsche, W.: *Sechs Kapitel Psychologie nach Ibsen*, in: *Freie Bühne*, 2, 1891, S. 1272-1274
Brinkler-Gabler, G.: *Zur Psychologie der Frau*, Frankfurt 1978
Bülow, F. v.: *Wir von heute: Zwei Erzählungen*, Dresden und Leipzig 1898
Bülow, F. v.: *Männerurtheil über Frauendichtung*, in: *Die Zukunft*, 26, 1899, S. 26-29
Bülow, F. v.: *Die schönsten Novellen der Frieda von Bülow über Lou Andreas-Salomé und andere Frauen*. Mit einem Nachwort von Streiter, S., Frankfurt 1990
Deussen, P.: *Mein Leben*, hg. von Dr. Rosenthal-Deussen, E., Leipzig 1922
Dohm, H.: *Reaktion in der Frauenbewegung*, in: *Die Zukunft*, 29, 1899, S. 279-291
Ebner-Eschenbach, M. v.: *Erzählungen, Autobiographische Schriften*, München 1978
Fiedler, F.: *Aus der Literatenwelt. Charakterzüge und Urteile. Tagebuch*, hg. von Asadowski, K., Göttingen 1996

Förster-Nietzsche, E.: *Nietzsche-Legenden*, in: *Die Zukunft*, 50, 1905, S. 170-179

Freud, E., Freud, L. und Grubrich-Simitis, I. (Hg.): *Sigmund Freud: Sein Leben in Bildern und Texten*, 1977, Frankfurt 1985

Freud, S. und Jung, C. G.: *Briefwechsel*, Frankfurt 1974

Freud, S.: *Briefe 1873-1939*, Frankfurt 1960

Freud, S. und Abraham, K.: *Briefe 1907-1926*, Frankfurt 1965

Freud, S.: *Gesammelte Werke chronologisch geordnet*, 18 Bde., 1952, Frankfurt 1972

Freud, S. und Ferenczi, S.: *Briefwechsel 1912-1914*, Bd. I/2, hg. von Brabant, E., Falzeder, E. und Giampieri-Deutsch, P., Köln 1983

Gebsattel, V.-E.: *Geleitwort*, in: Bjerre, P.: *Psychosynthese*, S. 7-18, Stuttgart 1971

Grotjahn, M.: *Freuds Briefwechsel*, in: *Die Psychologie des 20. Jahrhunderts*, Bd. 2: *Freud und die Folgen (I)*, S. 37-146, Zürich 1976

Hauptmann, G.: *Tagebücher 1897 bis 1905*, hg. von Machatzke, M., Frankfurt 1987

Hauptmann, G.: *Tagebücher 1914 bis 1918*, hg. von Sprengel, P., Berlin 1997

Heine, A.: *Lou Andreas-Salomé*, in: *Das Literarische Echo*, 14, 1911, S. 80-86

Hoechstetter, S.: *Freiin Frieda von Bülow*, Dresden 1910

Hoffmann, D. M.: *Zur Geschichte des Nietzsche-Archivs*, Berlin, New York 1991

Hofmannsthal, H. v. und Beer-Hofmann, R.: *Briefwechsel*, Frankfurt 1972

Hofmannsthal, H. v. und Schnitzler, A.: *Briefwechsel*, Frankfurt 1964

Hofmiller, J.: *Friedrich Nietzsche*, Lübeck 1933

Hülsemann, I.: *»Mit dem Mut einer Löwin«. Lou Andreas-Salomé*, München 2001

Janz, C. P.: *Friedrich Nietzsche*, 3 Bde., München 1978

Kerényi, K.: *Umgang mit Göttlichem*, Göttingen 1955

Klingenberg, H.: *Lou Andreas-Salomé*, in: *Deutsche Monatsschrift für Russen*, 2, 1912, S. 237-252

Kolle, K.: *Notizen über Paul Rée*, in: *Zeitschrift für Menschenkunde*, 3, 1927, S. 168-174

Lange, H. und Bäumer, G. (Hg.): *Handbuch der Frauenbewegung, 1. Teil: Die Geschichte der Frauenbewegung in den Kulturländern*, Berlin 1901

Leis, M.: *Frauen um Nietzsche*, Reinbek 2000

Leppmann, W.: *Rilke: Sein Leben, seine Welt, sein Werk*, München 1981

Lepsius, S.: *Stefan George: Geschichte einer Freundschaft*, Berlin 1935

Lou Andreas-Salomé, hg. von der Rilke-Gesellschaft, Karlsruhe 1986

Lotman, J. M.: *Rußlands Adel. Eine Kulturgeschichte*, Köln, Weimar, Wien 1997

Major, R.: *Lettre ouverte à Freud*, in: Psychoanalytic Quaterly, 53, 1984, S. 609–611

Mauthner, F.: *Henrik Ibsens Frauengestalten*, in: Das Magazin für Litteratur, 61, 1892, S. 135

Meysenbug, M. v.: *»Im Anfang war die Liebe«: Briefe an ihre Pflegetochter*, hg. von Schleicher, B., München 1926

Meysenbug, M. v.: *Memoiren einer Idealistin*, hg. von Wiggershaus, R., Frankfurt 1985

Michaud, St.: *Zensur und Selbstzensur in Lou Andreas-Salomés autobiographischen Schriften. Zur dichterischen Gestaltung des Lebensrückblicks*, in: Zensur und Selbstzensur in der Literatur, hg. von Brockmeier, P. und Kaiser, G. R., Würzburg 1996

Nietzsche, F.: *Werke*, hg. von Schlechta, K., 3 Bde., München 1980

Nietzsche, F.: *Briefwechsel: Kritische Gesamtausgabe*, hg. von Colli, G. und Montinari, M., Berlin, New York 1975 ff.

Nietzsche, F.: *Der musikalische Nachlaß*, hg. von Janz, C. P., Basel 1976

Nietzsche, F.: *Sämtliche Werke: Kritische Studienausgabe in 15 Bänden*, hg. von Colli, C. und Montinari, M., München 1980

Nietzsche, F. und Overbeck, F. und I.: *Briefwechsel*, hg. von Meyer, K. und Reibnitz, B., Stuttgart, Weimar 2000

Overbeck, F. und Rohde, E.: *Briefwechsel*, hg. von Patzer, A., Berlin, New York 1990

Pasternak, B.: *Geleitbrief: Entwurf zu einem Selbstbildnis*, Köln, Berlin 1958

Paul, F.: *Sechs Anworten und sechs Geschichten – Lou Andreas-Salomé interpretiert Ibsen*, in: Ibsen Yearbook, 5, 1983/84, S. 99–112

Peters, H. F.: *Lou Andreas-Salomé: Das Leben einer außergewöhnlichen Frau*, 1964, München 1983 (7. Auflage)

Pfeiffer, E.: *Rilke und Psychoanalyse*, in: Literaturwissenschaftliches Jahrbuch der Goerres-Gesellschaft, Neue Folge, 17, 1976, S. 247–320

Pfeiffer, E.: *»Denn Rainer starb trostlos«*, in: Literaturwissenschaftliches Jahrbuch der Goerres-Gesellschaft, Neue Folge, 23, 1982, S. 297–304

Protokolle der Wiener Psychoanalytischen Vereinigung 1906-1918, hg. von Nunberg, H. und Federn, E., 4 Bde., Frankfurt 1962-1982

Przybyszewski, S.: *Erinnerungen an das literarische Berlin*, München 1965

Rée, P.: *Die Entstehung des Gewissens*, Berlin 1885

Rée, P.: *Philosophie. Nachgelassenes Werk*, Berlin 1903

Rilke, R. M.: *Briefe und Tagebücher aus der Frühzeit 1899-1902*, hg. von Sieber-Rilke, R. und Sieber, C., Leipzig 1931

Rilke, R. M.: *Briefe aus den Jahren 1907 und 1914*, Leipzig 1939

Rilke, R. M.: *Tagebücher aus der Frühzeit*, hg. von Sieber-Rilke, R. und Sieber, C. Leipzig 1942

Rilke, R. M.: *Briefwechsel mit Benvenuta*, Esslingen 1954

Rilke, R. M.: *Sämtliche Werke*, 12 Bände, Frankfurt 1955-1966

Rilke, R. M. und Key, E.: *Briefwechsel*, hg. von Fiedler, Th., Frankfurt/Main 1993

Ross, W.: *Der wilde Nietzsche oder Die Rückkehr des Dionysos*, Stuttgart 1994

Ross, W.: *Lou Andreas-Salomé: Weggefährtin von Nietzsche, Rilke, Freud*, Berlin 1992

Schirnhofer, R. v.: *Vom Menschen Nietzsche*, in: *Zeitschrift für philosophische Forschung*, hg. von Lohberger, H., Jahrg. 22, Reutlingen 1968, S. 248-260 (I)

Schlechta, K.: *Nietzsche Chronik: Daten zu Leben und Werk*, München 1975

Schnitzler, A.: *Tagebuch 1893-1902*, Wien 1989

Schnitzler, A.: *Tagebuch 1909-1912*, Wien 1981

Schoenberner, F.: *Bekenntnisse eines europäischen Intellektuellen*, München 1946

Stöcker, H.: *Neue Frauentypen* in: *Das Magazin für Litteratur*, 68, 1899, S. 630-633

Streiter, S.: *Lou Andreas-Salomé*, in: *Ebenso neu als kühn. 120 Jahre Frauenstudium an der Universität Zürich*, hg. vom Verein Feministische Wissenschaft, Zürich 1988

Streiter, S.: *Frieda von Bülow und Ricarda Huch. Briefe aus dem Jahr 1895*, in: *Jahrbuch der Deutschen Schillergesellschaft*, 32, 1988, S. 51-73

Stummann-Bowert, R.: *Malwida von Meysenbug - Paul Rée. Briefe an einen Freund*, Würzburg 1998

Tönnies, F. und Paulsen, F.: *Briefwechsel*, Kiel 1961

Treiber, H.: *Paul Rée – ein Freund Nietzsches*, in: *Bündner Jahrbuch 1987*, 29, 1986, S. 35–56

Weber, I.: *Narzissmus: Ursprung und Ziel des Ichs. Gedankengänge von Lou Andreas-Salomé*, in: *Psyche*, 43, 1989, S. 256–285

Weber, I. und Rempp, B. (Hg.): *Lou Andreas-Salomé: Das »zweideutige« Lächeln der Erotik. Texte zur Psychoanalyse*, Freiburg 1990

Weber, I. und Rothe, D. A.: *Zum Briefwechsel zwischen Anna Freud und Lou Andreas-Salomé*, in: Andreas-Salomé, L. und Freud, A. »*... als käm ich heim zu Vater und Schwester« Briefwechsel 1919–1937*, 2 Bde., hg. von Rothe, D. A. und Weber, I., Göttingen 2001

Weizsäcker, V. v.: *Natur und Geist: Erinnerungen eines Arztes*. München, 3. Auflage, 1977

Welsch, U.: *Das leidende Genie: Lou Andreas-Salomés Einschätzung von Rainer Maria Rilkes Problematik*, in: *Blätter der Rilke-Gesellschaft*, 1984/85, 11–12, S. 55–71

Welsch, U. / Pfeiffer, D.: *Lou Andreas-Salomé. Eine Bildbiographie*, Stuttgart 2007

Welsch, U.: *Lou Andreas-Salomé – vom »Geschwistergehirn« Nietzsches zur »Versteherin« Freuds*, in: *Paradigmatische Gestalten des 19. Jahrhunderts*, hg. von H. Böhringer und A. Zerbst: München iVb 2009

Welsch, U. und Wiesner, M.: *Lou Andreas-Salomé: Vom ›Lebensurgrund‹ zur Psychoanalyse*, München, Wien 1990 (2. Auflage)

Wernz, B.: *Sub-Versionen. Weiblichkeitsentwürfe in den Erzähltexten Lou Andreas-Salomés*, Pfaffenweiler 1997

Wiesenhütter, E.: *Freud und seine Kritiker*, Darmstadt 1974

Wiesner, M.: *Leben in seinem Ursinn – Lou Andreas-Salomés Essays zur Erotik*, in: *Blätter der Rilke-Gesellschaft*, 11–12, 1984/85, S. 36–45

Drei Kurzbiographien

Friedrich Carl Andreas

Friedrich Carl Andreas wurde am 14. 3. 1846 in Batavia, Niederländisch-Indien (heute Jakarta, Indonesien) geboren und starb am 3. Oktober 1930. Seine Mutter war die Tochter eines norddeutschen Arztes, der auf Java eine Malaiin geheiratet hatte; sein Vater war ein armenischer Fürst, der einem alten Brauch entsprechend nach einer verlorenen Geschlechterfehde den Familiennamen Bagratuni abgelegt und statt dessen den Vornamen Andreas angenommen hatte. Als Friedrich Carl sechs Jahre alt war, zog die Familie nach Hamburg, wo der Junge eine Privatschule besuchte. Mit vierzehn Jahren kam er auf ein Gymnasium in Genf und entdeckte seine große Sprachbegabung. Dieser Neigung gab er nach und studierte in Halle, Erlangen, Göttingen und Leipzig Orientalistik, speziell Iranistik und außerdem klassische Philologie und Philosophie. 1868 erhielt er in Erlangen für seine *Beiträge zu einer genaueren Kenntnis des mittelpersischen (Pahlavi-)Schrift- und Lautsystems* den Doktortitel. Anschließend ging er zu weiteren Studien nach Kopenhagen; dort lernte er u. a. Georg Brandes kennen, der ihn mit den nordischen Sprachen und der skandinavischen Literatur vertraut machte. 1870 wurde Andreas zum Militär einberufen und nahm 1871 an der Schlacht bei Le Mans teil. Nach dem Krieg ging er 1872 nach Kiel, wiederum zu Studienzwecken. 1874 bekam er vom Preußischen Kulturministerium die Genehmigung, als epigraphischer Begleiter an einer astronomischen Expedition nach Persien teilzunehmen, wo er nach großen Schwierigkeiten – Beschaffung von Geldmitteln und Erkrankung an Cholera – erst Anfang 1876 eintraf. Andreas blieb fast sieben Jahre in Persien, obwohl die Expedition schon 1876 abgebrochen wurde und kein Geld mehr zur Verfügung stand. Um seine Studien an Ort und Stelle fortsetzen und seinen Einblick in die persische Kultur und das orientalische Leben vertiefen zu können, schlug er sich mit Stundengeben und diversen anderen Tätigkeiten durch (so war er zwischenzeitlich auch Generalpostmeister). Sein großes Wissen und seine eindrucksvolle Persönlichkeit verschafften ihm auch Zugang zum persischen Königshof; er wurde zu einem Vertrauten des Prinzen. Als dieser ein Augenleiden in Europa kurieren lassen wollte, machte er Andreas zu seinem Reisebegleiter. Im Januar 1882 traf Andreas dann in Berlin ein. Er hatte seine Gesundheit in Persien ruiniert und brach jetzt völlig zusammen. Durch das Arbeiten im grellen Sonnenlicht hatte er sich ein Augenleiden zugezogen. Erst Ende des Jahres konnte er seine wissenschaftlichen Forschungen wieder aufnehmen. Inzwischen war er vollkommen mittellos; er, der angesehene Gelehrte, mußte seinen Lebensunterhalt erneut mit Sprachstunden mühsam finanzieren. Erst 1887 fand er eine seinen umfassenden Kenntnissen adäquate Stellung und wurde zum Professor für Persisch, bald auch für Türkisch, an das neugegründete Seminar für Orientalische Sprachen in Berlin berufen. Jedoch bereits zwei Jahre später mußte er, zum Opfer von Intrigen geworden, diese Tätigkeit wieder aufgeben. Die Intrigen und auch spätere Verleumdungen neidischer Kollegen machten es sich zunutze, daß Andreas sich scheute, seine wissenschaftlichen Erkenntnisse zu veröffentlichen. Dies lag zum einen daran, daß er kein Ende finden konnte und allen neuen Aspekten, die sich aus bereits gelösten Problemen ergaben, nachspürte. Zum anderen konnte er die Beweisführung in der gewünschten Form nicht liefern, da für ihn aufgrund seiner großen intuitiven Begabung viele Zusammenhänge ohne weiteres evident waren – ohne daß dies stringent wissenschaftlich zu dokumentieren war. So haben eigentlich nur seine direkten Schüler, die er mit großer persönlicher Zuwendung betreute, von seinem immensen Wissen profitiert.

Georg Ledebour

Georg Ledebour (1850–1947) wurde als Sohn eines Beamten in Hannover geboren; bereits im Alter von zehn Jahren verlor er beide Eltern. Als Kind erkrankte er an einer Knochentuberkulose, die falsch behandelt wurde, so daß er lebenslang ein lahmes Bein behielt. Nachdem sein Wunsch, Jura zu studieren, an fehlenden finanziellen Mitteln gescheitert war, wurde er – widerstrebend – Kaufmann. Nach dem Krieg von 1870, an dem er als Sanitäter teilgenommen hatte, begann er als Journalist zu arbeiten; zuerst für einige Jahre in England, wo er sich gute Kenntnisse des englischen Parlamentarismus erwarb. Nach seiner

Rückkehr nach Deutschland betätigte er sich politisch, schloß sich den Sozialdemokraten an und wurde 1900 Mitglied des Reichstags, wo er als glänzender Redner hervortrat. Diese Eloquenz trug aber auch dazu bei, daß er wegen Majestätsbeleidigung ins Gefängnis mußte. Seinen außerparlamentarischen Wirkungskreis sah er in den Reihen der Arbeiter: Mit ihnen führte er Diskussionsabende durch – eine unpopuläre und unbezahlte Aufgabe, an der er aber über vierzig Jahre lang festhielt. Auch Lou Andreas-Salomé begleitete ihn manchmal zu solchen Veranstaltungen. Kurz nach dem Bruch mit Lou lernte er bei diesen Abendkursen eine um siebzehn Jahre jüngere Frau kennen, die er drei Jahre später heiratete. Als engagierter Sozialist stimmte er gegen die Kriegskredite im Ersten Weltkrieg und nahm 1919 am kommunistischen Aufstand in Berlin teil. Nach zweijähriger Pause war er von 1920 bis 1924 wieder im Reichstag und schloß sich 1931 der sozialistischen Arbeiterpartei an. Vor dem Terror Hitlers floh er in die Schweiz, wo er 97jährig starb.

Friederike Sophie Louise Freiin von Bülow

Friederike (Frieda) Sophie Louise Freiin von Bülow wurde am 12. Oktober 1857 in Berlin geboren und starb am 12. März 1909. Ihre Mutter Clothilde stammte aus dem Adelsgeschlecht der Münchhausen; ihr Vater, Hugo Freiherr von Bülow, war Jurist. Einen Teil ihrer Kindheit verbrachte Frieda in Izmir (Türkei), wohin ihr Vater als Leiter des deutschen Konsulats versetzt worden war; später lebte sie mit ihrer Mutter und den jüngeren Geschwistern (Sophie, Margarete, Albrecht und Kuno) in der pietistischen Herrnhuter Brüdergemeinde in Thüringen. Die Töchter besuchten die dazugehörige Mädchenschule; Frieda und Margarete waren seit dieser Zeit unzertrennlich. Nach dem Besuch eines Mädchenpensionats in England ging Frieda auf das Lehrerinnenseminar der gemäßigten Frauenrechtlerin Helene Lange (nach Streiter im Nachwort zu Bülow 1990, S. 236f.). Ihren Beruf übte sie jedoch nur ein Jahr aus. Als 1884 die über alles geliebte Margarete, die eine ausgeprägte dichterische Begabung besaß, bei der Rettung eines ins Eis eingebrochenen Kindes ertrank, begann Frieda unter schweren Depressionen zu leiden. Erst die Entwicklung der deutschen Kolonialpolitik weckte neue Energien in ihr. Sie lernte den Eroberer von Deutsch-Ostafrika, Carl Peters (1856–1918), kennen und verliebte sich in ihn. Im Mai 1887 ging sie nach Deutsch-Ostafrika. Dort gründete sie zwei Krankenstationen und verlebte mit Peters die schönste Zeit ihrer Liebe, bis sie 1888 ein schweres Malariafieber zur Rückkehr nach Deutschland zwang. Hier brachte sie ihre Erlebnisse zu Papier und führte den Kolonialroman in die deutsche Literatur ein. Mit diesen damals brandaktuellen Schilderungen machte sie sich sehr schnell einen Namen. Ihre Schriftstellertätigkeit wurde für sie nun die Existenzgrundlage und umfaßte später auch Rezensionen und Kritiken; in Novellen- und Romanform thematisierte sie vor allem die Probleme der Frauenemanzipation.

Register

Abraham, Karl 173, 179, 185, 274–275, 277, 284
Adler, Alfred 176–180, 190, 275
Albert-Lasard, Lou 206–207, 274, 277, 283
Alexander II. von Rußland 21, 32, 122, 279
Altenberg, Peter 127
Andreas, Friedrich Carl 81, 85–92, 95–99, 103, 123, 126–127, 135–136, 138–141, 147, 152, 155, 157–162, 216, 243–247, 257, 262, 266, 270, 273, 283, 288–289
Apel, Maria 248, 259–262, 273, 278–279
Apel, Robert 248
Augspurg, Anita 113
Avenarius, Richard 33

Bang, Hermann 119
Bassermann, Albert 162
Bäumer, Gertrud 270, 283
Beer-Hofmann, Richard 124–128, 175, 214, 229, 270–271, 284
Biedermann, Alois 32, 75, 263
Binion, Rudolph 274, 283
Bjerre, Gunhild 167
Bjerre, Poul 112, 165–168, 177, 202, 276, 284
Bloch, Iwan 207

Bölsche, Wilhelm 92, 94–97, 122, 270, 283
Bonnet, Jules 46
Borchardt, Rudolf 162
Brahm, Otto 92
Brandes, Georg 57, 71, 266, 268, 288
Brandt, Emanuel 32, 47
Bülow, Albrecht Freiherr von 102, 107, 290
Bülow, Frieda Freiin von 100–108, 111, 113–114, 120, 123–124, 127–128, 131, 134, 140, 158–159, 161–162, 257, 270, 283–284, 286, 290
Bülow, Hugo Freiherr von 290
Bülow, Kuno Freiherr von 290
Bülow, Margarete Freiin von 100, 290
Bülow, Sophie Freiin von 120, 290

Cassirer-Solnitz, Eva 242

Dalton, Hermann 22–24, 27
Dehmel, Richard 92
Delbrück, Hans 71
Delp, Ellen 174, 203–204, 239, 241, 274–275
Deussen, Paul 71, 268, 283
Diederichs, Eugen 111
Dohm, Hedwig 113, 118, 270, 283

Droschin, Spiridon 145, 273
Durieux, Tilla 162

Ebbinghaus, Hermann 71-72
Ebner-Eschenbach, Marie von
    111-112, 283
Eibenschütz, Camilla 162
Eitingon, Max 185, 204, 277
Endell, August 113, 128,
    134-135, 162
Eysoldt, Gertrud 162

Federn, Paul 184-185
Ferenczi, Gizella 195
Ferenczi, Sandor 173, 185,
    194-196, 224, 276-277, 284
Fichte, Johann Gottlieb 28
Fiedler, Fedor 139, 283
Fließ, Wilhelm 176
Freud, Anna 68, 111, 195,
    212-225, 245-246, 256, 267,
    277-278, 280, 287
Freud, Ernst 214, 216, 224, 283
Freud, Martha (geb. Bernays)
    214
Freud, Mathilde 277
Freud, Sigmund 18, 55, 57,
    68-69, 83, 109-110, 117, 124,
    153, 157, 165-167, 170-187,
    191-205, 207-208, 210-222,
    224, 226-227, 232-233, 235,
    237, 239, 242, 244-247,
    249-260, 262, 274-278,
    280-287
Freudenberg, Ika 114

Gast, Peter (eig. Köselitz) 52,
    57-58, 66, 69, 264-266

Gebsattel, Viktor-Emil von
    164-166, 169, 196-202, 204,
    274, 276, 284
Gelzer, Heinrich 52
George, Stefan 137, 284
Gillot, Hendrik 24-31, 34-36, 38,
    60, 64, 72, 78-79, 87, 89-90,
    123, 257, 264, 273
Glücklich, Simon 128
Goldmann, Paul 120, 122, 126,
    270
Goudstikker, Mathilde 113
Goudstikker, Sophia (»der Puck«)
    113-114, 129, 134, 196
Gretor, Willy 119
Guilbert, Yvette 204

Haemerlie-Schindler, Dr. 238,
    241
Hahnemann 53
Halbe, Max 92, 129
Hamsun, Knut 119
Harden, Maximilian 92, 162
Hart, Heinrich 92
Hart, Julius 92
Hauptmann, Carl 92
Hauptmann, Gerhart 92,
    161-162, 269, 284
Hauptmann, Marie 92
Heims, Else 162
Heine, Anselma 284
Heiseler, Henry von 162
Heller, Hugo 184
Herzen, Natalie 42
Hilferding, Margarete 275
Hofmannsthal, Hugo von
    124-127, 270-271, 284
Holz, Arno 92

Hüter, Ludwig 71

Ibsen, Henrik 92-95, 269, 281, 283, 285

Jones, Ernest 277
Jung, Carl Gustav 165, 172-174, 180, 186, 198-201, 274, 284
Joukovsky, Paul von 51
Joukovsky, Wassilij von 51

Kant, Immanuel 28, 32, 252
Kayssler, Friedrich 162
Kerr, Alfred 162
Key, Ellen 112-113, 164-165, 270, 286
Kinkel, Gottfried 33-35
Kleist, Heinrich von 256
Klimt, Gustav 127
Klingenberg, Gerda 108, 166, 186
Klingenberg, Helene (geb. von Klot-Heydenfeldt) 107-108, 110-111, 134, 161, 164, 166, 186, 189, 256, 269, 278, 284
Klingenberg, Otto 108, 166, 186
Klingenberg, Reinhold 108-110
Kolb, Annette 201
Koller, Broncia (geb. Pineles) 127-128, 136, 152
Koller, Hugo 128, 136
Kollwitz, Käthe 162
König, Josef 261
Krüger, Therese 119
Kym, Andreas Ludwig 33

Lampl, Hans 216
Lampl-de Groot, Jeanne 216
Lang, Marie 113

Lange, Helene 112, 115, 270, 284, 290
Langen, Albert 119, 129
Leavy, Stanley 174
Ledebour, Georg 95-99, 102, 119, 269, 289
Leibniz, Gottfried Wilhelm 28
Lenbach, Franz von 131
Lenin, Wladimir Iljitsch 206
Lepsius, Sabine und Reinhold 137
Lermontow, Michail Jurjewitsch 15

Marriot, Emil (eig. Mataja, Emilie) 111
Mauthner, Fritz 92, 269, 285
Mayreder, Rosa 113, 127
Meng, Heinrich 238
Meysenbug, Malwida von 34-43, 51, 65-66, 71, 85, 114, 119, 263, 265-268, 285-286
Moissi, Alexander 162
Monod, Olga 42, 85, 268
Mühll, Dory von der 238
Münchhausen, Anna von 242
Muthmann, Arthur 238-239, 241

Nemethy, Gräfin von 120
Nietzsche, Elisabeth (verh. Förster-Nietzsche) 49-50, 52-54, 58, 64, 66, 68-69, 265, 267, 283
Nietzsche, Friedrich 36-50, 52-64, 66-71, 73, 76, 78, 80, 93, 119, 124, 137, 172, 202, 224, 249, 251, 257, 263-268, 280-286
Nikolaus I. von Rußland 15

Obrist, Hermann 134
Overbeck, Franz 46-47, 58, 61, 65, 264-268, 285
Overbeck, Ida 46-47, 61, 66, 264, 285

Pasternak, Boris 272-273, 285
Pasternak, Leonid 138-139, 141
Paulsen, Friedrich 286
Peters, Carl 101-102, 264, 270-271, 276, 278, 290-291
Peters H. F. 285
Pfeiffer, Ernst 45, 69, 105, 125, 152-153, 169, 237, 256-257, 259, 260-262, 267, 269-270, 272, 274, 278-279, 281-282, 285
Pineles, Friedrich (»Zemek«) 127-128, 136, 149, 151-153, 155-156, 162-164, 175, 214
Pineles, Klara und Saul 152
Przybyszewski, Stanislaw 285
Puschkin, Alexander 15

Rank, Otto 277
Rée, Georg 67
Rée, Jenny 47-48, 61, 66
Rée, Paul 19, 36-49, 52-53, 55, 58, 60-76, 79-83, 85-86, 91, 99, 121, 133, 185, 236, 257, 264-265, 267-268, 280, 282, 284, 286
Reinhardt, Max 161-162
Reuter, Gabriele 111
Reventlow, Franziska zu 129
Rilke, Clara (geb. Westhoff) 150, 169, 201
Rilke, Rainer Maria 16, 23, 68, 87, 108, 110, 112, 114, 128-142, 144-153, 162-164, 168-172, 174, 198, 200-204, 206, 211, 233-234, 236-244, 247-248, 254, 257, 259, 269-275, 278, 280-287
Romundt, Heinrich 71, 266
Rosenthal, Tatjana 275

Sacher-Masoch, Leopold von 120, 126
Sachs, Hanns 275, 277
Salomé, Alexander von (Bruder) 17, 47, 139, 146, 205-206, 260
Salomé, Eugène von (Bruder) 16-17, 47, 80, 103
Salomé, Gustav von (Vater) 12-14, 17-19, 22-23, 27
Salomé, Konrad von (Neffe) 260, 279
Salomé, Louise von (geb. Wilm, Mutter) 12-13, 27-28, 32, 34, 36, 38, 44, 47, 75
Salomé, Robert von (Bruder) 17-18
Salten, Felix 124, 126-128
Sassúlitsch, Wera 22, 263
Scheler, Max 101-102
Schill, Sophia 140-141, 145, 273
Schlaf, Johannes 92
Schnitzler, Arthur 120, 123-128, 175, 214, 229, 270-271, 284, 286
Schoenberner, Franz 259, 286
Schopenhauer, Arthur 28, 68
Schuchowskoj, Sergej 145
Schur, Max 220
Seif, Leonhard 198
Selle, Götz von 244

Simmel, Georg 201
Spielrein, Sabina 275
Spinoza, Baruch 28, 106, 188
Ssawélij 121-122
Stein, Heinrich von 51, 71, 268
Stekel, Wilhelm 173, 178
Stephan, Marie 248, 273
Stöcker, Helene 113, 286
Stölten, H. O. 53
Strauß und Torney, Lulu von (verh. Diederichs) 111
Strindberg, August 92
Swoboda, Hermann 176

Tausk, Hugo (genannt: Bruzo) 189
Tausk, Jelka 187, 189
Tausk, Marius 189, 276
Tausk, Martha 189
Tausk, Viktor 113, 175, 182, 184-194, 198-199, 202, 275, 277
Tolstoj, Leo 138-139, 141-142, 273
Tolstoj, Nicolai 145-146, 273
Tönnies, Ferdinand 71-72, 286
Trampedach, Mathilde 264

Trubetzkoj, Pawel 139
Turgeniew, Iwan 42, 70

Ullmann, Regina 201

Vogeler, Heinrich 147-148
Volinskij, Akim 134

Wagner, Cosima 51
Wagner, Richard 46, 49, 51, 68
Wagner, Siegfried 51
Wassermann, Jakob 129-130
Wedekind, Frank 121, 129, 161-162
Weizsäcker, Viktor von 254-255, 278, 287
Wille, Bruno 92
Wilm, Anna Sophie Luise (geb. Duve, Großmutter) 13
Wilm, Martin Siegfried (Großvater) 12
Wunderly-Volkart, Nanny 203, 241-242, 276-277

Zemek s. Pineles, Friedrich
Zweig, Arnold 69
Zwilling, Madame 120

Michaela Wiesner-Bangard arbeitete nach dem Studium als freie Autorin und EDV-Redakteurin und ist seit 1988 in der Jugendbildung tätig.
Ursula Welsch arbeitete nach dem Studium als Verlagslektorin und freie Autorin. Seit 2000 ist sie selbständige Verlagsberaterin für Elektronisches Publizieren.

Über Anregungen, Hinweise, Informationen und Kritik unserer Leser würden wir uns freuen. Für die ersten vier Kapitel zeichnet Michaela Wiesner-Bangard verantwortlich, für die restlichen Ursula Welsch. Sie erreichen uns unter lou@wiesner-bangard.de bzw. ursula.welsch@welschmedien.de.

Klassiker im *Taschenbuch*

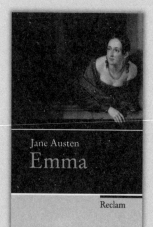

»Sie war keine Frau, die viele Worte machte, denn im Gegensatz zu den meisten anderen Leuten passte sie ihre Worte der Zahl ihrer Einfälle an.«
VERSTAND UND GEFÜHL

Jane Austen:
Emma
490 Seiten
RT 20008

430 Seiten | RT 21730

310 Seiten | RT 20054

290 Seiten | RT 20061

Reclam

Lektüre, die gut tut!

Jede Menge vergnügliche Geschichten und Gedichte, die heiter stimmen, in allen Lebenslagen!

Alles Gute
Heitere Geschichten
192 Seiten
HC 10620

326 Seiten | HC 10529

190 Seiten | HC 10568

170 Seiten | HC 10600

Reclam